Vorwort

Unsere Mutter hat das Erscheinen des vorliegenden Buches nicht mehr erlebt.
Die selbst gestellte Aufgabe, ihre Erinnerungen zusammenzutragen und aufzuschreiben, war bestimmend für die letzte Zeit ihres Lebens.
Berichten und erzählen, um andere am Erlebten teilhaben zu lassen, ist eine gern geübte Gepflogenheit unserer Familie.
Unsere Mutter hatte eine besondere Gabe dazu. In ihren lebhaften Schilderungen wurden Ereignisse der nahen und fernen Vergangenheit lebendig, wenn Kinder, Enkel und Freunde sich um sie scharten, um ihr zu lauschen.
Immer schon wollte sie den flüchtigen Eindruck des gesprochenen Wortes schriftlich in bleibende, gültigere Form bringen, doch fehlte die Zeit.
Dann endlich kam sie zum Schreiben.
In Gesprächen, vor allem mit uns Kindern, tauchte in ihrem Gedächtnis wieder auf, was vom tätigen Alltag jahrelang überlagert war.
Bis in die letzten Tage ihres Lebens hat sie ergänzt und an Formulierungen gefeilt.
Die Nachricht von der Annahme des Buches beim Verlag war eine große Freude für sie, bevor sie die Augen für immer schloß.
Für uns Kinder ist die Fertigstellung des Manuskriptes Gabe und Aufgabe zugleich: Wie hätte sie wohl entschieden, wie hätte sie es gerne gehabt, was noch nicht vollendet und gestaltet ist?

Durch die neu zu erfahrende Gegenwart unserer Mutter im Bericht über ihr Leben erwuchsen unter uns Geschwistern immer wieder andere Möglichkeiten von Austausch und Miteinander.
Der letzte Teil des Berichtes über den Hausbau in Urfeld lag auf Tonband gesprochen vor und wurde von uns in Textform gebracht.
Trotz aller Bemühungen spürt man den stilistischen Unterschied.
Unsere Dankbarkeit und Anerkennung gilt Marianne Lettmann, zu Mutters Lebzeiten liebevoller Gesprächspartner und anspornende Vertraute in bezug auf diese Aufzeichnungen.
Nach Mutters Tod danken wir ihr den behutsamen Umgang mit uns, den so unterschiedlichen Geschwistern, in der Empfindsamkeit dieser ersten Wochen, in denen dennoch die Arbeit an dem Buch notwendig war.
Mutter hatte den Wunsch, an dieser Stelle ihren Dank zum Ausdruck zu bringen. Wir empfinden wie sie.
Wir wünschen diesen Erinnerungen direkten Zugang zu den Herzen der Leser, so wie unsere Mutter ihn stets unmittelbar fand zu so vielen Menschen, denen sie begegnete.

Köln, Mai 1986 — *Die Kinder*

Vorbemerkung

Die Bilder meiner ostdeutschen Heimatorte haben mich in den letzten Jahrzehnten ständig begleitet. In diesem Jahr der vierzigsten Wiederkehr unserer Flucht und Vertreibung wird das Vergangene so wach und lebendig, als sei es gestern gewesen. Für Kinder und Enkel möchte ich aufschreiben, was in der Erinnerung noch haften geblieben ist. Nicht nur die guten Tage möchte ich erwähnen, sondern auch die schweren Erlebnisse, die Verluste, die Entscheidungsstunden und die Fehler, die begangen worden sind. Auch der Humor soll nicht fehlen, der Verzauberer meiner Jugend, der dann später die Kraft besaß, in verzweifelten Lagen Schmerz und Gewalt zu entspannen. Es soll ein aufrichtiges Lebensbild entstehen.

Von Heimatorten werde ich sprechen, es sind derer vier, alle im preußischen Raum gelegen.

Ich beginne meinen Bericht mit meiner Kinderheimat.

Köln, 1985 *Esther Schwerin Wildenhoff*

I. Teil

Hohenprießnitz, das Haus meiner Großeltern Hohenthal, lag in einem Bogen der Mulde im letzten Zipfel der damals preußischen Provinz Sachsen, zwischen den Städtchen Eilenburg und Düben. Gegen Nordosten sehen wir ein flaches, schmuckloses Land, der Boden ist leicht und hell, und man spürt in den kargen Kiefernwäldern die Nähe des sandigen Preußen. Aber wenn wir der Ebene nach Südwesten hin folgen, erleben wir eine überraschend neue Sicht: Jäh geht es abwärts, und das Wasserband der Mulde glänzt auf. Die Schlangenwindungen des Flusses nähren üppige und buschige Ufer. In Jahrtausenden haben die Überschwemmungen, die sich mit großer Macht im Frühjahr heranwälzen, den Boden in fruchtbares Acker- und Weideland verwandelt. Unsere Muldenaue! Ein Damm, wohl schon vor Urzeiten aufgeschüttet, windet sich mal näher, mal ferner entlang ihren Ufern. Er soll die Weiden und Felder einfrieden und vor allem die Hochwasser davon abhalten, die Dörfer zu überschwemmen. Und doch haben wir es erlebt, daß die Wassermassen den Damm unterhöhlten und durchbrachen. Dann umspülten sie den alten Wendenturm, der seit über tausend Jahren aus dem Flußtal ragt. Wenn das Wasser zurückging, hinterließ es den fruchtbaren Schlick.
Der Heimatort unserer Mutter, der auch unsere zweite Heimat wurde, liegt gegenüber dem Wendenturm auf der Höhe. Das Schloß schwebt gleichsam über der Muldenaue. Es ist ein stattlicher Barockbau mit zwei Flügeln. Nur wenige Meter getrennt schließen Pferdeställe, Roll-

kammer, Waschküche, Rentamt, Kutscher- und Gärtnerwohnung sich an, alles im gleichen Stil gebaut wie der Hauptwohnteil. Diese Gebäude zusammen umgeben einen großen Hof. Die ganze Anlage vermittelt den Eindruck vollkommener Harmonie. Vor dem Hauptportal standen auf einer Rasenfläche drei mächtige Bäume. Es waren Sommerlinden mit sammetweichen, hellgrünen Blättern. Fast ragten sie über das Dach des Mittelbaues, das einen kleinen Dachreiter in Zwiebelform trug. Dieser umschloß eine Turmuhr, deren heiserer Schlag nach einigem Schnurren und Seufzen unsere Zeit einteilte, denn Uhren trugen nur die Erwachsenen.

Das Herz war die große Halle im Erdgeschoß, mit guten Teppichen auf Sandsteinquadern und mit vier Eichensäulen, die die Decke trugen. Darüber befand sich der helle Saal, der nur zu Weihnachten und zu großen Festen benutzt wurde. Seine sechs hohen Fenster gaben einen weiten Ausblick über Auen und Wiesen, über den Lauf der Mulde bis hin zu den dunklen Kiefernwäldern am Horizont. Es war die Westseite mit den unvergessenen Sonnenuntergängen.

Mit diesem Saal ist meine erste Erinnerung verbunden. Ich war kaum vier Jahre alt. Wir feierten Weihnachten, und ein Rausch von Licht und Tönen umgab mich. Über mir sah ich buchstäblich den Himmel offen, denn dort thronten in faltenreichen, pastellfarbenen Gewändern die Göttergestalten der Antike. Bisher hatte ich diese Deckengemälde nie in mich aufgenommen. Sie kreisten! Weiche Frauenprofile, bärtige Männergesichter und rundliche, gelockte Putten wechselten im Vorübergleiten. Sie schwebten auf buschigen Wolken am hellblauen Firmament wie schwerelos dahin. Nur ihre Symbole warfen dunkle Schatten in die zarten Tönungen: so der Dreizack

des Poseidon, die Waage der Gerechtigkeit und die geflügelten Räder des Götterboten. Alles ist mir farbig geblieben; die anschließende Zeit liegt wieder im Dunkel.
Unser Vater war Offizier bei den Königsulanen in Hannover. 1901 heirateten unsere Eltern noch in Hohenprießnitz, wo 1902 Wolffried, unser Ältester, geboren wurde. Vater wurde dann 1903 zur Kriegsakademie nach Berlin abkommandiert. Dort sind Kunhild und ich geboren, Eberhard kam in Hannover und Emmy schließlich in Düsseldorf zur Welt. Mit so vielen Versetzungen mußte eine Offiziersfamilie rechnen. Aus den beengten städtischen Verhältnissen zog es uns immer wieder nach Hohenprießnitz mit seiner ländlichen Schönheit und seiner großzügigen Atmosphäre.
Soviel ich erfahren habe, ist unsere Großmutter dort auch heute noch unvergessen. Zwar ist ihr Grab voller Unkraut, und pickende Hühner umgackern den Sarkophag. Aber ihre »Werke folgen ihr nach«, und man gedenkt ihrer mit Dankbarkeit und Respekt.
Sie hatte die Gabe, überall Freude und Hilfe zu geben. Dabei war sie keine Frohnatur, dazu sah sie die Dinge zu tief. Ihr Schloßhaushalt war eine kleine Hierarchie. Ein Gast hat ihn als ein »Gebilde heiterer Ordnung« bezeichnet. Diese große Gemeinschaft gliederte sich in Stufen, vom ersten Diener bis zum Holzfahrer, von der Köchin über die Kochlehrlinge bis zum 14jährigen Küchenmädchen, von der Beschließerin mit Schlüsselgewalt über die Wäscheschränke, die auch die Gästezimmer betreute, bis hin zu den Hausmädchen, die sie leitete. Im großen Leuteeßzimmer war diese Gruppierung besonders einprägsam. Der erste Diener saß an der Kopfseite des langen Tisches. Sein Platz und der der Beschließerin neben ihm waren mit einem weißen Tischtuch versehen. Die übrige Tischge-

meinschaft aß von der gescheuerten Holzplatte. Hier wurden noch mit strengem Blick vom ersten Diener Manieren beigebracht.

In meiner Kindheit war der alte Forstreuter der erste Diener. Meine Großmutter war ihm durch Jahrzehnte zugetan. Sie hat nicht nur die Aufgaben des Hauses mit ihm besprochen, sondern auch in menschlichen Fragen seinem sicheren Urteil vertraut. Nicht umsonst stand nach seinem Tod sein Bild im Mittelpunkt ihres Schreibtisches. Da sah man ihn im Frack mit weißen Handschuhen, wie er vor dem Portal in erwartender Haltung die Gäste empfing. Zuweilen hat er sich auch an unserer Erziehung beratend beteiligt.

Im Dorf entstand damals ein Kindergarten mit allen Einrichtungen, sogar für Säuglinge. Unsere Großmutter hat ihn gestiftet und bis an ihr Ende finanziert. Das Weihnachtsfest war des Jahres Höhepunkt, wo sie ihre Schenkfreudigkeit und ihre Gestaltungsbegabung nach allen Seiten hin ausbreiten konnte.

Alltags sahen wir sie nur zur Morgenandacht, die sie mit Harmonium und Lesung leitete, und dann zum Mittagessen. Den ganzen Tag fieberten wir den Abendstunden entgegen, wo sie am Kaminfeuer in ihrem entzückenden Salon vorlas mit einem Engagement, wie es dann später nur noch unsere Mutter ihr gleichtat. Gutes Vorlesen wurde bei uns, genau wie Briefeschreiben, als Begabung und Kunst gewertet. Unsere Großmutter, als eine geb. Pourtalès in der Französischen Schweiz aufgewachsen, sprach ein herrliches Französisch. Daher bevorzugte sie für uns französische Kinderbücher. Gegen acht Uhr abends war der Traum zu Ende. Wir mußten in die Betten, und die Erwachsenen kamen noch einmal in den Kindertrakt, nun in Abendkleidern, um mit uns zu beten und zu singen. Sie gingen dann zum Dinner, wir sollten schlafen, schauten aber noch lange durch die Ritzen der eisernen Ofentür, wo die für die Nacht aufgeschütteten Kohlen langsam verglühten.

Unser Großvater war ein Original, aber leider eines von der mürrischen Sorte. Er hatte gar keinen Sinn für die Kinderpsyche, und unglücklicherweise lagen unsere Zimmer über seinen Räumen, was durch unseren Krach gelegentlich zu Katastrophen führte. Wir wurden zitiert, die Zornesausbrüche waren gewaltig. Im Grunde aber war er echt, und seine Urteile über Dinge, Menschen und Konflikte konnten ihn zu einem guten Ratgeber machen, wenn er selbst nicht emotional beteiligt war. Seine beschauliche Lebenseinstellung hinderte sein berufliches Fortkommen. Bismarck stand ihm freundlich gegenüber und hätte den gut aussehenden und gescheiten Mann gern als Attaché mit nach Petersburg genommen. Aber Großvater lehnte ab und zog sich nach Hohenprießnitz zurück.

Da seine Güter verpachtet waren und der Forst seine Zeit nicht ausfüllte, konnte er sich seiner Hauptpassion, der Politik, widmen. Er war Mitglied des Preußischen Herrenhauses und schrieb auch gelegentlich in der »Kreuzzeitung«, dem monarchischen Blatt der damaligen Zeit. Gern las er Schillers Dramen, die bisweilen unerwartete Begeisterungslaute aus ihm hervorlockten. Er lebte abseits von der Familie, und auf seinen einsamen Spaziergängen gab er oft seltsame Töne von sich, – wie ein kurzes Bellen, das eher den Urlauten einer Wildnis als menschlichen Bereichen zuzuordnen war. Die Sprache eines Vereinsamten! Erst später habe ich erkannt, daß sich hinter diesem kautzigen Wesen ein weiches, wenn auch sehr unflexibles Gemüt verbarg.

Unsere Großmutter starb ganz plötzlich an einem Schlaganfall mit 65 Jahren. Wir waren in dem sensiblen Alter zwischen Kindheit und Erwachsensein. Uns alle hatte ihr Tod schwer getroffen. In diesen Tagen erschien mir der Großvater besonders vereinsamt. Eines Abends bestellte er mich in sein Zimmer und von da ab täglich. Er war schweigsam und nachdenklich. Ich auch. Einmal hatte ich ihn vergessen. Da hörte ich seinen schweren Schritt, wie er mit müden Gichtbeinen die Treppe hochstieg. Er stand als Bittender vor mir. Wie hatte er sich verändert! An diesem Abend brach eine Art Lebensbeichte aus ihm heraus. Er sprach von seiner wenig glücklichen Ehe, von dem Schmerz über den Tod zweier Kinder, die im Abstand von drei Monaten im Alter von 27 und 33 Jahren gestorben waren: die Lieblingstochter Emmy und der so hoffnungsvolle Lieblingssohn Lothar, – aber dann sagte er: »Das alles war zu ertragen, – aber nie zu verwinden war meine unglückliche Jugend.«

Sein Vater war früh gestorben. Seine Mutter, die jüngste Tochter des Feldmarschalls Neidhardt Graf Gneisenau, war ihm bald gefolgt. Sie soll eine sehr aufgeschlossene Frau gewesen sein. Sie hatte Lassalle kennengelernt und war seinen Einflüssen bewundernd ergeben. Die fünf Waisenkinder Hohenthal wurden in verwandten Familien aufgenommen. Mein Großvater aber, als ältester Sohn, kam nach Schulpforta, einer der drei berühmten Fürstenschulen im mitteldeutschen Raum. Da er kein Elternhaus mehr hatte, ist er oft in den Ferien dort geblieben. Nietzsche, vier Jahre jünger als er, war einer seiner Kameraden. Später studierte er Jura und trat in militärische Dienste ein. Die Stadt für diese Kombination war damals Bonn.

Seine ältere Schwester Walpurga machte eine glänzende Karriere, wenn man diesen Begriff für ein junges Mädchen damaliger Zeit anwenden möchte. Sie wurde Hofdame bei der Gemahlin Kaiser Friedrich III., der ältesten Tochter der Queen Victoria. Hier am Preußischen Hofe reifte sie zu einer starken Persönlichkeit, die später auch in wichtigen Fragen der Politik Stellung nehmen sollte. – Als sie den englischen Diplomaten Sir Augustus Paget heiratete, wurde ihre jüngere Schwester Valerie ihre Nachfolgerin bei der jungen Kronprinzessin. Meine Großtante Helene Harrach geb. Pourtalès schreibt über sie: »Die bezaubernde Valerie Hohenthal war gestern beim Hofball wieder eingerahmt von Bewunderern, die sie in übermütiger Laune unterhielt. Sie ist nicht so schön wie Wally, aber von sprühendem Temperament.« –

Dann schlug die Nachricht wie eine Bombe ein, daß Valerie ein Kind erwarte! Alfred Graf Üxküll bekannte sich zur Vaterschaft. Mein Großvater duellierte sich mit ihm und brachte ihm eine schwere Verwundung bei, von der er sich nie mehr ganz erholen sollte. Valerie bekam einen Sohn, der aber bald nach der Geburt starb. Nach Hohenprießnitz in ihr Elternhaus ist sie nie wieder gekommen. Ihr Motiv zur Eheverweigerung war Lassalle'scher Prägung. Obgleich sie erst 14 Jahre alt war, als sie ihre Mutter verlor, hat deren aufgeklärte Richtung doch Spuren in dem heranwachsenden Kind hinterlassen. »Ich brauche den Segen der Kirche nicht, die Liebe allein soll unsere Gemeinschaft heiligen« soll sie gesagt haben.

Natürlich wurde sie sofort vom Hofe verbannt. Während sie ihr zweites Kind erwartete, ließ sie sich mit Üxküll trauen. Sie soll damals schwermütig und resigniert gewesen sein. Sie bekam drei weitere Kinder, von denen die dritte Tochter, Karoline, den Hofmarschall Graf Schenk von Stauffenberg heiratete. Dieses sind die Eltern von Claus Schenk Graf v. Stauffenberg, dem Hitlerattentäter. Man sagte, bei diesem habe wieder das kämpferische Blut

und die Begabung des Ahnen Gneisenau aufgeleuchtet. Als zwischen dem Alten Kaiser, Wilhelm I., und Bismarck die Institution einer Zivilehe diskutiert wurde, soll Bismarck gesagt haben: »Majestät, das ist der Todesstoß für beide Kirchen.« Darauf der Alte Kaiser: »Ich wünsche aber, daß der Fall Hohenthal – Üxküll sich nicht wiederholt. Darum möchte ich aufgeklärten, aber unbehausten Gemütern einen Rechtsschutz geben.« Valerie und ihr Mann sind erst 39- und 37jährig kurz hintereinander gegen Ende der siebziger Jahre gestorben. Man brachte Üxkülls frühen Tod mit dem Duell in Verbindung. Ich möchte das dahingestellt sein lassen. »Halb verrückt, halb heilig«, kommentierte die kluge alte Queen Victoria, die beide Schwestern Hohenthal protegiert hatte.
Es gibt aber noch eine ganz andere Version dieses seltsamen Schicksals, nämlich folgende: Nachdem Valerie vom Hofe verbannt worden war, lebte sie einsam in Florenz in Erwartung des unehelichen Kindes. In diesen wenigen Monaten hat der damalige Kronprinz Friedrich, der Mann ihrer Herrin, sie dreimal dort aufgesucht. Es ist ungewöhnlich, daß ein Monarch sich um das Ergehen einer verbannten Hofdame kümmert. Also munkelte man: »Das kommende Baby ist ein Hohenzollernkind und der Vater der Kronprinz.« Wie nun aber die Stellungnahme von Üxküll? Er wird übrigens von seinen Zeitgenossen als geniale Natur geschildert. Man muß annehmen, daß er ganz zu seinen Entscheidungen stand. Er soll Valerie immer schon bewundert und geliebt haben. Mit seinem Bekenntnis zur Vaterschaft hat er sich schützend vor Valerie und vor das Ansehen seines kaiserlichen Herrn gestellt. Vasallentreue! Er opferte nicht nur seine Stellung, sondern, was schwerer wog, seinen Ruf, seine Ehre und schließlich sogar seine Gesundheit. Nach dem Urteil von Lutz Graf Schwerin v. Krosigk,

der in deutschen und in englischen Quellen seine Kenntnis festigte, ist diese letzte Deutung zutreffend.
Mein Großvater hat, obgleich er Valerie um 50 Jahre überlebte, nie etwas davon erfahren. So gewissenhaft hütete man damals Vermutungen und Geheimnisse, vor allem, wenn es um Ehrbegriffe ging.
Durch die Bodenreform und die damit verbundene Ausweisung hat unsere Familie Hohenprießnitz verloren. Vor einigen Jahren bin ich noch einmal dort gewesen. Ich bin dankbar, daß die herrliche Schloßanlage noch steht und einem nützlichen Zweck zugeführt worden ist. Heute ist dort eine Lehrerakademie untergebracht, und die Göttergestalten schauen nun auf kleine eiserne Tische, an denen hundert junge Menschen beköstigt werden. Die Räume tragen noch den schönen Stuck, und unter den vielen Füßen ist das einst rötlich schimmernde Parkett zwar nachgedunkelt, doch erhalten. Auch das Eichenbüfett steht noch, von dem aus der alte Forstreuter seine Befehlsblicke beim Servieren aussandte. Nur der Park ist durch Verwilderung völlig verändert, denn die weiten Ausblicke über die Muldenaue sind zugewachsen. Aber alles scheint mir reparabel, wenn auch natürlich nicht für uns. Ich denke darum ohne jede Verbitterung an diese meine erste Heimat.

Im Spätherbst 1911 kaufte mein Vater das Gut Jassen in Hinterpommern. Unsere Eltern wollten dem Wanderleben ein Ende machen. Sie sehnten sich heraus aus den beengten Verhältnissen eines Stadtdaseins. Sie waren Naturmenschen, aber beide in praktischen Dingen unrealistisch. Als sie durch das Erbe unserer Großmutter väterlicherseits, Esther v. Dürckheim geb. Donner aus Hamburg, in der Lage waren, sich ein Gut kaufen zu können,

erfüllte sich Vaters Traum, Landwirt zu werden. So kamen sie auf der Gütersuche auch nach Jassen.
Vom Bahnhof Jassener See wurden sie mit einem Kutschwagen des Gutes abgeholt, und als sie durch den Kiefernwald den See aufglänzen sahen, stand beider Entschluß fest: Dieses soll unsere Heimat werden. Es wurde keine Rentabilitätsrechnung des Gutes aufgestellt, der teilweise verfallene Hof wurde übersehen, der armselige Sandboden und das magere Vieh nicht beachtet, – es entschied allein die Zauberschönheit des Sees, und bei Vater zählten noch einige Rotwildfährten mit, um seine Kauffreudigkeit zu steigern. Während der Wagenfahrt soll unsere Mutter ihrem Temperament entsprechend gerufen haben: »Kuno, wir müssen Jassen kaufen, nichts anderes kommt in Frage!« Der Kutscher hat diese Gefühlswallungen der Besitzerin, Frau Schrader, sofort überbracht, und so wurde das Gut überbezahlt.
Ich muß aber zur gerechten Beurteilung unserer Eltern sagen, daß sie sich den Luxus einer Fehlanlage in gewissem Sinne leisten konnten, denn meine Mutter besaß ein gutes Barvermögen. Man konnte damals nicht ahnen, daß dieses durch Kriegsanleihe und Inflation vollständig verloren gehen würde.
Mein im Jahre 1941 gefallener Bruder Eberhard schilderte unsere neue Heimat in einem Schulaufsatz so: »Hier lebt ein Stamm, fast unberührt von jedem Fortschritt, nahe der Kaschubei, von der gesagt wird, sie habe nie einen Beitrag zu kulturellen Werten gegeben, – aber ein Stamm von gesunder Volkskraft und beseelt vom Vertrauen zur armseligen Scholle. Ja, man meint, nichts anderes hier zu finden als ein Land von überwältigender Schönheit.«
Im Sommer 1912 zogen wir in das Gutshaus ein. Es war ein behaglicher Bau mit großen hellen Räumen und einem

gebrochenen Dach. Ein neugotischer Turm, von der Vorbesitzerin gebaut, war der einzige Stilbruch. Das Haus lag etwas erhöht über einem parkartigen Garten, durch den sich an seiner tiefsten Stelle ein kleiner Naturteich hinzog, der für uns Kinder die Quelle vielseitigen Spielvergnügens wurde, weil er eine Fülle von Fröschen, kleinen Fischen, auf dem Wasser laufenden, langbeinigen Insekten und merkwürdigen Pflanzen behütete.

Für uns Stadtkinder waren die Sommerferien ein einziges Abenteuer. Vater kümmerte sich um die Landwirtschaft, und Mutter richtete das Haus ein, wobei sie alle Hausangestellten beschäftigte, auch die Kindergärtnerin. Wir waren uns völlig selbst überlassen. Ich war acht Jahre alt und betreute meine dreijährige Schwester Emmy. – Sie war ein entzückendes Kind mit schwarzen Haaren und einem Schneewittchenteint. »C'est la beautée de la famille« sagte unsere Made, eine Französin, die später zu uns kam. Meist hing Emmy an meiner blaukarierten Schürze, die wir außerhalb der Mahlzeiten trugen. Mutter glaubte sie wohlverwahrt. Ich zog sie gern in einem Handwagen hinter mir her und überall hin, weil ich auf das Herumstreifen nicht verzichten wollte.

So ging es eines Vormittags auf das weit entfernte Erntefeld. Hoch türmte sich der Roggen auf einer Fuhre, und der Kutscher war schon aufgesprungen, bereit zum Heimweg, als ich schnell den kleinen Wagen mit Emmy an das Hinterbrett band, mich selbst auf das Fuhrwerk schwang, mich unter die Garben drückte, und fort ging es mindestens 3 km auf einer Schotterstraße dem Hofe zu. Asphaltwege gab es noch nicht. Die Pferde setzten sich in Trab. Sie drängten zur Krippe. Der Kutscher ahnte das Drama von Verzweiflung nicht, das sich hinter ihm abspielte. Mit einer Hand hielt ich mich am Sitzbrett fest, mit der anderen steuerte ich den kleinen Wagen mit dem winzigen Mädchen und erlebte zum erstenmal alle Höllenqualen einer Verantwortung. Der kleine Handwagen wurde hin und her geschleudert, und ich war im Begriff, mich auf das Kind zu stürzen, weil ich den straff gespannten Strick nicht lösen konnte. Emmy klammerte sich fest in die Sprossen, und das hat sie wohl bewahrt. Ruckartig hielt der Wagen, und ich schloß sie wie ein Geschenk in die Arme. Nichts wurde erzählt.

Am engsten war ich mit Kunhild verbunden. Sie war nur ein Jahr jünger als ich. Wir schliefen nebeneinander, während das Bettchen von Emmy an der entgegengesetzten Wand unseres kargen Schlafzimmers stand. Schönheit und Komfort in Kinderzimmern kannte man damals noch nicht. Bis zu meiner Verheiratung waren wir immer gleich angezogen, was wir als Beweis der Gleichgestimmtheit gern hinnahmen. Ich erinnere mich an keinen einzigen Zank zwischen uns. Unsere Interessen aber waren entgegengesetzt. Sie lebte für ihre Tiere, ich verkroch mich gern bei den kleinen Geschwistern, und die Made äußerte etwas gelangweilt über mich: »Elle a toujours le nez dans un livre.« Aber Streiche vereinten uns Schwestern.

An einem Spätsommernachmittag ließ uns die etwas versponnene Gärtnerin Mine, die zugleich Küsterin war, in die kleine Fachwerkkirche ein und sagte in hartem Hinterpommersch: »Eck war üch wat – –«. Die Kirche war ein Baukunstwerk aus dem Jahre 1640, noch in der Schwedenzeit gebaut mit deutlich skandinavischen Anklängen: mit Tonnengewölbe, einem Strohdach und einem Zwiebelturm mit Eichenschindeln gedeckt. Wir schauderten im kühlen Innern. Mine zeigte uns unter dem Taufbecken einen Eisenring. Mit ganzer Kraft wurde das reich bemalte Holzschnitzwerk beiseite geschoben, dann hoben wir den Ring und starrten auf ein schmales, schwarzes Loch, eher

einen Schlitz, durch den unsere Kinderkörper gerade noch durchgingen.
Wer es zuerst gewagt hat, sich hier hineinzuschieben, um etwa 2 Meter tiefer zu landen, – ich weiß es nicht mehr, jedenfalls befanden wir uns bald zwischen Knochen, Schädeln und vermoderten Holzteilen, alles von einem Staubschleier überzogen. Die gespenstische Szene wurde von einem kleinen, hoch angebrachten, vermoosten Fenster beleuchtet. Da wir zusammen waren, war die Neugier größer als die Angst. Wir wackelten sogar an Zähnen und wunderten uns über die Feinheit der Knochen. Wie nun aber hier wieder herauskommen? Draußen wurde es schon dunkel. Die Alte war verschwunden. Kunhild stellte sich auf meine Schultern und schaffte es, sich hinaufzuziehen. Mich hat sie dann langsam – langsam nachgezogen. Lob dem täglichen Turnunterricht an Reck und Stangen, der uns, als wir noch Stadtkinder waren, von unserem Vater gegeben worden war! Nun kamen Aufschwung und die verhaßten Klimmzüge zum Tragen. Schnell ging es nach Hause. Nichts wurde erzählt.
Im Spätsommer 1912 kam der erste Hauslehrer, ein Student der Theologie, der uns drei, Wolffried, mich und Kunhild, 10, 8 und 7 Jahre alt, unterrichten sollte. Merkwürdig war, daß unsere Ausbildung jungen Männern anvertraut wurde, die für ihre Eignung nur das Abitur nachweisen konnten und keinerlei pädagogische Schulung erhalten hatten. Sie verdienten sich bei uns das Geld zum weiteren Studium. Wir hatten Glück mit den beiden Hauslehrern und liebten sie sehr. – Auch sie waren gern bei uns, nicht zuletzt wegen der jungen dunkelhaarigen Französin, der Made, die außerhalb des Unterrichts das Leben mit uns teilte.
Haschenburger hieß der erste Hauslehrer und wurde

»Haschi« genannt. Der zweite hieß Hans Ochse. Diesen durften wir nur mit »Herr Kandidat« anreden. So entstand »Kanni«. Trotz des Schutzwalles, der mit der Bezeichnung »Herr Kandidat« auf Vaters Befehl hin um Kannis Familiennamen gebaut wurde, gab der Unterricht doch reichlich Gelegenheit, sich an jenem zu erfreuen. In der Grammatikstunde vor allem landeten die von uns zu bildenden Sätze gern in landwirtschaftlichen Bereichen, sei es auf den Weiden oder in den Ställen, überall dort, wo Ochsen sich gut einfügen ließen. Kanni hat sich nach dem einen Jahr bei uns juristisch umtaufen lassen, – er hieß fortan Hans Osten.
Haschi verließ uns im April 1913. Eine Woche später kam Kanni. Als Haschi uns wenige Tage danach, sehnsuchtsgetrieben nach der kleinen Französin, wieder besuchte und freudebebend das Hauslehrerzimmer betrat, saß Mademoiselle bereits auf dem Schoß von Kanni. Sogar der schüchterne, rotbepickelte Gutsinspektor soll zu seinem »Recht« gekommen sein. Solche Dinge erfuhren wir vom Küchenpersonal.
Bald lernten wir schwimmen und eroberten uns den See. Teilweise wird der See eingerahmt von dunkelgrünen Kiefernwäldern, die Inseln hingegen tragen das frische Grün von Eiche, Esche und Erle. Er zieht sich sieben Kilometer hin, sieben Inseln steigen aus ihm empor. Seine Ufer buchten sich weit in das Land hinein und streben dann mit ihren schilfbewachsenen Rändern wieder zueinander. Ja, an einer Stelle verengt er sich so, daß er von einer Holzbrücke überhöht werden konnte. Diese Brücke verband das ganze Land jenseits und diesseits des Sees und ersparte viele Wanderstunden rund um den See. – Über diese Brücke führte unser Weg zum Bahnhof Jassener See.
Glanzpunkte der folgenden Sommer wurden die Enten-

jagden, zu denen die Eltern viele ihrer Freunde einluden. Gute Schützen wurden bevorzugt. Diese Tage, da die Julisonne uns eigentlich nie verließ, an denen eifrige Treiber, meist von der älteren Dorfjugend begleitet, das Schilf durchwateten, ihr Klatschen mit den Stangen auf dem Wasser und ihr fröhliches Hallo, wenn sie den Schneisen sich näherten, wo die Schützen, die Flinte an der Schläfe, schußbereit warteten, – dann das Jagdfrühstück auf einer der Inseln mit dem heiteren Durcheinander einer Improvisation, – das alles hatte etwas Berauschendes!
Auf einer kleineren Insel sind Kunhild und ich einmal Jagdkönig geworden. Zusammen, versteht sich! Im Juli sind die Mausererpel, wie diese Bezeichnung schon sagt, ihres Gefieders zum Teil beraubt und fast flugunfähig. In wildem Ehrgeiz, die Schützen zu überbieten, wateten wir durch Schilf und Wasser und griffen die Tiere mit den Händen. Daß wir in unseren leinenen Kleidern völlig durchnäßt waren und den Tag über blieben, bemerkten wir gar nicht. Wir versuchten, unsere Jagdbeute mit den unruhigen Augen wieder freizugeben, was natürlich von Schützen und Treibern als Sentimentalität nachsichtig belächelt und entschieden abgelehnt wurde.
Am Abend gab es ein großes Essen in Smoking und Abendkleid. Wir Kinder nahmen, soweit ich mich erinnere, nicht daran teil. Aber in diesen Sommern kamen wir trotzdem auf unsere Kosten. Bezeichnend für unseren sommerlichen Lebensstil war folgende Geschichte. Am 1. Juli war ein neuer Diener zu uns gekommen. Nach drei Wochen war das große Jagdessen. Der junge Mann hatte den Tisch mit dem schönen blaugoldumrandeten Service und dem Silber völlig falsch gedeckt. Als meine Mutter ihn deswegen tadelte, sagte er pikiert: »Ich habe ja bisher

fast nur Picknickkörbe gepackt. Das Tischdecken, das ich in anderen Häusern gelernt habe, vergißt man hier.«

Der Hausunterricht brachte uns einen geregelten Tagesablauf. Um 6 Uhr vor dem Frühstück war die Morgenandacht, zu der auch die Hausangestellten kamen, ausgenommen der Diener. Mutter begleitete die Choräle mit einem schlenkrigen Stakkato, und Vater las, wenn er anwesend war, einen Bibeltext mit Auslegung. Er las nicht gut, während bei Mutter ihre jeweiligen Gefühlswallungen auch im Vorlesen mitschwangen. Durch Jahre hindurch an Chorälesingen gewöhnt, haben wir Kinder uns einen unverlierbaren Schatz an Gesangbuchtexten für unser ganzes Leben angeeignet. – Es waren ja die Jahre, in denen man mühelos auswendig lernt. Dann folgte der Unterricht für alle drei Alter in einem Klassenraum. Nach dem Mittagessen kam der wenig geliebte Spaziergang mit Made. Zuweilen halfen wir auch im Garten. Ein Genuß hingegen war es, wenn wir im Winter alle Möglichkeiten der Eisfreuden ausnützen konnten. Das Schlittschuhlaufen, bevor alles einschneite, war für mich der Höhepunkt. Der See war sehr tief und so klar, daß man beim Hinübergleiten bis auf den Grund blicken konnte. In späteren Jahren hatten sich Wolffried und Kunhild mit heimlich aus dem Wäscheschrank entwendeten Laken große Segel gefaltet und diese auf kleinen Rodelschlitten befestigt. Sie brachten es zu beachtlichen Geschwindigkeiten.
Im November 1913 wurde Richard, unser dritter Bruder geboren. Wir Schwestern dachten damals noch, daß auf geheimnisvolle Weise ein Engel die Babys brächte und haben die Frage der Nachkommenschaft niemals vom Tier auf den Menschen übertragen. Dafür sorgte später

die Stadtschule, nicht die Lehrpersonen, sondern die Mitschülerinnen.
Der Abend vereinigte die ganze Hausgemeinschaft: Hauslehrer, Inspektor, Kinderschwester, Französin und die große Familie. Alle hatten sich umgezogen. Im Essen wurde kein Luxus getrieben. Im Rückblick erscheint es mir rustikal. Wein gab es nur, wenn besonders zu ehrende Gäste anwesend waren. Das Hauptgetränk war Milch und Wasser aus der Leitung, damals noch frisch und ungechlort. Nach dem Abendbrot saß man im großen Wohnzimmer am grünen Kachelkamin, der in kühlen Jahreszeiten gerne mit dem funkensprühenden Wacholder, bei uns Kaddek genannt, angefacht wurde. Im Sommer wurde der anschließende Salon bevorzugt, er war licht und oft sonnendurchglüht. Eine Tür führte auf die Terrasse mit dem schönsten Seeblick. Jeder beschäftigte sich, wie ihm zumute war, es wurde gelesen und vorgelesen, und es entwickelten sich Debatten über aktuelle Fragen aus Politik und Wirtschaft. Wir Kinder haben viel von diesen Unterhaltungen profitiert. Auch bei den Mahlzeiten konnten sich anregende Gespräche ergeben, da noch vom Diener serviert wurde und niemand aufsprang, wie heute, um die Familie zu bedienen.
Schöne alte Möbel bildeten den Schwerpunkt der Einrichtung in den Wohnzimmern, und leinene Stoffe mit bunten Vogel- und Blumenmustern gaben dem Hause das Frohe und Ländliche. Die Schlafzimmer hingegen waren von fast spartanischer Kargheit, wahrscheinlich auch, weil hier fast alle Waschangelegenheiten verrichtet wurden. Es gab nur ein einziges, sehr primitives Bad im ganzen Hause. Auch hatten wir noch kein elektrisches Licht, sondern nur Spiritus – und Petroleumlampen, die im Kriege leider durch das süßlich riechende, knallende Karbid ersetzt wurden.

In den sandigen Böden Ostdeutschlands war die Kartoffel Hauptnahrung für Mensch und Vieh. Gleichzeitig sollte ihr Anbau aber auch die Gutskasse füllen.
So saßen wir, oft auch in den Ferien, an windstillen, warmen Sommertagen in der Ackerfurche, entfernten mit einer Nadel den gelben Staubbeutel einer Kartoffelblüte, bestäubten unseren Daumennagel mit dieser zur Vaterschaft auserkorenen Pflanze und übertrugen den Staub durch leichtes Abstreifen auf den winzigen schwankenden Stempel der Mutterblüte, an der die Staubbeutel bereits entfernt worden waren. Um jede Fremdbestäubung zu verhüten, wurde ein kleines Gazemützchen über die Hoffnungsblüte gestülpt. Ein Zettel mit wetterfestem Stift vermerkte die Abstammung. Es war eine köstliche Arbeit, weil sie nur bei Sonne und Windstille gelang. Wir kauerten viele Stunden im warmen Sand und verrichteten unsere Aufgabe ohne die Mühseligkeiten sonstiger landwirtschaftlicher Arbeiten. Vater überwachte das Ganze, und gern gesellten sich Gäste und Erzieherinnen dazu, weil die heiter entspannte Atmosphäre den Boden für viele Gespräche ergab.
Ungefähr 10000 Kreuzungen entstanden auf diese Weise im Laufe eines Sommers. Einige Wochen später wurden die kleinen, grünen Früchte geerntet und schrumpelten dem Winter entgegen. Keine Verwechslung der vielen Verbindungen durfte einem unterlaufen! Alles wurde in kleinen Schächtelchen sortiert. Im Winter wurden die Schrumpelfrüchtchen aufgeschlitzt und der Same mit feinen Nähnadeln auf Löschblätter übertragen. Bei dieser Arbeit saßen wir gern am Kamin, und unsere Mutter belebte die Unterhaltung mit farbigen Erzählungen aus ihrer Jugend. Zuweilen aber, wenn der Abend sich gar zu lange hinzog, ergriff sie Zorn bei so viel Sorgfalt mit geringen Erfolgschancen. Dann warf sie, hinter Vaters

Rücken natürlich, den Rest der Tagesarbeit in den Kamin mit der ungeduldigen Bemerkung: »In diesem Rest besteht gewiß keine Hoffnung.«
Auch Getreide wurde bei uns gezüchtet. Oft habe ich im Frühsommer einen ganzen Tag unter dem weißen Schleierzelt auf dem Felde gestanden und mit einer Nadel die Staubbeutelchen entfernt, um eine Kreuzung vorzubereiten. Mühsam und zuweilen enttäuschend war es, wenn der so behandelte Halm doch noch abbrach. Meistens gelang es, und das Schleierzelt wurde zugezogen, um der nahestehenden Sorte Gelegenheit zur Bestäubung zu geben und die unerwünschten Kreuzungen auszuschließen.
Außerdem gab es eine Brennerei. Der größte Teil der Kartoffelernte kam unverlesen in diese Landfabrik und wurde nach sorgfältigen Waschungen in großen Bottichen gedämpft. Gleichzeitig wurde Gerste auf sauberen Böden zum Keimen gebracht. Es waren fast geheiligte Räume, die der Brennereimeister nur mit Wollsocken betrat, um jede Verunreinigung zu vermeiden. Das ganze Verfahren, die Beimischung der Gerste, Eintritt und Fortgang der Gärung, ist kompliziert und langwierig zu beschreiben. Es entstand schließlich eine wasserklare Flüssigkeit: reiner Alkohol.
Diese gesamte »Ernte« wurde an den Staat verkauft, denn dieser hatte das Branntweinmonopol. Er vergab die Brennereierlaubnis und die Höhe des Kontingentes, mit denen der Wert manchen Gutes stand oder fiel. Ein Kontingent von 140–180 000 Liter Schnaps war ein stolzer Zuschuß zur Gesamtwirtschaft. – In hohen Behältern, den sogenannten Kolonnen, wurde der Schnaps aufbewahrt und sorgfältig versiegelt, bis der Tag kam, an dem die staatliche Behörde heranrollte, in gewaltigen Wagen die kostbare Flüssigkeit abholte und die Gutskasse sich füllte.

Aber auch das Abfallprodukt dürfen wir nicht vergessen: die Schlempe. Während sich in der Brennerei ein kräftiger Alkoholgeruch ausbreitete, der manchen Besucher allein durch das Einatmen in einen schwankenden Traumzustand versetzen konnte, erfüllte den Gutshof die süßliche Duftwolke der Schlempe. Wir empfanden diesen Geruch immer als unangenehm und rustikal und glaubten, deswegen lägen so viele Schlösser weit ab vom Gutsbetrieb. Um so mehr wurden die Kühe beglückt. In langen Reihen standen sie, Schillers »breitgestirnte glatte Scharen«, und klirrten vor Ungeduld und Gier mit den Ketten, bis der große Holzzapfen am Ende der steinernen Krippen herausgezogen wurde und das heiße, braune Gebräu wie eine dicke Suppe sich herauswälzte. Vor der Hitze wichen die gehörnten Häupter vor und zurück – vor und zurück, und der Atem der schweren Tiere vermischte sich mit dem Dunst der Schlempe zu einer Atmosphäre satter Behaglichkeit.

So war unser Leben eingebettet in das ländliche Jahr. Wenn es zur Erntezeit anhaltend regnete und sich schon in der Hocke auf dem Felde winzige Keime zeigten, mußten die langersehnten Sonnentage unter allen Umständen genutzt werden. Dann konnte es geschehen, daß Vater uns mit auf das Feld nahm und uns unter die Hofmädchen einreihte. Wir litten unter der ungewohnten Arbeit. Damals benutzte man noch die Sense. Hinter jedem Schnitter arbeitete ein Mädchen, das das abgemähte Schwadt mit einem Strohwisch und dem schwer zu erlernenden Knoten zu taillieren hatte. Die Männer arbeiteten sich in einer schrägen Linie in das Feld hinein, um jede Gefahr der Verletzung durch die spitzen und scharfen Sensen zu vermeiden. Der Schnitt der Sensen und das rauschende Fallen der Ähren waren die einzigen Geräusche in der glühenden Sommerluft. Wir sollten mithalten, aber unsere Kräfte waren doch ungeübt, und die Arbeitermädchen sagten uns: »Ein ganzes Jahr Tränen, wenn man mit 14 Jahren nach der Schule auf den Hof kommt, – dann erst hat man es gepackt.«

Später kamen die Ableger, Maschinen, die das Mähen, aber nicht das Binden ersetzten. Ich sehe sie noch aufgereiht im Schuppen stehen. »Milwaukee« leuchtete in großen, roten Buchstaben auf ihrer Rückseite, mir ein Gruß vom fernen, bewunderten Amerika. Durch dieses neue Arbeitsgerät hatten die Männer es nun leichter, und das Dengeln der Sensen im Morgendämmer, wenn die ersten Vögel zwitscherten, hörte man seltener. Einige Jahre darauf folgte der Selbstbinder, der das Schwadt mit einem Sisalknoten band und die fertige Garbe abwarf, ein Vorläufer des Mähdreschers, den wir zu Hause nicht mehr erlebt haben. Heute wird in einem Erntegang in wenigen Tagen auf dem Felde das erledigt, was in meiner Jugend 60–70 Menschen in Feld und Scheune wochenlang beschäftigte. Die alten Bezeichnungen, wie Garbe oder Hocke, werden bald unbekannt sein, so wie eine »Stiege« nur noch die Bezeichnung für eine kleine leiterartige Treppe ist, nicht aber der Fachausdruck für eine Reihe von 12 bis 20 zusammengestellten Garben. England und die USA waren uns in dieser Entwicklung voraus, dort wurde der Selbstbinder schon um 1890 eingeführt.

Die Körnerernte wurde mit Leiterwagen, von Pferden gezogen, eingebracht. Schwer war der Schwung mit der Gabel hinauf auf den Wagen. Die Mädels mußten die Garben so schichten, daß kein Übergewicht entstand. Diese Arbeit haben wir nie mitgemacht, wohl aber das Abladen in der Scheune, das uns sehr zu schaffen machte. Die Garbenberge türmten sich vor uns. Wieder halfen die Mädels.

Ich denke mit zwiespältigen Gefühlen an unsere Erntetage. Der Durst, die Qualen der sengenden Sonne und die schleichende Zeit waren hart für uns. Aber damit stieg unsere Bewunderung und Hochachtung für die Hofmädchen, die immer so angestrengt lebten. Wie sah ihr Feierabend aus? Wir ließen uns bei Tisch bedienen, unterhielten uns mit Gästen oder lasen, während sie noch der Mutter helfen mußten. Oft aber saßen sie schwatzend und lachend auf den Stufen vor den kleinen strohgedeckten Häusern oder sie sangen so sicher und voll, wie ich es wohl nie wieder von unausgebildeten Stimmen gehört habe. Es war ein Volksliederschatz, der durch die Generationen gereicht wurde – Noten kannten sie nicht, und außer dem kirchlichen Gesangbuch gab es keine Liederbücher. Allerdings wurde die Gesangstunde in den Dorfschulen sehr beachtet und gepflegt. Die Mädchen sangen mehrstimmig, und an stillen Abenden wehten die Lieder über den Hof und die Lindengruppe zu uns auf die Terrasse. Auch auf dem Heimweg vom Feld, der oft mehr als eine Dreiviertelstunde dauerte, wurde ununterbrochen gesungen, ein Zeichen, daß die Arbeit die jungen Mädchen nicht mehr überanstrengte. Wir hingegen waren nach diesen Arbeitstagen so erschöpft, daß wir uns auf unsere Betten warfen und zu nichts mehr Lust hatten.

Am schwersten von allen Frauen hatten es die Kriegerwitwen in und nach dem ersten Weltkrieg. Man hat es längst vergessen, daß sie keinen Pfennig Unterstützung vom Staat bekamen, keine Entschädigung für den gefallenen Ernährer. Solch eine junge Frau habe ich gut gekannt. Sie hatte fünf Kinder, als ihr Mann fiel, das älteste war sieben Jahre alt. Zum Glück war ihre Schwester unsere Küchenwirtin, und es war selbstverständlich, daß da manches hinwanderte.

Im Sommer 1917 kam die Überflutung durch die sogenannten Rückwanderer. Das waren deutschstämmige Frauen und Kinder, die durch den Krieg in Rußland nicht mehr geduldet wurden und in Deutschland wieder beheimatet werden sollten. Sie wurden auf die einzelnen Güter verteilt. Eine solche Frau besuchten wir bald nach ihrer Ankunft. Erschreckend sah sie aus und war fast teilnahmslos. Kleine Kinder umspielten das Bett der Mutter. »Wovon haben Sie sich denn ernährt?« fragten wir. »Na Melde« war die müde Antwort. Melde ist ein Unkraut, das im jungen Wachstum einen wohlschmeckenden Spinat ergibt, aber später ein gefürchteter Schmarotzer wird, der mit domartigem Wuchs die Kartoffel- und Rübenfelder überhöhen kann. – Kartoffeln und Milch waren nun die Hauptnahrung, mit der diesen armen Menschen geholfen werde konnte, – – wenn es nicht schon zu spät war. Viel mehr konnte unser Gut trotz seiner 2000 Morgen Acker nicht leisten, denn wir hatten einen engstirnigen Inspektor, der nur darauf bedacht war, die vorgeschriebenen Abgaben an den Staat zu erfüllen.

Ich weiß von bewährten Landwirten, daß die geforderte Leistung, vor allem an Getreide, unzumutbar war und auch ungerecht verteilt wurde ohne Rücksicht auf die Möglichkeiten der schweren, fruchtbaren oder der leichten Böden. Die fähigen Gutsbesitzer und tüchtigen Bauern lösten sich von dieser staatlichen Bevormundung, hielten die Abgaben in Grenzen und sorgten für sattes Vieh in der richtigen Einschätzung, daß nur auf diesem Wege auch dem Staat geholfen werden könne. Aus Angst aber vor den Gesetzen und eventuellen Strafen hungerte bei uns das Vieh, die prachtvolle Schafherde siechte dahin, und im

Laufe der Kriegs- und Nachkriegsjahre starben 57 Pferde an Krankheiten, die sich nur bei unterernährten Tieren einfinden. Vater war im Felde, Mutter übersah es nicht, denn sie hat zwar auf dem Lande gelebt, ist aber nicht als Landkind erzogen worden, weil die Güter meines Großvaters verpachtet waren.

Auch die Menschen litten. In meiner Kindheit waren Tuberkulose und Diphterie noch nicht besiegt. Unser Schafmeister hatte viele zierliche, blondhaarige, kleine Töchter. Bald kamen sie nicht mehr zum Spielen. Abwechselnd lagen sie in dem dunklen Erker der elterlichen Bettnische, und drei von ihnen verschwanden im Lauf der Jahre aus unserem Gesichtskreis. Lungenschwindsucht sagte man damals. Der Kinderreichtum war groß. Man nahm ihn als selbstverständliches Schicksal. Acht bis vierzehn Kinder waren der Durchschnitt, doch starben viele schon als Kleinkinder, meistens an Diphterie oder weil die Mütter zu früh abstillten, ohne hinreichende Kenntnis der künstlichen Ernährung.

Unser Stellmacher hatte von zwei Frauen 24 Kinder. Die Reihenfolge konnten nicht nur er, sondern auch seine Frau nicht mehr feststellen, denn nur fünf sind ihnen geblieben. Er selbst war ein robuster Mann, der mit Hingabe an seinem Beruf hing. Er hatte uns streng im Griff, wenn wir mit unseren Wünschen für Brenn- oder Kaninchenstallholz bei ihm auftauchten. – Eine vorbildliche, glückliche Familie war die des Hofmeisters Pollack. Sie bewohnte ein kleines Haus mit mehreren Zimmern. Frau Pollack hat im Lauf von 24 Jahren 12 Kinder gehabt, alle zwei Jahre eins. Jedes hat sie über ein Jahr gestillt, dann kam das nächste. Angeblich hat das lange Stillen diesen gesunden Rhythmus gebracht. Sie hat alle 12 aufgezogen. Es waren schwarzhaarige, rotbackige Kinder mit Gliedern wie junge

Eichenstämme. Gescheit und musikalisch waren sie auch. Die Jüngste war gleichen Alters mit mir. Wir waren innig befreundet. Im Hause der Mutter Pollack habe ich das Spinnen gelernt.
Die jungen Kriegerwitwen schlossen morgens ihre Kinder ein und gingen auf den Gutshof zur Arbeit, wenigstens einen halben Tag. Sobald das Schulalter erreicht war, konnten sie aufatmen. Ein Kindergarten wäre die allererste Notwendigkeit gewesen. Aber meine Eltern hatten Jassen erst im Sommer 1912 übernommen, und bald baute Vater ein neues 8-Familien-Haus. Bisher existierten nur kleine strohgedeckte Einfamilienhäuser, wo in dem einzigen großen Raum auf einer Schmalseite das verhangene Ehebett stand, in dem bestimmt einige von den Kleinen mit Platz haben mußten. Es war noch ein Bodenstübchen ausgebaut und eine winzige Abseite für die anderen Schläfer. Dem großen Ehebett gegenüber stand ein breiter Herd mit einem gewaltigen Rauchfang. In der Mitte des Raumes stolperte man über einen Eisenring in der Abdeckung, die zu einem Kellerraum führte. Hier wurden die Früchte des Gartens und des Feldes aufbewahrt.
Die Kartoffelernte verwandelte das ganze Land! Die Gutsbesitzer und Bauernfamilien, aber auch die Arbeiter wurden wie von einem freudigen Fieber ergriffen. Oft waren es 80–100 Sammlerinnen, niemals Männer, die sich kniend in ein Kartoffelfeld hineinwühlten. Große Kastenwagen standen bereit, und die Männer nahmen die vollen Körbe entgegen, die Menge sorgfältig prüfend. Es wurde mit Metallchips entlohnt, einen pro Korb. Nach der Ernte wurden diese in Geld eingetauscht. Der Erlös war bei fleißigen Buddlerinnen gut, denn es wurde ja nicht die Arbeitsstunde sondern die Leistung bezahlt. Frau Pollack erzählte mir, sie habe nachts im Traum auf ihrem Feder-

bett weitergewühlt. So eingespannt und einsatzbereit waren diese Frauen! Endlich konnten sie sich Kleider und Hausrat kaufen. Ein Lehnstuhl war die Spitze der Möbelbedürfnisse. – Am Abend leuchteten die großen Kartoffelfeuer auf dem Felde. Das welke Kraut wurde verbrannt und frische Kartoffeln darin geröstet. Die kleinen Gärten und der große Gutsgarten brachten die Äpfel, Spätbirnen und Kürbisse ein, und neben den braunglasierten Honigtöpfen tauchten die Gefäße mit dem dunklen Rübensirup auf, der mit den daraus entstehenden Pfefferkuchen einen Vorgeschmack auf Weihnachten brachte.
Der Höhepunkt des Jahres war das Erntefest. Da der Körnerdrusch erst im Winter erfolgte, waren im Herbst die Speicher noch leer, und es konnte dort gefeiert und getanzt werden. Zu Beginn des Festes stand unsere Familie erwartungsvoll auf der Terrasse vor dem Hause. Der bunte Zug mit der Erntekrone an der Spitze nahte. Von den beiden ersten Gespannführern wurde sie als Symbol des festlichen Tages getragen. Sie hing an einer Stange, die auf zwei Mistgabeln ruhte. Weil man diese Forken nicht ganz der Schönheit des Tages und der Feierlichkeit des Zuges entsprechend fand, waren auf den Spitzen in Silberpapier gewickelte Äpfel aufgespießt. Die Männer in blütenweißen Hemden wurden begleitet von den Mädchen in ihren schönsten Kleidern. Die Haare hatten sie zuvor in Zuckerwasser gespült und fest eingeflochten, der Erfolg war verblüffend, ein Vorläufer der Dauerwelle, alles feingekräuselt wie die musizierenden Engel auf den alten Bildern. Es folgten zahllose Kinder in weniger festlichen Kleidern, am Schluß muntere kleine Barfußläufer.
Die Erntekrone, ein kunstvolles Flechtwerk aus Hafer-, Roggen-, Gersten- und Weizenhalmen – schwankte nun vor den Eltern. Die erste Arbeiterin trat errötend nach

vorn und sagte ihr Gedicht. In jedem Jahr hörten wir den schmerzlichen Beginn: »Im Frühjahr sah es traurig aus« mit rollendem »r« und das »ü« zu einem »i« umfunktioniert. Weil der leichte Sandboden nur kümmerliches Wachstum versprach, war diese bewegende Klage als fester Bestandteil in die Erntepoesie eingegangen. Daß die Ernte mit Gottes Hilfe und der Menschen Optimismus doch zu einem Erfolg wurde, war die fröhliche Begründung dieses Festes.
Tatsache war, daß eine Körnerernte von 8 Zentnern pro Morgen im Durchschnitt der Jahre eine Höchstleistung bedeutete. Die kleinen Bauernhöfe hingegen mit bescheidenem Viehbestand und ohne künstlichen Dünger ernteten oft nur 4–6 Zentner vom Morgen. Als Vergleich bringen die Ernten hier im Rheinland durch ständige Verbesserungen der heutigen Landwirtschaft sichere Erträge von 40 Zentnern Körnerfrucht und mehr, ungefähr das achtfache.
Aber zurück zu unserem Erntefest. Die Poesie war nun in vollem Fluß, und jeder bekam einen Extravers. Den Eltern wünschte man weiteren Kindersegen, was Mutter mit einer unmißverständlichen Abwehrbewegung quittierte, für uns Töchter wurden Kavaliere mit rollenden Talern herbeigewünscht, und auch das Schaukelpferd aus Gold für den kleinen Max wurde nicht vergessen. Vater hielt die Dankesrede, sie kam ihm von Herzen, denn einige harte Arbeitswochen lagen hinter diesen Menschen. Man sah es an ihren schweren Händen und an den gebräunten Armen und Gesichtern, über denen die Stirnen sich seltsam weiß abhoben, denn bei der Arbeit trugen die Männer Stroh- oder Filzhüte, die Mädchen Tücher. Später traf sich alles auf dem großen Speicher. Hier hingen Girlanden, aus Getreide und glänzend leuchtendem Buntpapier gewunden, in Bögen an der Decke und vereinigten sich in der

Mitte zu einem Kranz um die mild schimmernde Petroleumbeleuchtung. An den Wänden standen Tische mit braunem Napfkuchen, es gab Freibier, und die Ziehharmonika ließ ihr erstes Quäken durch den Raum ziehen. Nach festen Gesetzen begann der Tanz, den Vater mit der Vorarbeiterin oder der Inspektorenfrau eröffnete, Mutter tanzte mit dem Inspektor, dieses alles noch im Solotanz nach Rang und Würden. Dann aber schob sich die ganze Gesellschaft auf die Tanzfläche, und die lang angestaute Erwartung löste sich im Kreisen und Drehen verschiedener Tanzarten. Polka, Rheinländer und Walzer wechselten, Tango wurde als dekadenter Tanz mit Entrüstung abgelehnt, was ich sehr bedauerte. Manche Paare bildeten, sich an den Händen fassend in gebührendem Abstand mit ihren Armen einen laubenartigen Gang, durch den andere Paare hindurchkriechen mußten, was größte Heiterkeit auslöste, weil sich unter diesem Dach mancherlei Möglichkeiten zu intimer Anlehnung boten. So wurde es ein rauschendes Fest.

Mit den Eleven, Söhnen aus Gutsbesitzerfamilien, die bei Vater für ihren späteren Beruf ausgebildet wurden, tauchten nun auch für uns die ersten Tänzer auf. Wir wußten, daß sie uns kritisierten als zu ländlich, zu wenig auf Äußeres bedacht, eine Bildungsstätte, damals Mädchenpension genannt, sei dringend notwendig, – das waren die abfälligen Urteile, die uns mit bedauerndem Achselzucken von der Hofmeistersfrau überbracht wurden. Es war uns gleichgültig. Wir haben uns auf den Erntefesten und den ländlichen Hochzeiten mit derselben Fröhlichkeit amüsiert wie später auf den Berliner Bällen.

Ehe ich den Faden dieses ländlichen Jahres weiterspinne, möchte ich von den Zeiten sprechen, die dazwischen lagen

und in denen wir in der Stadt lebten, von meinem 12. bis in mein 15. Lebensjahr; vom Frühjahr 1916 bis zum Sommer 1918. Es waren harte, fast grausame Jahre.
Während des Krieges gab es keine jungen Studenten mehr, die uns hätten unterrichten können. Um das Problem unserer Weiterbildung zu lösen und vor allem für Eberhard den Besuch eines Gymnasiums zu ermöglichen, mietete Mutter in Stolp eine kleine Wohnung. Stolp war eine reizvolle Provinzstadt mit Fachwerkhäusern, mit herabhängenden Weiden den schlängelnden Lauf der Stolpe entlang, mit zwei uralten Toren, Stadtmauerresten und einer mächtigen Backsteinkirche aus dem 15. Jahrhundert. Stolp war auch der Mittelpunkt des geselligen Lebens all der Gutsbesitzerfamilien ringsum, daher gab es gute Läden und verlockende Lokale; namhafte Künstler machten gern hier Station auf ihren Tourneen von Berlin über Stettin und Danzig nach Königsberg.
Von all diesen angenehmen Möglichkeiten merkten wir jedoch nichts, denn leider lag unsere Wohnung in einem Teil der Stadt, der während der Industrialisierung Deutschlands zwar solide, aber karg gebaut worden war: ein Stadtteil ohne Gärten und ohne den Trost hoher Bäume. Unsere Wohnung lag in dem nüchternen Stadtteil um das Bahngelände mit seinen Eisenbrücken und zusammenlaufenden Schienen. Unsere Zimmer waren mit rustikalen Möbeln eingerichtet. Im Winter wurden nur das Wohnzimmer und das Zimmer unserer Erzieherin geheizt, einem sehr gebildeten, etwa fünzigjährigen Fräulein Kaschel.
Sie war der Grund unserer grenzenlosen Resignation. Ob sie uns nur beherrschen oder gar quälen wollte, läßt sich im Abstand der Jahre nicht mehr feststellen. Jedenfalls wich alle Freude aus unserem Leben. Sie machte uns unsicher,

indem sie betonte, wir seien mit unserem Freiheitsdrang und vor allem unseren Eßgelüsten unnormal veranlagt. *Sie* aber habe es sich zur Aufgabe gemacht, uns zu brauchbaren Menschen zu erziehen, und dazu gehöre vor allen Dingen der Verzicht auf materielle Genüsse. Es war die Zeit der Entbehrungen auf allen Gebieten von 1916–1918. Zweieinhalb Jahre litten wir in dieser Fron. Von den zugeteilten Rationen, die auch bei voller Ausnutzung nur eine matte Sättigungschance boten, sparte sie so viel ab, daß sie große Tüten mit Nahrungsmitteln im Vorratsraum verstecken konnte. Zur Stärkung unserer Disziplin wurde ein Huhn in Deckenhöhe so lange aufgehängt, bis es bläulich verfault in den Abfall kam.
Ebenso fanatisch waren ihre Abhärtungsmethoden. Für den Winter waren unsere Bettdecken viel zu dünn. Nach dem Abendgebet holten wir uns heimlich unsere Mäntel. Wenn die Kaschel uns rascheln hörte, polterte sie herein und riß die Mäntel von den Betten. Hinter ihrem Rücken wurde eine Fachinger Flasche mit dem Hausmädchen zusammen zur Wärmflasche umfunktioniert. Kunhilds Füße sollten beglückt werden, doch da riß der Verschluß, und das Wasser ergoß sich ins Bett. Aus Angst vor Strafe haben wir nichts gesagt. In der Kälte des Winters ist die Matratze bis zum Sommer nicht trocken geworden. Die Waschzeremonien waren grotesk. Natürlich mußten wir uns mit kaltem Wasser waschen. Kunhild streikte. Da nahm die Kaschel die Reinigung selbst in die Hand. Kunhild verschwand in einer zarten Wolke, so löste sich die Feuchtigkeit auf ihrem warmen Körper in der Eisesluft. Im Februar 1917 maß das Thermometer in unserem Schlafzimmer 7 Grad unter Null. Dort, wo der Atem über die Bettdecke entlang strich, waren weiße Reifstreifen in verschiedene Richtungen, je nach Lage des Schläfers.

Dann kamen die Kohleferien. Die Schule, in der wir in Mäntel eingewickelt gelernt hatten, schloß nun endgültig. Selig fuhren wir nach Jassen, die Kaschel in ihre westpreußische Heimat. Zu Hause war es nicht üppig, aber es gab ein sehr warm geheiztes Zimmer, ein urgemütliches Zusammensein mit Mutter und außerhalb der Mahlzeiten Brot und Kunsthonig, soviel wir essen mochten. Nach drei Wochen fuhren wir mit ständig aufsteigenden Tränen nach Stolp zurück.
Kunhild bekam offene Beine. Eine kleine Verletzung wurde zu einer Wunde, die nicht mehr heilte. Die zackigen Ränder weiteten sich immer mehr aus. Schließlich schimmerte der helle Schienbeinknochen im Grunde der Wunde. Anscheinend Hungerödeme. In der Schule erschienen einige ältere Herren, um den Gesundheitszustand der Kinder zu prüfen. Ich wurde zu den Unterernährten gestellt. Immer kämpfte ich im Unterricht gegen den Schlaf, zu meinem Erstaunen auch in den Fächern, die mich fesselten. Die französischen Stunden boten einige Ernährungschancen. In diesem Fach waren wir überlegen. Vorsagen und Arbeitsverbesserungen in der Pause wurden mit belegten Broten honoriert. Wie gut, daß die Fleischerstochter zu den weniger begabten Schülerinnen gehörte! Wir verstanden uns ausgezeichnet mit unseren Klassenkameradinnen. Immer wieder munterten sie uns auf. Gelegentlich stachelten sie uns zur Auflehnung an.
Wenn ich an Eberhard denke, krampft sich mir heute noch das Herz zusammen, und ich möchte ihn um Verzeihung bitten, daß wir nicht besser über ihn gewacht haben. Er wurde aufsässig und handgreiflich. Die Kaschel hatte einen ungewöhnlich reichen Haarwuchs, der als rötlicher Wulst wie ein umgekehrter Blumentopf auf ihrem Kopf thronte. In seiner letzten Wut sprang Eberhard an ihr hoch

und zog die Haarmassen herunter und auseinander. Als die viel Größere ergriff sie ihn dann und setzte ihn einmal im Winter auf den Terrazzoboden des Treppenhauses vor unsere Wohnungstür. Eberhard war im Nachthemd, Pyjamas kannte man damals noch nicht. Da klingelte die Nachbarin, Frau Küster, bei uns und sagte, wenn die Quälereien nicht aufhörten, würde sie die Polizei verständigen.

Im Winter durften wir nur im Dunkeln spazierengehen, weil bei Tageslicht Schularbeiten gemacht werden mußten. So sparte man Licht. Nach dem Abendessen wurden keine Spiele mehr gespielt, auch keine Gesellschaftsspiele, statt dessen mußten wir meterlange Spitzen häkeln zu uns unerfindlichen Zwecken. Wir sehnten uns nach dem Sommer, der nach dem schweren Winter 1917 lange auf sich warten ließ.

Dann wurde es im Juni sehr heiß, und wir strebten zu der Badeanstalt, die am anderen Ende der Stadt lag, am Rande des kleinen Stolpeflüßchens. Es war ein langer Fußmarsch, Räder gab es nicht während des Krieges. Es wurde aber gern so eingerichtet, daß wir erst am späten Nachmittag das ersehnte Flüßchen erreichten. Die Badeanstalt schloß erstaunlicherweise schon um 17 Uhr, so daß wir häufig vor dem verriegelten Gatter standen und mit Wut im Herzen und aufsteigenden Tränen den heißen Rückweg antreten mußten.

Eberhard brach aus und verbrachte die Nachmittage bei einem Freund. Der Kaschel war das nicht recht. Er kam mit vollgestopftem Magen nach Hause, und wir empfanden starke Neidgefühle. Der Vater des Freundes war Arzt; er schrieb an unsere Mutter, sie solle sich doch nach uns umsehen. Anscheinend spiele sich in der Küsterstraße ein Kinderdrama ab. Mutter kam. Da sie sich angemeldet

hatte, war das Essen unerwartet gut. Sie fragte uns sehr genau, ob wir uns zu beklagen hätten, aber wir, vor allem ich, stellten uns schützend vor die Kaschel. Es soll nicht selten Gefangene geben, die ihren Gefängniswärter verteidigen, auch wenn er sie quält.
Wir hatten beschlossen, die Kaschel zu ehren und zu versöhnen, weil sie so wortkarg war. Da sie uns ihren Geburtstag nicht verriet, wurde ein Tag in der Adventszeit gewählt, um sie zu feiern. Ich weiß nicht mehr, wie es gelungen ist, – aber wir hatten eine Stachelbeertorte erobert mit sauren Früchten und pappartigem Boden. Auch Kerzen brannten und beleuchteten sehr bescheidene Geschenke. Als sie hereinkam, schien sie gerührt. Hatten wir unseren Gefängniswärter versöhnt? Hatten wir sie getroffen? –

Die Kirche wurde unsere Zuflucht. Pfarrer Nobiling verstand es, uns mit klarer Auslegung und starkem Engagement zu fesseln. Keine theologischen Nebenwege, er stellte uns mitten hinein in das Neue Testament. Er ließ uns auch daran teilhaben, wie sehr ihn die Betreuung einer zum Tode Verurteilten belastete, die er nach monatelangen Gesprächen zur Hinrichtung begleiten mußte. Damals gab es noch die Todesstrafe. Die Frau hatte ihren Mann vorsätzlich mit der Axt erschlagen. Durch diese Predigten erlebten wir eine Wirklichkeit, die kein Drama, kein Roman uns vermitteln konnte. Wir hörten von ihrer Wut und Auflehnung und dann von ihrer Einsicht bis hin zum letzten Gang. Mit Erschütterung erfuhren wir, daß der Scharfrichter ein ›gottgewolltes‹ Amt ausübe, zu dem er in Frack und Handschuhen wie zu einem Sakrament erschien. Ein Gottesurteil also, von Menschen vollstreckt.
Jeden Sonntag drängten wir in die Schloßkirche. Der

herrliche Barockraum war bis auf den letzten Platz gefüllt. Manchmal mußten wir, gepreßt an fremde Menschen, im Gang stehen. Kunhild wurde einmal ohnmächtig. In der Enge fiel sie nicht, sondern glitt sachte unter den langen Rock einer Frau. Wenn die herrliche Orgel einsetzte, war die Kaschel verwandelt. Durch den enganliegenden Schleier sahen wir die Tränen in ihrem Gesicht.
Zu unserer Aufregung kam eine Einladung von Bismarcks aus Varzin. Unsere Häuser waren befreundet, bis zu Doros Tod im Jahre 1972. Doro war die jüngste Tochter des Hauses Varzin und die jüngste Enkelin des Altreichskanzlers. Nun wurde Varzin für uns eine faszinierende Aussicht. Ich rechne es im Rückblick unserer seelischen Gesundheit zugute, daß wir diese Varziner Sonntage bedenkenlos gegen die Gottesdienste eintauschten. Bei unserem ersten Besuch dort haben wir unmäßig gegessen, so daß wir beim zweiten Mal schon zum Frühstück Klöße mit Backobst bekamen. Alle Ermahnungen der Kaschel waren vergessen. – Die Gräfin-Mutter saß am Kopfende des Eßtisches, von glotzäugigen Möpsen umgeben, die sich teils auf ihrem Schoß, teils am Tellerrand angesiedelt hatten. Wie viele herbe Menschen liebte sie Tiere über alles. – Varzin hatte üppige Wäldern und Seen, und immer in Begleitung der lieben Doro konnten wir mit dem Wandern kein Ende finden. Auf der Rückfahrt wurde gelacht und gelärmt, zum Leidwesen unserer Mitreisenden. Hochgestimmt kehrten wir in die Küsterstraße zurück, versöhnt mit unserm Leben. Wie wenig gehörte dazu!
Als diese köstlichen Einladungen eine Zeitlang ausblieben, – natürlich waren wir mühsame Gäste, – brachten wir uns per Postkarte bei Doro in Erinnerung. Die Korrespondenz wurde entdeckt, und die Kaschel sorgte dafür, daß sich diese Ausflüge so bald nicht wiederholten.

Den 27. Januar dieses trüben Jahres darf ich nicht vergessen. Es war Kaisers Geburtstag. Seltsamerweise hatten wir die Erlaubnis bekommen, uns die abendliche Feier am Stolper Husarendenkmal anzusehen. In den nebligdämmernden Straßen brannten mehr Gaslampen als gewöhnlich. Eine unübersehbare Menschenmenge hatte sich zusammengefunden. Man sah die Gesichter von mageren, verhärmten Frauen, von alten Männern und viele, in zu leichten Kleidern fröstelnde Kinder. Da ging ein Murmeln durch die Reihen, daß die Zusammenkunft auf einem anderen Platz sei. Man wollte nichts versäumen, man drückte sich wie ein zäh fließender, aber kräftiger Strom mit den vielen Unbekannten durch die Straßen. Mir wurde angst. Ich hatte das Gefühl zu ersticken oder zerquetscht zu werden. Dabei gab es weder etwas zu essen noch irgendeine Vergünstigung an diesem Tag. »Schneller, schneller, nichts verpassen!«, drang es zu mir. So stark war damals noch im dritten Kriegswinter bei uns in Pommern die Gebundenheit an die Monarchie und die Hoffnung auf das Kaiserhaus. – In westlichen Teilen Deutschlands, in den Industriegebieten, wo sich die Gesinnung schneller änderte, sah es gewiß schon anders aus. –
Auf unseren Spaziergängen mit der Kaschel, – wir waren außerhalb der Schulzeiten eigentlich immer unter ihrer Aufsicht, – kamen wir in dem alten, hübschen Teil der Stadt gelegentlich an einem Grundstück mit einem parkartigen, aber verwilderten Garten vorüber. Ein hohes Tor mit schwerem Eisengerank verwehrte den Zugang zu dem stillen und vornehmen Haus. Eine Offizierswitwe wohne hier, so erzählte man sich, eine Einsame und Verbitterte, die ohne menschliche Hausgenossen nur mit ihren acht großen Hunden zusammenlebe. Früher war man ihr regelmäßig in der Stadt begegnet, wenn sie Futter für ihre

Lieblinge einkaufte. Aber nun sah man sie immer seltener, weil Hundefutter rar geworden war. Oft hörten wir des Nachts, wenn die Tagesgeräusche verklungen waren, ein heiseres Heulen. »Das sind die Hunde von der Menschenscheuen«, flüsterten sich unsere Nachbarn zu. Eines Tages drang die Polizei in das Grundstück ein. Mit fletschenden Zähnen standen die Hunde im Eingang. Der Fund im Haus war grausig: Die Herrin war von ihren Hunden aufgefressen worden.

Die materielle Versorgung im Ersten Weltkrieg verschlechterte sich im Laufe der Jahre schneller als im Zweiten. Seit 1915 gab es außer den Lebensmittelrationen kaum etwas zu kaufen. Bescheidene Wäschezuteilungen erwiesen sich als Farce. Als man versuchte, die Hemden zu kochen, fand man eine griesartige Suppe vor, denn es war ein Papierprodukt. »Meine Frau hat auf Zeitungen geboren«, erzählte mir ein Soldat in der Bahn auf unserer Reise in die Weihnachtsferien. – Selbstverständlich war damals der persönliche Freiheitsraum noch unangetastet im Vergleich zur Nazizeit. Die Erfassung und Verpflichtung des einzelnen für die vielen Variationen des Kriegseinsatzes, wie sie der Zweite Weltkrieg brachte, das erbarmungslose Vereinnahmen des ganzen Menschen in Gesinnung und Leistung kannte man im Ersten Weltkrieg nicht. Auch ahnten wir noch nichts von den Ängsten und Qualen der Bombennächte.
Die Haltung unserer Lehrerinnen blieb starr und unverändert, vaterländisch-monarchistisch geprägt. Sie waren alle unverheiratet, und ihre unbefriedigten Gefühle kompensierten sie zuerst in der Kriegsbegeisterung und dann in einem eisernen Durchhaltewillen. Die Haßtiraden gegen das ränkesüchtige Albion, gegen die eroberungswütigen

Franzosen und die wilden Russen waren kein guter Einfluß auf uns. Selbst die Lieder in der Gesangstunde, meist in der ersten Begeisterungswelle 1914 gedichtet und komponiert, waren so gefärbt. Zwar lebten wir unter der Regie der Kaschel sehr abgeschlossen, aber daneben horchten wir natürlich auf manche Bemerkung in der Klassengemeinschaft.

In den Sommerferien 1918 entging uns dann aber auch nicht die Äußerung eines unserer Arbeiter, der für die SPD warb. Aufgestört aber hat mich erst unsere junge Gärtnerin Hänse Wagner. Wir liebten sie. Sie war von der Jugendbewegung beeinflußt, und das frohe Naturbewußtsein dieser Wandervogelgeneration hatte für junge Menschen etwas Ansteckendes. Hier waren starke, helle Hoffnungsworte. Heimlich vertraute sie mir ihre Gedanken an über die Barbarei des Krieges und über eine neue, gerechte Lebensordnung unter dem Zeichen der SPD. Noch war ich nicht überzeugt, der Gegensatz zu Elternhaus und Schule war zu groß. Aber ich war beeindruckt. So waren Kunhild und ich, damals 13- und 14jährig, wach geworden und ahnten, daß es noch etwas anderes gab als den düsteren patriotischen Zwang. »Verdammtes Schwarz-Weiß-Rot« flüsterten wir uns zu. Vor den Erwachsenen mußten wir solche Töne natürlich verbergen und vor der Kaschel besonders.

Einen meiner Hausaufsätze mit dem Thema »Mut entwikkelt Kraft« vervollständigte sie mit Parolen wie »Murren und Klagen sind Zeichen des Kleinmutes«, »Durchhalten allein bringt am Ende die Freiheit« und »Nimmer sich beugen, kräftig sich zeigen, rufet die Arme der Götter herbei« (Goethe). Ich bekam eine Eins. Mein Verdienst war es nicht. –

Es war eine düstere Zeit. Der Tod der Soldaten im Felde, das Schicksal der Zarenfamilie, der Eintritt Amerikas in den Krieg gegen uns, all diese beängstigenden Ereignisse hingen wie Blei an unserem freudlosen Alltag. Manchmal weinten wir ohne ersichtlichen Grund, nur weil alles so traurig war. Mutter glaubte uns gut aufgehoben, denn die Kaschel hatte beste Zeugnisse. Vielleicht war ein Bruch in ihrem Wesen entstanden, weil sie aus einem Luxushaushalt, in dem sie sehr verwöhnt worden war, nun in eine primitive Umgebung zu verhinderten Landkindern gekommen war. Kein Weg führte zueinander. Gewiß litt sie auch, aber sie befreite sich nicht im Kontakt zu anderen Menschen, sie sonderte sich ab. Weder zu unseren netten Nachbarn noch zu den Lehrerinnen oder den Müttern unserer Mitschülerinnen, zu keinem Menschen in der Stadt suchte sie Verbindung. Damit aber isolierte sie natürlich auch uns. Sie wurde verschlossen und bösartig. Wir waren ihre unmittelbaren Opfer.

Mutter war überlastet. Der vierjährige Richard und die neunjährige Emmy waren noch zu Hause und das Siebente war unterwegs. Monatelang haben wir Mutter nicht gesehen. Ohne Telephon gab es keine Kontakte von der kleinen Etage aus zu andern Menschen, die wir liebten. Mutter schickte den Inspektor Witt mit einem Lebensmittelkoffer zu uns. Er war zaghaft und ungeschickt. Wie es diesen Ängstlichen oft geht, wurde er kontrolliert und alle Köstlichkeiten des letzten Schlachtfestes beschlagnahmt.

Aber auch diesen Kriegswinter 17/18 erhellte der Glanz des Weihnachtsfestes in Hohenprießnitz. Hier umgab uns eine so liebevolle und kultivierte Atmosphäre, daß wir die grauen Monate hinter uns warfen und bewußt vergessen wollten. Wegen Kohlenmangel wurde der Schulbeginn verschoben, eine beseligende Verlängerung. Ich glaube, ohne die Ferien in Jassen und Hohenprießnitz hätten wir diese Jahre nicht so unversehrt überstanden.

Im Sommer 1918 kam ein erlösender Wandel in unser Leben: Wir durften nach Jassen zurück. Der Grund war liebenswert. Wir sollten zu Hause bei unserem Geistlichen Konfirmationsunterricht bekommen. Dabei gab es in Stolp, wie erwähnt, sehr sympathische Pfarrer. Aber das Jassener Pfarrhaus war etwas ganz Besonderes, und seine Substanz sollte unsere Erziehung beeinflussen. Wie diese kostbaren Menschen zu uns gekommen waren, möchte ich schildern. Er, der Herr Superintendent Engel (Nomen est omen), suchte wegen seiner zarten Gesundheit eine kleine Gemeinde ohne die Belastung einer Superintendantur. Seine Frau wurde als Kundschafterin ausgeschickt, und so kam sie auch nach Jassen, wo schon jahrelang nach einem Geistlichen Ausschau gehalten worden war. Aber die Einsamkeit der Gegend, gepaart mit nicht erreichbaren Schul- und Bildungsmöglichkeiten, hatte alle bisherigen Bewerber abgeschreckt.
An einem trüben Spätherbsttag war Frau Superintendent Engel bei Mutter zu Gast. Wir hatten Kartoffelferien. Wir hörten eifrige Gespräche. Trotzdem schied man ohne feste Pläne. Es muß alles etwas trostlos gewirkt haben, denn der Glanz des Sommers war dahin. Übrig blieb das kahle Backsteinpfarrhaus in einem verwilderten Garten ohne alte Bäume, und der primitive Gutshof verbarg das entzükkende Kirchlein. Kein Blick zum See, zu unserem hübschen kleinen Park, kein naher Wald. – Aber entscheidend war der Kontakt zu den Eltern, vor allem zu Mutter. Pfarrhaus und Gutshaus waren vollständig aufeinander angewiesen. Dazwischen wandelte der Dorfschullehrer. Die nächsten gebildeten Menschen waren in Bütow, unserer kleinen Kreisstadt, 18 km entfernt. Humor mußte man haben, um Mutter zu gewinnen. »Für einen guten Witz laß ich mein Leben!« sagte sie. Mit unbeschreiblicher Komik

konnte sie Menschen in Bewegung und Mimik karikieren. Die Schwächen fand sie rasch, und wenn sie daran ging, die Grenzen der Güte zu überschreiten, griff Vater ein. Vater hatte Humor, Mutter hatte Witz. Mit ihrem Witz hat sie uns viel Freude gemacht. Und mit ihrer Gemütlichkeit. Mit einem fesselnden Buch oder einem Spiel konnte sie sich stundenlang mit den Kindern auf dem Sofa räkeln und wichtige Pläne vergessen. Haushaltstalente hatte sie nicht. Alles hing ab vom guten Personal. Während des Hausbaus lud sie Freunde ein und bemerkte erst am nächsten Tag, daß das Gästezimmer noch keine Fenster hatte. Ebenso genial verhielt sie sich mit den Mahlzeiten. Mutter legte gar keinen Wert aufs Essen. All diese unkonventionellen Eigenschaften waren augenfällig. Vielleicht hat auch Frau Engel sie erkannt und mochte sich nicht schnell entschließen.

Sie vergaß einen langen, sichtlich unvollendeten Brief auf dem Schreibtisch des Fremdenzimmers und bat per Post um sofortige Zusendung. – Gewiß war es ein ausführlicher Bericht über den Besichtigungstag. Wir flehten Mutter an, dieses Schriftstück laut vorzulesen, weil wir uns an drastischen Beschreibungen erquicken wollten. Kritik an unserem Elternhaus waren wir gewohnt, und es störte uns nicht, weil sie meist, dem Anlaß entsprechend, mit Humor gegeben wurde. Diejenigen, die das Originelle an unseren Eltern verstanden, hatten auch Spaß an gutmütiger und erheiternder Wiedergabe. Wir wußten, daß andere Familien geordneter und besonnener, aber auch weniger farbig lebten als wir, und darum gierten wir danach, in dem vergessenen Brief eine Schilderung unserer Absonderlichkeiten zu erleben. Doch Mutter blieb standhaft und verschloß den Brief mit einem bedauernden Lächeln vor unseren Augen. Das Ehepaar Engel aber nahm die Pfarr-

stelle an, und es wurde eine Freundschaft, besser gesagt *die* Freundschaft, über den Tod unserer Eltern hinaus bis in die nächste Generation. »Suppis« hießen sie nun!
Die Etage in der Küsterstraße in Stolp wurde nicht aufgelöst. Die Kaschel blieb, die kleine Emmy, 9- bis 10jährig, sollte dort zur Schule gehen. Wenn irgend möglich, hat sie die weichsten Spuren im Wesen der Kaschel aus der Verkrustung herausgelöst. Auch Eberhard war in Stolp, aber der ganze Stil des Hauses änderte sich, weil jetzt Wolffried, unser Ältester, von der Ritterakademie Brandenburg kommend, hier seine Zelte aufschlug. Er nahm das Hausregiment in die Hand, organisierte Essen in diesem Revolutionswinter, lud wilde Freunde ein, und sie brieten und kochten mit Hingabe und drängten die Kaschel völlig an die Wand. – Da ihnen der Zugang zum Herd verwehrt wurde, funktionierten sie die Deckenlampe des Jungenzimmers zu einer Wärmequelle und Kochmöglichkeit um. Lange hat Wolffried es nicht ausgehalten. Er verließ eigenmächtig die Schule, um sich nach den heißen Novembertagen den pseudomilitärischen Verbänden gegen Spartakus anzuschließen. Vater war noch im Felde. So recht wußten wir nie, wo Wolffried sich damals aufhielt und was er mit seiner unabgeschlossenen Schulausbildung zu tun gedachte. Viel später hat er in Göttingen sein landwirtschaftliches Studium mit summa cum laude beendet.
Für Kunhild und mich wurde im Sommer 1918 eine Erzieherin gesucht. Es kam ein seltsames Wesen, verschlossen, unfroh und kritisch. Wir hatten in der Schule in Stolp keinerlei Schwierigkeiten mit dem Lernen gehabt. Hier aber versagten wir völlig. Da verließ sie uns von einem Tag auf den anderen. »Das war ein Wandervogel«, sagte Inspektor Witt. Trotz Annoncen fand sich keine geeignet erscheinende Erzieherin. In der Kriegszeit waren sie alle

vergeben. Was nun? Mutter wagte den Weg in das Pfarrhaus.

Hier muß ich zunächst einiges über Suppi erzählen. – Er war eine Erscheinung aus der Zeit der späten Romantik, die Sturm und Drang schon überwunden hatte. Wenn er in seinem Pelerinenmantel, das Pfarrerkäppchen über der klugen breiten Stirn in tiefen Gedanken über den Hof der Kirche zuging, so ganz professoral und westdeutsch, dann spürte man einen überragenden Geist, der mit unserer ländlichen Dumpfheit kontrastierte. Er war hochgebildet, zutiefst seinem Gott verbunden, aber trotz des christlichen Auftrags von geringem sozialen Engagement. Er verkörperte noch die Pfarrergeneration, die sich fast nur der geistig-geistlichen Sphäre verpflichtet fühlte, aber die Mühen mit der Gemeinde den tapferen Pfarrfrauen überließ. Die Sonntagspredigt stand zwar im Mittelpunkt der Wochenleistung und wurde sehr ernst genommen, aber sonst lebten die Pfarrer, die wir kannten, allein ihren gelehrten Neigungen.

Auf diesem Nährboden ist wohl die Qualität der evangelischen Pfarrhäuser gewachsen, aus denen so viele überdurchschnittliche, ja bedeutende Männer hervorgegangen sind. Zuweilen sprengten diese Pfarrersöhne, wie Nietzsche, C. G. Jung u. a. den religiösen Rahmen, der Generationen zusammengehalten hatte. »Suppi« jedoch lebte noch in den alten Ordnungen. Religion, Vaterland, Geschichte und Literatur waren die tragenden Kräfte in seinem Weltbild. Die ehrwürdige Gestalt des alten Kaisers, dessen milder Glanz seine Jugendjahre beschienen hatte, stellte sich eindeutig vor alle Versuchungen, den revolutionären Strömungen des vorigen Jahrhunderts Aufmerksamkeit zu schenken. Suppi war tief monarchistisch. Seinen Humor wollen wir nicht vergessen, mit dem er in

liebenswürdiger Art unser etwas planloses und spontanes Leben kommentierte: »Eine seltsame Familie!«
Zuweilen streifte ihn ein Hauch von Spitzweg, wenn er mit geschürzten Lippen und Faltenstirn eine Literaturzeitung studierte, wie ein Gourmet die Wein- oder Speisekarte. Selbst dem sterilen, sandigen Garten gab dieses Pfarrhaus Atmosphäre. Da stand eine Geißblattlaube mit großen Blättern, die die Umwelt abschirmte. Wenn wir dort ein von Frau Suppi köstlich bereitetes Abendessen genießen konnten und der Hausherr uns mit kultivierter Konversation unterhielt, mußte ich immer an den Hölderlinvers denken: »In stiller Laube glänzt das gesellige Mahl den Freunden.« Suppi hatte Ozeane von Zeit.
In der Sorge um unsere Bildung stand Mutter nun vor ihm, ratlos und doch kühn: »Lieber Herr Superintendent, würden Sie vielleicht die große Freundlichkeit haben und den Unterricht meiner Töchter übernehmen?« Was sie, die sich nie einer geregelten Tätigkeit gewidmet hatte, damit vom ihm verlangte, ahnte sie nicht. Nach kurzem, gewiß erstauntem Zögern willigte er ein. Seine beschaulichen Vormittage waren dahin! Was sie *mir* aber damit geschenkt hat, konnte sie ebensowenig ermessen. Suppi machte eine Art Summerhill auf. Suppi bot an, wir brauchten uns nur zu bedienen. Ich erschien bei ihm bereits um 8 Uhr morgens, wenn er sich noch den Mund nach dem Frühstück wischte, Kunhild hingegen zögerte mit ihrer Lernbereitschaft und kam oft gar nicht. Als Suppi sie einmal im Abenddämmer auf dem Hof traf, und sie sich eilfertig anbot, zu ihm zu kommen, sagte er nur: »Nein Kunhild, jetzt ist es Nacht!«
Einige Monate später sollte auch Eberhard bei Suppi eintreffen, von Mutter geschickt, ich weiß nicht, ob er

jemals ordnungsgemäß angemeldet war. Er ist auch nicht weit im Pfarrhaus vorgedrungen, denn er setzte sich an den Rand der staubigen Straße unter einen breitblättrigen Holunderbusch, wo er weder von unserem Haus noch vom Pastorat aus entdeckt werden konnte. Dort las er. Ich hingegen nützte den Deutschunterricht zur Beantwortung brennender Fragen. Mit Erfolg hatte ich Mathematik und Erdkunde an den Rand der Wissenschaften gedrängt, während Geschichte etwas behutsamer behandelt wurde, vor allem die aufregende Zeitgeschichte. Suppi arbeitete ja ohne Lehrpläne. Nur in Religion und Biologie gab es einige unerwartete Klippen.
Er gab mir auf, das schöne Paul-Gerhardt-Lied »Warum sollt' ich mich denn grämen?« auswendig zu lernen, bis zur nächsten Stunde gleich alle 12 Strophen. So etwas waren wir gewöhnt! Aber beim Aufsagen einige Tage später brachte die zweite Strophe die Klippe. Sie lautet:

»Nackend lag ich auf dem Boden,
da ich kam, da ich nahm
meinen ersten Odem.

Nackend werd ich auch hinziehen,
wenn ich werd von der Erd
als ein Schatten fliehen.«

Suppi war durch dieses »nackend« so bestürzt, daß er mich bat, gleich auf die weiteren Strophen überzugehen. »Wir wollen dies lieber beiseite lassen«, murmelte er. Er war natürlich äußerst gut erzogen, in einer Zeit, wo man die Worte Oberschenkel oder Unterhose kaum in den Mund zu nehmen wagte. Jetzt aber erst genierte ich mich. Bis dahin war ich völlig arglos, es war ja die Zeit, in der ich

mein jüngstes, 8 Monate altes Brüderchen mit Genuß nackend hätschelte!
Die Biologiestunde brachte ähnliche Verwirrungen. Ich ahnte sie schon kommen, denn es wurde »der Mensch« durchgenommen, selbstverständlich ohne jede Andeutung der Verschiedenheit von Mann und Frau. Aber schon die Blase, beiden Geschlechtern unterschiedslos zugeteilt, machte Suppi verlegen, vor allem, weil in meinem Biologiebuch ihre Tätigkeit bis ins Detail beschrieben wurde. Durch diese peinliche Stunde hat sich mir ihre Funktion deutlich und für immer eingeprägt, zum Vorteil pflegerischer Betätigung später als Gutsfrau. Aber Suppi reagierte verschämt: »Wir sollten doch dieses Organ lieber beiseite lassen und gleich auf die Gelenke übergehen«, meinte er.
Aber er hat mir die Welt der Dichter aufgetan und uns täglich die Bibel nahe gebracht. Fast 10 Monate wurden wir von ihm unterrichtet, dann löste ihn im Frühjahr 1919 eine junge Erzieherin ab. Später bat ich Mutter, mir einen Schulabschluß in Stolp zu ermöglichen. So kam ich in das Haus des Oberbürgermeisters Zielke, mit dessen jüngster Tochter ich befreundet war. Trotz des lückenhaften Unterrichts im Pfarrhaus habe ich die Aufnahmeprüfung gut bestanden, denn ich hatte ja mancherlei Ausgleich anzubieten. Auch das Abschlußexamen habe ich Suppi zu danken.
Während der Revolution litt er sehr. Ich überbrachte ihm die Nachricht von der Flucht des Kaisers nach Holland, vom Einstellen des Waffenganges, von den Meutereien in Kiel und den Unruhen in Berlin. Er war so erschüttert, daß er mich gar nicht mehr wahrnahm, er brach an seinem Schreibtisch zusammen. Als unser Vater Ende Januar 1919 endlich nach Hause kam und beim ersten

Kirchgang gegenüber der Kanzel im Patronatsstuhl saß, konnten die beiden Männer am Schluß der Predigt sich nicht mehr fassen. Während die Gemeinde sang, schluchzte Suppi auf der Kanzel, und Vater weinte und hatte Mutters Hände ergriffen. Wir Kinder waren ratlos und verstört. Mutter half: »Sie brauchen sich dieser Tränen nicht zu schämen«, sagte sie. Es ist furchtbar, wenn Kinder mit ansehen müssen, wie Autoritäten zusammenbrechen. Wahrscheinlich hat Mutter uns mit diesen acht Worten mehr geholfen, als sie in unseren Stolper Jahren an Versäumnissen in die Schale der Verantwortung hineingelegt hatte.

Die großen, neuen Schwierigkeiten und Planungen der damaligen Landwirtschaft bestimmten nun Vaters Leben und Alltag. Allmählich wurde er ruhiger und sprach weniger über die letzte Kriegsphase. Eine heitere Begebenheit möchte ich hier nicht vergessen. Vater liebte es nicht – außer zu jagdlichen Vorhaben, – an irgendwelchen Ausflügen und Landpartien teilzunehmen. Aber natürlich ließ er Mutter in ihrer Leidenschaft für solche Unternehmungen gewähren. Die Sommerferien wurden belebt durch die Besuche von Vettern und einer kleinen Cousine im Alter unserer jüngeren Geschwister. Um alle zu beschäftigen, wurde ein Ausflug in das kleine Ostseebad Leba geplant. Es sollte gepicknickt, das Schwimmen genossen und viel gewandert werden. Als Höhepunkt der Naturfreuden wurde eine Nacht im Freien ohne schützendes Zelt in Hörweite des rauschenden Meeres geplant.

Eine kleine Reise von Vater bot eine willkommende Gelegenheit, dieses Programm zu verwirklichen, ohne ihn durch unsere Abwesenheit zu vernachlässigen oder gar zu kränken. Es wurde wieder einmal nichts richtig vorbereitet. Nur ein Riesenkoffer der Firma Mädler, der auf langen

Reisen wegen seines Umfanges gewöhnlich von zwei Gepäckträgern geschleppt wurde und nur im Gepäckwagen untergebracht werden konnte, stand im großen Gartenzimmer, und jeder von uns warf seine Kissen und Decken da hinein. Die Kleinen und Zarten durften mit der Bahn fahren, von Emmy beschützt, die als gewissenhafteste Hüterin des Koffers ausersehen worden war. Das fünfjährige Mäxchen war auch dabei.

Mutter, Kunhild und ich hingegen, begleitet von einigen strammen Knaben, glitten zu Fuß durch den Sand. Die Gegend war weder schön noch angenehm zu durchwandern. Es ging stundenlang über breite Wege, gesäumt von Birkendoppelreihen. Dahinter niedrige, mit silbernem Moos bedeckte Kiefernbestände. Dieser Wald war so karg, daß selbst das Vogelleben verkümmerte. Um so kräftiger erwies sich die Sonne. Wenn ich mir die Strecke heute auf der Karte ansehe, stelle ich fest, daß wir ungefähr 30 km durch diese armselige Landschaft gelaufen sind. Das Ziel war Lauenburg, hier wollte man sich mit den Bahnreisenden und dem großen Koffer treffen, um mit dem Zug gemeinsam nach Leba zu fahren.

Tatsächlich fanden wir uns alle zusammen. Jubelgeheul! Durch die Wiedersehensfreude wurde es eine lärmende Bahnfahrt, bis wir erschöpft und sehnsüchtig nach einem Lager in Leba ankamen. Es war schon dunkel. Der Koffer polterte auf den Perron. Mutter rief: »Kinder, faßt doch an!« Kunhild und ich blinzelten einem Gepäckträger mit Wagen zu, und als er mit einem zweifelnden Blick auf die Masse der Jugendlichen fragte: »Welches Hotel, die Damen? Es ist jetzt Hochsaison und alles sehr überfüllt, – hoffentlich sind Sie zuverlässig angemeldet«, – da hauchte eine von uns nur: »Ach nein, bitte in die Dünen!« Er sah uns an, als kämen wir direkt aus der nahe gelegenen

Landesirrenanstalt Finkenbruch und wandte sich einer einträglicheren Kundschaft zu. Mutter aber trieb uns an: »Kinder, tummelt euch, worauf wartet ihr noch?« So ergriffen Kunhild und ich die nicht nur schwere, sondern kaum zu regierende Last. Wie unfreundlich war die Nacht! Kein Stern am Himmel, kein milder Mondschein. Da hörte man schon ein dumpfes Dröhnen, und fernes Wetterleuchten kündigte ein nahendes Gewitter an. Wir stolperten weiter mit dem Kofferungetüm, die todmüde Gesellschaft taumelte um uns herum. Sand, niedrige Kiefern, kleine Gruben, Löcher, dann wurde der Boden plötzlich glatt, sehr glatt. Welch ein herrlicher Lagerplatz! Schnell wurde der Koffer abgesetzt, jeder ergriff irgendeine Decke, irgendein Kissen, und man rollte sich zum Schlafen ein. Aber der Himmel war tückisch, die Nacht schob das Gewitter vor sich her. Es begann zu tropfen! Wie könnten wir das Mäxchen schützen? Die Großen sollten sich ruhig abhärten. Da kam ich auf die Idee, Mäxchen, mein Pflegekind, in dem nun leeren Koffer zu verstauen. Es gelang, aber der Koffer klappte zu. Wildes Geschrei! Ein in den Deckel eingeklemmter Schuh ergab einen angstbefreienden Spalt. Mäxchen war zufrieden. Dann schliefen wir den Schlaf der ganz Erschöpften. Mutter strich mit ihrer Hand über jeden Kopf, alle waren nah und schliefen fest, selbst aus dem Koffer vernahm man zufriedende Atemzüge.
Im ersten Morgendämmern weckte uns ein fröhliches Kichern: »Sieh mal, da hat sich ja eine ganze Gesellschaft auf den Platz gelegt!« Nun waren alle wach, und wir sahen mit Erstaunen, daß wir uns mitten auf einen sich zu einem kleinen Rondell verbreiterten Weg gelegt hatten. »Kinder, rein in die Kiefern«, rief Mutter, »was sollen denn die Leute von uns denken!« Es war ungefähr vier Uhr in der Frühe, ein herrlicher Sommermorgen mit reingewasche-

nem Himmel ließ das nahe und stille Meer aufglänzen. An Schlaf war nicht mehr zu denken. Die Jungens stürmten in die See. Wir waren glücklich, sie los zu sein. Aber leider kamen sie sehr schnell zurück, denn zwei von ihnen waren mit Anzügen von der Mole ins Wasser gefallen und standen nun naß und frierend vor uns.
»Also jetzt erst einmal aufräumen«, rief unsere Mutter, »später kann gefrühstückt werden. Aber vorher sollen Esther und Kunhild den Koffer mit allen Kissen und Decken zum Kurhaus tragen, damit er uns abends zum Nachhausezug an die Bahn gebracht werden kann.« Schwerer Weg durch die sperrigen Kiefern dem eleganten Kurhaus zu! Auf der Terrasse sahen wir in etwa 50 Meter Entfernung einen Portier und einen eleganten Herrn, vielleicht der Besitzer? Wir waren *schon*, die *noch* auf! Wir fragten auf Rufweite, ob wir den Koffer zur Aufbewahrung und späteren Zustellung zum Abendzug nach Lauenburg übergeben dürften? – Sehr erstaunte Reaktion auf der Terrasse. »Auf welchen Namen bitte?« Unser Vater war ein bekannter Landwirt. Ich genierte mich. »Schulz«, rief ich zurück. »Und woher?« tönte die Terrasse. »Aus Bütow« schrie ich tapfer und deutlich. »Sind Sie etwa Otti Schultz aus Bütow?« Ich bejahte freudig in der Annahme, endlich einen Einstieg für die Abgabe dieses unseligen Koffers gefunden zu haben. Die Reaktion war umwerfend! Die beiden Männer zeigten sich höchst amüsiert und interessiert und machten alle Anstalten, nun nähere Verbindung mit uns aufzunehmen. Mir schwante, daß Otti Schultz eine berühmt-berüchtigte Person sein könnte. Unbehagen stieg auf. So ließen wir den Koffer im Gelände stehen und rasten zu den kleinen Kiefern zurück. »Der Koffer ist in Verwahrung«, meldeten wir.
Mutter war wieder in Aktion: »Esther paßt auf die Kleinen

auf, und Kunhild und Emmy gehen in den Ort, um Brötchen zu holen.« Es mag kaum 7 Uhr gewesen sein. Die Sonne stieg, die Zeit dehnte sich, der Hunger wuchs, und die Schwestern kamen nicht wieder. Da! Ein Klagelaut durch die kleinen Fichten: »Ach Mutti!« Da standen sie mit einem Polizisten und es entwickelte sich folgendes Gespräch zu Mutter hingewendet: »Meine Dame, ich muß Sie leider verhaften. Sie stehen im Verdacht, einer Diebesbande anzugehören, denn wie Ihre Tochter aussagt, haben Sie in der Nähe des Kurhauses einen Koffer absetzen lassen, der uns hoffen läßt, die Gauner geschnappt zu haben. Der Inhalt des Gepäckstückes berechtigt uns zu dieser Annahme, denn die einzelnen Decken, Kissen und Kleidungsstücke weisen mindestens sieben verschiedene Namen auf.« – Dürckheim, Hohenthal, Kotze, Bussche und manche Vornamen prasselten rücksichtslos in so völlig neuem Zusammenhang auf uns nieder. Hinzu kam noch der Hinweis des Ordnungshüters auf unsere liederlichen Übernachtungsgewohnheiten.
Mutter geriet in Zorn und erklärte, die heutige Zeit verlange Jugendertüchtigung, und das ließe sich schwer vereinen mit den kleinlichen Gesetzen der Lebaer Polizei. Die Staatsgewalt blieb uneinsichtig: »Meine Dame, wenn Sie sich nicht ausweisen können, bin ich gezwungen, Sie festzunehmen.« Mutter hatte natürlich keinen Paß bei sich, keiner von uns konnte sich ausweisen. So kam es, daß der verfrüht von seiner Reise zurückgekehrte Vater in Jassen von der Lebaer Polizei angerufen wurde, ob die Dame, die zu neun Personen, meist Kindern, in den Lebaer Dünen übernachtet hatte, seine Frau sei. Nach Klärung unserer Identität wurde zusammen mit dem Polizisten bei schönstem Wetter gefrühstückt, Brötchen und warme Flundern aus der nahen Räucherei.

Viele solcher Geschichten könnte ich erzählen, wo Naturfreude, Bade- und Wanderlust durch schlecht organisierte Planungen unvorhergesehene und komische Situationen brachten; ordre – contreordre; désordre war häufig das Ende solcher Landpartien. Das alles war meist gepaart mit stürmischem Übermut. Kunhild, die einmal dringend Briefe für Vater in Lupowske, unserer weit entfernten Poststation abholen sollte, lieferte folgendes Beispiel: Sie fand den Weg durch den See schwimmend den viel kürzeren und wonnevolleren. Sie erschien im Badeanzug am Schalter in Lupowske, eine breite Wasserlache hinter sich herziehend, steckte die Post unter die Bademütze und schwamm zurück.

Bald traten die sogenannten »épouseurs« auf, wie Mutter sich ausdrückte. Das waren heiratsfähige und -willige Jünglinge mit finanziellem Hintergrund. Die anderen hießen »Flirts«. Einer von den Epouseurs, dem wir nur ein einziges Mal auf einem Tanzfest begegnet waren und der sich interessiert zeigte, erkundigte sich nach uns in unserer Nachbarschaft. »Ach, wissen Sie«, war die Antwort, »das ist eine etwas verrückte Familie. Die Töchter arbeiten einen Tag auf dem Felde, dann sieht man sie völlig verwandelt auf den Turnierbällen in Kolberg. Da tanzen sie bis zum Kehraus und steigen bei Morgendämmerung ins Meer, selbstverständlich ohne ihre Tänzer. Sie sind lustig und nett und auch fleißig, aber sie können weder kochen noch kennen sie eine geregelte Haushaltsführung. Heiraten – nein, dazu würde ich lieber nicht raten, außer Sie schafften sich einen Zigeunerwagen an.«

Im Herbst 1920 kamen Kunhild und ich nach Berlin in ein Töchterpensionat. Es war der Beginn der zwanziger Jahre, die man später »die Goldenen« nannte. Noch schlich der Hunger durch die Straßen, noch sah man

gebeugte Gestalten, die in kleinen Handwagen kümmerliche Grundwerte wie Kohle und Kartoffeln hinter sich herzogen. Auch in unserem Pensionat, in einer Etage der Martin-Luther-Straße, herrschte Nahrungsmangel. Die großen, hohen und hellen Räume hatten einstmals ein eleganteres Leben gekannt und der lange Tisch in dem berühmten Berliner Eckzimmer gewiß reichhaltigere Mahlzeiten getragen.
Die Pensionsmädchen bewohnten, bis auf uns Schwestern, kleine Mehrbettzimmer, sehr bescheidene Unterkünfte in einem Zwischengeschoß, das nur durch eine eiserne, klappernde Wendeltreppe zu erreichen war. Dies war der sogenannte Hades mit winzigen, schmalen Betten, bescheidenem Schrankraum und kleinen Fenstern mit dem Blick auf einen grauen, schachtähnlichen Hof. »Eine unwürdige Unterkunft« sagten manche Eltern, vor allem solche, die aus wohlhabenden westdeutschen Familien kamen. Eine Badestube stand zur Verfügung, die aber nur zweimal in der Woche heißes Wasser zuteilte, und deren beschränkte Benutzung ich als Pensionsälteste mit einem Zeitplan zu regeln hatte. Natürlich gab es auch eine Erzieherin, die uns auf den Spaziergängen begleitete, wenn wir uns zu 13 oder 15 Paaren wie ein bunter Riesenwurm durch den Tiergarten schlängelten. In der morgendlichen Getreidesuppe schwammen zuweilen Mehlwürmer, die durch ihre Mimikry nicht ganz leicht zu identifizieren waren, eine Angelegenheit, die uns Dürckheims wohl am wenigsten störte.
Kunhild und ich bewohnten in der Nähe der vornehmen Räume ein Zimmer, das sich im Stil den Salons unserer Pensionsmutter anpaßte mit Parkett, Stuckfries, einem reichverzierten Kachelofen und weißen, komfortablen Eisenbetten mit Messingknöpfen. An einem Vorfrühlings-

nachmittag saß die ganze Mädchenschar im Lernzimmer am Ende des langen Ganges, und die Schäbigkeit der Schlafzimmer wurde durchdiskutiert. Kunhild und ich fragten erstaunt, warum wir denn so prächtig untergekommen seien. Ein schallendes Gelächter der Runde erklärte den Vorzug: »Ja, habt Ihr denn gar nicht gemerkt, daß Euer Zimmer trotz des gewaltigen Ofens nie geheizt wird? Der Ofen hat ausgedient!« Der Ruf unserer rauhen Erziehung in den Stolper Jahren war uns vorangegangen.

Wir waren etwa 25 bis 30 Mädchen zwischen fünfzehn und achtzehn Jahren, viele aus Landhäusern stammend. Außer drei Ungarinnen, die wir sehr liebten, keine Ausländerinnen. Einige besuchten noch eine Mädchenschule mit einer Abschlußmöglichkeit, die etwa der heutigen mittleren Reife entsprach, nur mit sehr viel besserer Ausbildung in Deutsch und Geschichte. Die meisten aber, zu denen auch wir zählten, hatten die Schule beendet. Bei Kunhild war der Privatunterricht in Hohenprießnitz irgendwie ausgelaufen. Sie hatte ihre letzte Lehrmeisterin völlig beherrscht, sich jeder Belehrung entzogen und nur für Pfarrer Deutsch, einen Freund unserer Großeltern, gelernt, der ihr Konfirmandenunterricht gegeben hatte. Dabei verlangte er viel, aber er hatte Zugang zu ihr. Nun sollten wir beide in Erziehung und Bildung die letzte Politur bekommen, um uns bei den Erwachsenen einreihen zu dürfen.

Die meisten unserer Kameradinnen waren noch wie mit der Nabelschnur an das Elternhaus gebunden, und Postempfang, Besuche der Verwandtschaft und Ferienvorfreude waren bestimmend in ihrem Leben. Ich hingegen hatte alle Schiffe, die nach Hause führten, hinter mir verbrannt, und Kunhild, soviel ich mich erinnere, brannte fleißig mit. Das völlig neue Großstadtleben berauschte uns. Ohne Gartenarbeit und Kinderhüten, ohne irgendwelche Aufgaben für unsere Umgebung, nur uns selbst und der prickelnd interessanten Umwelt leben zu dürfen, das alles genossen wir gierig und in ziemlich treuloser Weise.

Die Pensionsmutter Frl. v. L. hat es verstanden, das geistige Menü attraktiv zu gestalten. Sie selbst lebte, immer elegant gekleidet, etwas abseits von uns in ihren vornehmen Räumen, die wir eigentlich nur zum Strafgericht betreten durften. Aber zu den Mahlzeiten erschien sie, um dem langen Tisch vorzusitzen. Von hier aus sandte sie die Pfeile ihrer Kritik, meist ohne Namensnennung und in verschlüsselter Form, um die Qualen einer möglichen Schuld zu vermehren. Später wurde die Sünderin zitiert, und das Gericht war mehr oder weniger von pädagogischer Willkür geprägt. Zwei Fälle nur will ich erwähnen, weil sie in so erstaunlichem Gegensatz zu den heutigen Erziehungsmethoden stehen.

Eine hübsche, braunäugige Rheinländerin bekam aus ihrer väterlichen Schokoladenfirma aus Köln eine Marzipantorte geschickt. Diese hatte sie nicht, wie es dem Hausgesetz entsprochen hätte, gemeldet, sondern den Schatz mit ihren Zimmerkameradinnen geteilt in der klugen Überlegung, daß es nur für vier bis sechs Münder eine echte Freude sei, aber unter die hungrige Masse geteilt, gar nicht zum kulinarischen Vollgenuß kommen könne. Das kam heraus, und sie mußte unseren Kreis sofort und für immer verlassen.

Das zweite Vergehen schnitt uns noch tiefer ins Herz. Eine kleine Baltin voller Charme und Witz hatte eine heimliche Korrespondenz mit einem Jüngling. Unsere Post wurde immer kontrolliert, und nur die Briefe, die sich eindeutig als Elternschreiben auswiesen, wurden nicht geöffnet.

Aber Stichproben leistete man sich zuweilen auch hier. Wie die kleine Liesel es zustande gebracht hatte, sich auf verborgene Weise mit dem Mann ihrer Zuneigung über längere Zeit hin zu verständigen, ahnten wir nicht. Es wurde entdeckt, und wir haben das fröhliche Mädchen nie wieder gesehen. Mit tränenden Augen über so viel moralischen Tiefstand in unseren bisher sauberen Reihen wurde uns von der Pensionsmutter mitgeteilt, die schuldverstrickte Liesel sei gar nicht mehr im Hause! Dabei heulte sie sich im Nebenzimmer die Augen aus vor Angst, – denn wie konnte man vor den Eltern ein solches »Verbrechen« rechtfertigen?

Ich meine, wir waren genau so gehalten wie die Töchter in dem bekannten Film »Mädchen in Uniform«, nur daß wir Privatkleider trugen und unsere Lernbereitschaft einzig von unserer Hingabe abhängig war. Wer sich am Unterricht nicht beteiligte, wurde nur ermahnt, aber nicht »in die Zange der Wissenschaft genommen«, wie Mutter es nannte. Für unsere Altersklasse war die Schule ja abgeschlossen. Auch Zeugnisse und Zensuren gab es nicht mehr.

Kunhild und ich haben dieses Jahr genützt und genossen. Ein alter, blinder Universitätsprofessor im Ruhestand namens Esternaux, von uns »Naux« genannt, war unser Mittler zur Welt der Literatur und Geschichte. Wir verehrten ihn grenzenlos und fieberten von einer Stunde zur anderen. Jede Woche zwei Faust-Stunden durch ein ganzes Jahr hindurch! Auch die Nebenwege dieser großen Dichtung, die über die Klassik und Romantik zu den griechischen Quellen führen, hat er uns aufgetan. Sein Engagement, seiner Jahre spottend, sprang wie ein Funke auf uns über. Das Weimar Goethes wurde lebendig.

Es war aber zugleich ein geistiges und erzieherisches Wag-

nis, denn auch Nietzsche brachte er uns nahe. Den dadurch aufbrechenden Spalt in unserem Bewußtsein wollte die Pensionsmutter schließen, indem wir bei einem der bekanntesten Berliner Pfarrer Religionsunterricht bekamen. Aber die geistige Radikalität Nietzsches hatte uns schon zu tief beeindruckt und eine Welt ins Wanken gebracht, die sich ja ohnehin in unserem Alter unter Beweis stellen mußte. Von zwei so konträren Seiten herausgefordert, mußten wir uns entscheiden, und ich war allzu bereit, die Bastion unseres Kinderglaubens zum Einsturz zu bringen. Ich wußte eine kleine, aber entschlossene Gefolgschaft hinter mir. Wir griffen zu der schäbigsten aller Waffen, – wir verspotteten den armen Pfarrer, der mit seinen gesellschaftlichen und glatten Allüren die Einheit Thron und Altar verkörperte und in keiner Weise fähig war, uns zu den unvergänglichen Werten zurückzurufen. Er tat das Beste, was er tun konnte und bat um seine Entlassung. Das Fach Religion wurde nicht wieder besetzt, was gewiß eine kluge Entscheidung war. Von nun an wohnte die Pensionsmutter dem Unterricht zuweilen bei.
Wir waren trotz allem willige und beeindruckbare Kirchgänger, und der von uns sehr verehrte Pfarrer Conrad von der nahen Kaiser-Wilhelm-Gedächtniskirche hat es verstanden, Beruhigung und Abstand zu erregenden Fragen in unsere aufgebrachten Gemüter zu bringen. Der sonntägliche Kirchgang war obligatorisch.
Bei Professor Kurt, dem Leiter und Vorsteher des Kupferstichkabinetts vom Kaiser-Friedrich-Museum, hatten wir zweimal wöchentlich Kunstgeschichtsunterricht. Seinen Unterweisungen folgten wir teils in den Museen vor den Kunstwerken, teils brachte er uns sein Wissen in unserem verdunkelten Eßzimmer durch eine Laterna magica nahe. Das Niveau seiner Ausführungen war hervorragend, aber

wir waren doch durch die Aussagen des Impressionismus, Expressionismus und Pointillismus, durch die Dimensionen einer völlig neuen Sicht so bewegt und eingeschüchtert, daß wir kaum wagten, Fragen zu stellen, und ich hoffe, daß der Professor unsere Stummheit nicht für Interessenlosigkeit hielt, sondern spürte, wie stark und gespannt wir dennoch beteiligt waren. Nur Marlies von Arnim, aus der berühmten Bettina Brentano-Arnim Familie stammend, wagte sich zuweilen hervor, wofür ich sie grenzenlos bewunderte. Sie war ein braungelocktes Mädchen mit großen blauen Augen, und ihre Zeichenbegabung sowie ihr Wissen auf dem Gebiet der Malerei machten sie mutig und fähig, einen unmittelbaren Kontakt zu dem Professor herzustellen. Wie anders waren die Stunden bei Naux. Die Klasse war in Zustimmung und Ablehnung geteilt und unterschiedlich engagiert, je nach dem Interesse der einzelnen an Literatur überhaupt. Diejenigen, die hierfür kein Gespür hatten oder sich vor dem Mitarbeiten und Mitdenken drückten, sahen nur die etwas kauzige Erscheinung des alten Gelehrten, seinen flachen, nicht gerade schmeichelnden Schillerkragen und seinen stacheligen Hals unter dem Spitzbart. Das war für uns bei einem Herrn ein ungewohnter Anblick. – Keine von uns achtete es genügend, daß er völlig blind, ohne alle technischen Hilfsmittel der heutigen Zeit, nur auf sein enormes Gedächtnis und seinen beweglichen Geist gestützt, uns eine lebendige Welt vorführte, tappend durch seinen Alltag, dessen praktische Unerläßlichkeiten er anscheinend ohne Bitterkeit meisterte. Uns konnte er nur an unseren Stimmen und den unsere Denkungsart verratenden Argumenten erkennen, um uns in seine Unterrichtsführung einzuordnen. Die feinen Töne unseres Wesens blieben ihm nicht verborgen. War eine abwesend, bemerkte er es schnell, soweit die Betreffende sich bisher beteiligt hatte. Für Kunhild schien er eine fast väterliche Zuneigung zu haben. Ich durfte ihn zum Fahrstuhl und an den Bus geleiten. Oft erregt durch einen Gedankenaustausch unter vier Augen über ein im Unterricht angeschnittenes Thema, hätte er es aber niemals gewagt, mit irgendeinem Wort seine Privatsphäre zu streifen.

In Literatur wurden häufig grundsätzliche Fragen behandelt, so wie sie sich aus dem Lesestoff ergaben. Ein Fortleben nach dem Tode schob Naux als nicht beweisbar beiseite, gemäß dem Goetheausspruch:

»Nach drüben ist die Aussicht uns verrannt,
Tor, wer dorthin die Augen blinzelnd richtet,
Sich über Wolken seinesgleichen dichtet,
Er stehe fest und sehe *hier* sich um!«

Diese Schau untermalte er noch mit einigen galligen Nietzscheworten. Nur dem biologischen Fortbestand des sichtbar Geschaffenen, dem Gesetz, das Werden aus Vergehen entstehen läßt, gab er seine Zustimmung. Das löste bei uns Widerspruch und Trauer aus, denn uns interessierte nur die Unsterblichkeit, die mit einem Persönlichkeitsbewußtsein verbunden ist. Bei den Nichtengagierten entstand ein Spottgedicht, das mit dem Vers endete: »Und so war es Nauxens Traum, aufzugehn als Kaktusbaum.« Ich war nicht entrüstet, nein, es traf mich tiefer, – es schmerzte!

Sein Privatleben interessierte uns alle, aber nichts, gar nichts war zu erfahren, außer daß er keine Familie hatte und ganz allein lebte. Darum berührte es mich sehr, daß er die großen Schicksalsträgerinnen der Literatur mit Zartheit und vollendet gezeichneter Wirklichkeitsnähe vor unserem noch unreifen Verständnis sich entfalten ließ. Die Hebbel-

schen Frauengestalten Kriemhild, Agnes Bernauer, Judith und Maria-Magdalena fesselten uns so, daß wir noch nach dem Unterricht bei allem weiteren Tagestun in Gedanken mit ihren Problemen beschäftigt waren.
Abends wurden wir oft in Konzerte oder in ein klassisches Theater geführt. Das größte Bühnenerlebnis wurde Torquato Tasso. Durch Naux waren wir wohl vorbereitet. Noch jetzt nach 64 Jahren sehe ich die helle, in klassischem Stil gehaltene Bühne des ersten Aufzuges vor mir und die beiden schönen Eleonoren mit dem Lorbeerkranz in den Händen. Hier wehte die dünne Luft des Florentiner Hofes, wo gute Sitte und Zeremoniell Gefühlswallungen keinen Raum zu geben schienen. Wenn sie aber doch hervorbrachen, wurden die Klingen des Geistes in einer Höhe und Reinheit gekreuzt, die uns verzauberte. Und doch verästelte sich unter diesem erlesenen Boden das feine Wurzelwerk der Intrige durch die Eleonore San Vitale, die uns die wahre, raffinierte Sinnenwelt nicht vergessen ließ. Daß ein einziger Kuß des jungen Tasso, eine lange zurückgehaltene Umarmung, der Auslöser einer Katastrophe wurde, kann die junge Generation heute gewiß nicht mehr nachempfinden.
Mit einigen Worten möchte ich noch das damalige Berlin streifen. Hohe Inflationszeit, Mangel überall! Und doch erhob diese unverwüstliche Stadt ihr von Krieg und Hunger zerzaustes Haupt. Die Menschen waren erlebnishungrig, informationsgierig und ansprechbar auf jedem künstlerischen Gebiet, für alles, was Geist und Herz zu berühren vermochte. Durch die zahlreichen Möglichkeiten, die es in Berlin gab, waren wir zuweilen überfordert. Ein Abend mit Busoni, an dem er aus seinen eigenen Werken spielte, sowie das Requiem von Brahms sind an mir vorübergerauscht, weil ich die Stücke nicht kannte. Wahrscheinlich gab es noch keine Plattenaufnahmen dieser

Kompositionen, wenigstens wurden sie uns als Vorbereitung nicht angeboten.
Es waren nicht nur die Jahre der großen klassischen Aufführungen und der Hinwendung zu einem neuen Musikverständnis in den Konzertsälen, es waren auch die Jahre der Revuen der Tillergirls, die die Menschen fesselten. Zu diesen glitzernden Abenden, die Schwung, Anmut und Lebensfreude versprühten, gingen wir nur mit Verwandten, nicht »im Pensionsschwanz«.
Auch Tanzstunden hatten wir, selbstverständlich ohne Tänzer. Turnen und Gymnastik wurden durch die Kunst des Keulenschwingens ersetzt. Beides lehrte uns Frau Wolden, eine graziöse, zierliche Tänzerin, die einst bei Hofe unterrichtet hatte.
Unsere Pensionsmutter war eine Meisterin der Organisation. Kaum hatte sie im Frühjahr 1921 die Nachricht vom Tode der letzten Deutschen Kaiserin erhalten, die im Exil in Doorn heimgegangen war, als sie sich sofort ans Telephon hängte und einen großen Bus bestellte. Die Beisetzung sollte in Potsdam sein. So wurde es uns ermöglicht, an dieser Feierlichkeit vor dem Antiken Tempel teilzunehmen. Es war ein letztes Aufschäumen eines Bekenntnisses zum Kaiserhaus. Ob es der Monarchie galt oder der Kaiserin, dieser schlichten Frau, weiß ich nicht. Oft wurde ein wenig spöttisch kommentiert, daß sie nur für die vier K's lebte: Kinder, Kranke, Kirche und Küche. Sie war bei öffentlichen Auftritten verhalten und unbeholfen, aber ihre Bescheidenheit war echt. Sie hatte die Herzen vieler einfacher Menschen gewonnen. Im Kriege wurde sie ganz schmal, weil sie die gesetzlichen Essensrationen auch für sich einhielt und keine kulinarische Bevorzugung duldete. Als der Sarg von Doorn in Holland nach Potsdam überführt wurde, säumten Tausende die Bahndämme, um den

Trauerzug vorbeifahren zu sehen. In einem Buch mit dem Titel »Wem gehört Deutschland?« von K. Pritzkoleit, wird behauptet, kein Massenauflauf, selbst keine Hitlerversammlung habe derartig viele Menschen vereinigt wie hier an den Bahndämmen an diesem Apriltag zwischen der holländischen Grenze und Berlin.

Gegen Ende unseres Pensionsjahres wurden im Rahmen einer kleinen Aufführung von unserer Klasse »lebende Bilder« gestellt, die über jede von uns eine typische Aussage machen sollten. Wir mußten eines unserer Kleider hergeben, und eine Mitschülerin kopierte uns dann darin. Kunhild erschien in einer wüsten Unordnung unseres Zimmers und spielte mit verträumten Blicken auf einer Ziehharmonika. Ich saß als »Frau Nietzschnaux« mit zurückgerissenen Haaren zwischen Bücherstapeln vor einem Heft und kaute an einem Füllhalter.

Im Sommer 1921 mußte wir nun dieses reiche Berliner Leben aufgeben. Ein Ausflug ins Riesengebirge sollte unser gemeinsames Jahr krönen und der Ausklang sein, aber unsere Eltern lehnten unsere Teilnahme unter dem Vorwand ab, daß dieses Unternehmen zu kostspielig sei. Ich war sehr niedergeschlagen und konnte es nicht verstehen, daß unsere Eltern, die doch weitgehend bemüht waren, unsere Wünsche zu erfüllen, uns diese Reise nach Schlesien nicht ermöglichen wollten. Aber der Grund ihrer Absage war ein anderer, wie sich bald herausstellen sollte. Es hatte sich schon seit längerer Zeit ein ernsthafter Epouseur eingestellt. Ich hatte nicht die leiseste Ahnung von seiner Zuneigung zu mir und hatte ihn bisher bei seinen Besuchen bei uns nur am Rande bemerkt. Mir war lediglich aufgefallen, daß es ihn nicht ermüdet hatte, mir lange beim Spinnen auf der Terrasse in Jassen zuzuschauen. Damals war ich mit meinen 16 Jahren noch fast ein Kind gewesen.

Der junge Mann war vaterlos und hatte sich nun unserem Vater, den er als Freund und Berater hoch verehrte, mit seinem Wunsche anvertraut, mich heiraten zu wollen. Monate waren über diesem Gespräch hingegangen, und Vater wollte die Angelegenheit jetzt nicht weiter hinausschieben. Im Geheimen hoffte er auf mein Einverständnis. Er konnte sich den Reizen einer solchen Partie, wie man dergleichen Verbindungen damals nannte, nicht entziehen. Der wunderschöne und große Besitz, die herrlichen Wälder und Seen, das ansehnliche Schloß, die vornehme und sehr betont christliche Familie, die trotz allem Wohlstand in bewußter Bescheidenheit und sozialer Hinwendung zu ihren Arbeitern und Angestellten lebte, – das alles hatte es ihm angetan. Wie ich dazu stand? Ich fand den Plan grotesk. Wenn ich Mutter nicht gehabt hätte, – vielleicht hätte ich angenommen, in kindlichem Gehorsam gegenüber meinem Vater, in dem Glauben es müsse eben so sein! Aber Mutter kam mir zu Hilfe. »Kuno«, sagte sie, »das schlag dir aus dem Kopf, das kannst du dem Kind nicht zumuten!« In solchen Momenten war sie unbezahlbar. Dem armen Jüngling sollte aber wenigstens Gelegenheit gegeben werden, sich mir gegenüber auszusprechen. Ob Vater sich davon einen Sinneswandel versprach?
Der Tag einer kleinen intimen Entenjagd wurde dazu ausersehen, und die ganze Geschwisterschar, außer dem kleinen dreijährigen Mäxchen, war eingeweiht. Der Epouseur erschien im eleganten beigeseidenen Sommeranzug, wie man ihn sich adretter nicht denken kann. Mutter aber wollte, ganz in meinem Sinne, Vaters Heiratspläne gründlich zunichte machen. Sie konnte wunderbare Fratzen schneiden. Schon als Kinder hat sie uns damit amüsiert und zur Nachahmung angestachelt. Die schönste Fratze hieß »das Gewehr«. Dabei verzog sie den linken Mund-

winkel ganz nach unten, den rechten ins Gegenteil, – ganz nach oben. Es ist schwierig, keinem von uns ist es je in der mütterlichen Vollendung gelungen. Rechts und links blitzt es durch das Gesicht, sehr verschieden in der Wirkung nach der Größe des Mundes. Mutter hatte einen schönen, eher großen Mund.

Man schritt zum See. An der Spitze des Zuges, nahe beieinander und gesprächsbereit, der Epouseur und ich. Da griff Mutter zum »Gewehr«, um diesen Anblick für immer auszurotten, von den johlenden Geschwistern umgeben. Das Gewehr konnte ja alles ausdrücken: Listigkeit, Ablehnung, Erstaunen, Spott. Über die jeweilige Bedeutung entschieden die sprechenden Augen. Vater antwortete jetzt mit verlegenem, aber doch amüsiertem Räuspern. Der arme Epouseur war nun irgendwie zum Freiwild degradiert, aber noch schützte ihn der Status des Gastes. Wir gingen zum Wasser, wo im Schilf die Kähne standen. Mutter fühlte bei den Jüngeren ein langsam anschwellendes Ausufern von Übermut, gewiß eine Folge des »Gewehrs«. Da, ein winziges Zufallströpfchen beim Abstoßen vom Ufer auf den Gelbseidenen wirkte wie eine Aufforderung. Die ganze Gesellschaft war nicht mehr zu bremsen, und eine Wasserschlacht gekonnten Jassener Stils entwickelte sich. Der Seidene war jetzt um viele Töne dunkler, er changierte nicht mehr zum goldenen, sondern zum grauen hin, er war unansehnlich und zerknittert. Doch die Sonne strahlte und glühte, wie fast immer bei den Jassener Entenjagden. So trocknete und tröstete sie auch hier.

Auf der nächsten Insel schritt man zum Anstand. Der Epouseur und ich wurden am Ufer unter einer Erle placiert. »Endlich allein« mag er gedacht haben. Ich erleichterte ihm seine Offenbarungsrede nicht gerade. In diesem

Augenblick, als sich nach langem, peinlichem Schweigen seine Zunge lösen wollte (so hat er es später Vater gestanden), kam die zwölfjährige Emmy angerannt und erklomm den Baum. Erlen sind bekanntlich biegsam, so daß sie es zustande brachte, hoch über unseren Köpfen auf und ab zu schwingen. Kein Wort wollte sie verpassen!

Es hätte an dem Tage noch öfter Gelegenheit gegeben, sich auszusprechen. Es ist ihm nicht gelungen. Wir mußten beide zu Papier und Feder greifen. Vater war ein wenig nachdenklich und traurig. Ich war Mutter dankbar, wenn auch ihre Einwirkung auf etwas ungewöhnliche Weise geschehen war. Viele Jahre später hat der junge Mann die richtige Frau gefunden. Merkwürdigerweise haben er und ich am selben Tag unsere ältesten Söhne bekommen. Wenn mir das damals prophezeit worden wäre – ich hätte ihn für mein unausweichliches Schicksal genommen ...!

Im Jahre 1935 ist uns Jassen verloren gegangen. Für unseren Vater war es das Ende von Hoffnung und Qual. Er hatte zu viel investiert und ein zu großes Haus gebaut. Die wertvolle Saatzucht jedoch blieb sein Eigentum und blühte auf gepachteten Zuchtstellen weiter. Wir Töchter waren in diesem Entscheidungsjahr schon verheiratet, aber für die Brüder war es ein schwerer Schicksalsschlag.

Vor wenigen Jahren bin ich noch einmal in Jassen gewesen, zusammen mit Kunhild. Wir haben das Erlebnis gemeinsam ausgekostet. Es war ein klarer Septembertag mit seidig hellblauem Himmel und vollkommener Windstille. Wir standen am Seeufer und konnten es kaum fassen. In seiner unveränderten Schönheit lag er vor uns, unser See! Seine Inseln stiegen im Glanz dieses Herbsttages aus ihm empor. Wir waren so fasziniert, so aufgewühlt, daß wir ins Wasser liefen, wie einst als Kinder.

Jetzt allerdings möchten wir nicht wieder hin. Seine Ufer

sollen mit kleinen Ferienhäusern bebaut sein; er gilt als das schönste Freizeitparadies des heutigen Polens. Die Reiher und Kormorane haben ihn verlassen, und auch der scheue Seeadler zeigt sich nicht mehr. Wir aber lieben ihn weiter in seiner Urschönheit, wider die Gegenwartsbilder, die sich darüberlegen möchten, und hoffen dennoch, daß er auch in seiner veränderten Gestalt die Menschen, die um ihn herum wohnen, so beglücken wird, wie er uns einmal beglückt hat.

II. Teil

Im Sommer 1925 kam ich an meinen dritten Heimatort nach Markendorf bei Frankfurt an der Oder. Auf diesem Gut lebte ich zehn Jahre lang während meiner ersten Ehe mit Friedrich-Carl v. Burgsdorff. Im Grunde kannten wir uns kaum, als wir uns verlobten, und wußten wenig voneinander, als wir heirateten.
Mein Mann sah sehr gut aus, er war gebildet, charmant und unterhaltend. Vielseitig begabt mit künstlerischen Interessen und von hoher Sensibilität, hatte er wenig Freude am Durchschnittsleben. Schon früh hatte er seine Eltern verloren und war daher nicht an ein Familienleben gewöhnt, wie es mir selbstverständlich erschien. Ein Fernweh trieb ihn immer wieder zu reisen. Er liebte Afrika. Nicht die Jagd, wie bei vielen, war sein Motiv, sondern die Einsamkeit einer Kaffeepflanzung in Angola, ein Land, das meinem Mann zur zweiten Heimat wurde. Hier vergaß er die Probleme, die in Deutschland auf ihn warteten, und suchte Ausgleich zu den kargen Ernten auf märkischem Sandboden. Die Bewirtschaftung der Güter in damals schwieriger Zeit belastete ihn. Immer wieder fuhr er nach Afrika; auch die Schiffsreisen dorthin brachten ihm Entspannung. Belebt und hoffnungsvoll kehrte er zurück.
Doch es war uns nicht vergönnt, eine dauerhafte Beziehung aufzubauen und einander glücklich zu machen. 1935 wurden wir geschieden. Alle Versuche, zueinander zu finden, den Kummer über das Scheitern unserer Ehe und die innere Verarbeitung unserer Trennung empfan-

den wir als etwas, das nur uns beide anging und haben vermieden, es vor anderen auszubreiten.
So wird die Kürze verständlich, mit der ich diese Zeitspanne hier behandle.
Markendorf war nun die Kinderheimat unserer beiden Töchter Eleonore (Lori) und Gisela (Gila). Das Wichtigste, was ich aus dieser langen Zeit mitgenommen habe, war die Hinwendung zu meinem Nächsten. Hier erlebte ich den Menschen isoliert von meiner eigenen Person. Der materielle und soziale Unterschied zwischen Arbeiter und Gutsbesitzer beschäftigte mich. Was ich bisher als selbstverständlich hingenommen hatte, bedrückte mich nun. Nicht, daß ich für eine Nivellierung eintreten möchte, es muß Abstufungen geben, aber Abstufungen, die jeden zu seinem Recht kommen lassen.
Auf dem Lande war gewiß die Abschaffung der Leibeigenschaft der erste Schritt zu einer befriedigenderen Ordnung; aber diese wurde in dem Augenblick wirkungslos, als der Landarbeiter wie ein Industriearbeiter entlohnt wurde. Nur wenn der Arbeiterstand auch eigenen Besitz hat, kann er zufrieden sein. Dann hat auch der Kommunismus wenig Chancen. Nach meiner Beobachtung hat die rein geldliche Entlohnung der Industrieunternehmen hier für die Landwirtschaft eine falsche Ordnung geschaffen. Das beste Beispiel waren für mich unsere alten Jassener Landarbeiter, die uns viel aus ihrem Leben erzählten. In den Jahren der Industrialisierung im vorigen Jahrhundert wurden sie magisch angezogen von den Verdienstmöglichkeiten in westdeutschen Städten. Sie wanderten meist nach Oberhausen ab und verließen nicht nur ihre kleinen Gärten, die eigene Kuh, das Kleinvieh, sondern auch das gesunde Landleben. Viele kehrten nach Jahren oder gar Jahrzehnten reumütig zurück.

Aber einmal aufgegebene Positionen lassen sich nicht so schnell wieder neu beziehen. Die Entlohnung auf den Gütern hatte sich inzwischen noch mehr von den Naturalzuwendungen entfernt. Besonders ungünstig wirkte sich dieser Trend in Markendorf nach dem Ersten Weltkrieg aus. Hier bestand die Vergütung nur in Bargeld. Man hätte die Arbeiter während der Inflations- und Deflationszeit mehr unterstützen sollen.

In Markendorf z. B. wäre eine Gemeindeschwester, die ja im Gutshaus frei hätte wohnen können, dringend erforderlich gewesen. Mir ist auch in den anliegenden Dörfern nie eine begegnet. Ebenso nötig wäre auch ein Kindergarten gewesen, wie er, anfangs erwähnt, von meiner Großmutter für Arbeiter- und Bauernkinder in Hohenprießnitz gegründet und erhalten worden war. Aber das kostete Geld, und ich weiß, daß manche Güter sich damals nur durch andere Vermögenswerte des Besitzers oder durch die Pension seines früher ausgeübten Berufes, z. B. seiner Offizierspension, einigermaßen helfen konnten. Der Grund für diese Schwierigkeiten lag nur wenige Jahre zurück. Das durch den Krieg ausgehungerte und verarmte Deutschland erreichte den Höhepunkt seiner Geldentwertung im Oktober/November 1923, als der Wert der damaligen Mark sich bis zu einer Billion verdünnt hatte. Karl Helfferich, Politiker und Finanzfachmann, übte entscheidenden Einfluß auf die Stabilisierung aus. Diese Garantie für eine neue feste Währung bot der industrielle und landwirtschaftliche Grundbesitz, der mit einer verzinslichen Grundschuld gegen zinstragende Rentenbriefe belastet wurde. Die Rentenmark war die Übergangswährung zwischen der entwerteten Mark (von uns heute Goldmark genannt) und der Reichsmark. Bezeichnend war der Begriff Roggenmark, der, vielleicht auch nur im Volksmund, eine Zeitlang für die neue Währung gebraucht wurde. Aber der Weg von den wertlosen Papiergeldmassen zu der kostbaren Reichsmark verlangte eine subtile, sehr behutsame Gangart. Die Meinungen der Landwirte über den Einsatz der neuen Währung waren gespalten. Die einen meinten: »Den Acker nützen und die Gebäude stützen« und scheuten das Wagnis einer Investition. Die anderen ließen sich zu Einsätzen anregen. Da die Wirtschaft angekurbelt werden sollte, wurden Kredite angeboten. Maschinen- und Kunstdüngerfabriken sowie die Beratungsringe förderten die Bau- und Kauffreudigkeit. Viele Güter gerieten auf diese Weise durch zu hohe Zinsbelastungen ins Wanken. Man glaubte zwar, durch Sparsamkeit der Schuldenlast Herr werden zu können, und unter den Einschränkungen wirkte sich die Einsparung an menschlicher Arbeitskraft am härtesten aus. Das Gespenst der Arbeitslosigkeit nistete sich nun wegen der sehr geringen staatlichen Unterstützung auch auf dem Lande ein. Zwar wurde in diesen Fällen so bald wie möglich geholfen, aber es war doch traurig, daß selbst der Landmann nicht mehr von seiner Hände Arbeit leben konnte. Wenn jetzt die Markendorfer Arbeiter mehr Land und eine Kuh gehabt hätten, manches wäre in einer winzig kleinen Eigenwirtschaft weniger bitter gewesen. Arbeitgeber und Arbeitnehmer wurden durch diese Verhältnisse beide in ihrem Lebensnerv getroffen. In manchen Stempelfamilien hieß es damals – jedenfalls in Berlin – wer keine Arbeit habe, solle zu Bett gehen, um seine Kräfte auf diese Weise zu erhalten, damit mehr Nahrung für ein noch arbeitendes Familienmitglied übrig bleibe. Eine erzwungene Nutzanwendung des Wortes: Wer nicht arbeitet, der soll auch nicht essen.

Dann kam die Machtergreifung, von vielen 1933 noch mit

Skepsis betrachtet. Aber Arbeit und Brot kamen schneller, als kühnste Träume es erwartet hatten. So wurden selbst besonnene Gemüter verwirrt.
Aber zurück zu den 20er Jahren, wo ich ganz in diesen Problemen aufging. In unserem Dorf konnte ich materiell wenig helfen. Man konnte nur mit praktischen Hinweisen anregen, das Leben billiger zu gestalten: durch bessere Ausnutzung der kleinen Gärten, durch Selbstnähen der Kleider und manches andere. Diese Menschen waren ja schon die Nachfolger der ersten oder gar zweiten Industriegeneration, und viele alte brauchbare Kenntnisse für Haus und Garten waren verloren gegangen.
Einige Nachbarn und Gäste haben mein Herumschauen in den kleinen Wohnungen für eine Art Pflichtübung gehalten. Das stimmte nur zu einem kleinen Teil, eher war es eine Passion, der ich mich durch ein Übermaß an Zeit hingeben konnte. Meine beiden kleinen Mädchen zockelten oft hinter mir her.
Viele Gutsbesitzer fühlten sich noch den alten Zeiten verbunden. Die militärischen Verbände, seien es die Kriegervereine mit ihren »Das-waren-noch-Zeiten«-Zusammenkünften oder der »Stahlhelm«, eine Art vaterländisch-militärische Organisation, kamen passioniert zusammen. Bei der Jugend spielte auch die »Brigade Ehrhardt« zu Beginn der 20er Jahre eine Rolle, die zuweilen aktiv gegen Kommunistenverbände eingesetzt wurde und die sich auch beim Kapp-Putsch engagiert hatte.
Aber regelmäßige, anregende und verpflichtende Zusammenkünfte, bei denen Fragen der Landwirtschaft hätten diskutiert werden können, wurden nicht angeboten. Jeder arbeitete und entschied isoliert für sich. Die meisten waren abhängig von der Qualität ihrer Inspektoren. Hervorragend arbeitete die Institution der sog. Ritterschaft, der sich

viele Gutsbesitzer anvertrauten, die aber das Opfer des Nichtmitspracherechtes einbringen mußten. Manche scheuten das aus Stolz. Dann gab es noch den Landbund, der wohl allen Landwirten beratend und helfend zur Verfügung stand, aber soweit ich mich erinnere, wurden die Fragen und Nöte des Landarbeiters hier zu wenig angesprochen.

Die Gefahren, die aus einer unzufriedenen und vernachlässigten Landbevölkerung kommen, haben viele Gutsbesitzer nicht genügend durchdacht. – Ein gutes Beispiel gab unser Freund Bodo v. d. Marwitz. Seine Betriebe hatten nicht nur moderne Arbeiterwohnungen, sondern er sorgte auch für Badestuben und Freizeitgestaltung; ein Wort, das damals noch unbekannt war, weil es außer im Arbeitslosenzustand keine Freizeit gab. Marwitz bewahrte einen silbernen Becher, der in der Zeit der Leibeigenschaft mit einer eingestanzten Widmung seinem Ahnen zum 60. Geburtstag von seinen leibeigenen Bauern als Dank überreicht worden war. Anscheinend war die Sorge für den Arbeiter hier eine Familientradition.

Ich weiß, daß viele Gutsbesitzer, vor allem die Gutsfrauen, ähnlich bemüht waren und darunter litten, daß sie in den Zeiten der Deflation nicht besser helfen konnten. Es gab aber auch viele, die hauptsächlich den eigenen Vorteil im Auge hatten. Das alles haben inzwischen technischer Fortschritt und Demokratie hinweggefegt. Es gibt heute keine darbenden Landarbeiter mehr, höchstens darbende Bauern.

Wie schwer vor allem die Arbeiterfrauen es damals hatten und wie gesund und belastbar sie gleichzeitig waren, soll folgendes Beispiel zeigen: Mutter Gesche mußte 6 Kinder großziehen, 5 Mädchen und einen Jungen. Zu Lebzeiten ihres Mannes ging auch sie auf den Gutshof zur Arbeit. Die

Kinder wurden eingeschlossen. Die Chance des Jahres bestand für diese Familie in ihren Pflaumenbäumen. Sie trugen jeden Herbst. Mutter Gesche wollte die guten Preise in Frankfurt/Oder nützen. So nahm sie sich Urlaub vom Hof. Bevor die Früchte überreif wurden, mußten sie schnell verkauft werden. Bis Frankfurt waren es über 6 km. Dreimal am Tag brachte sie Pflaumen in die Obstgeschäfte und ist auf diese Weise mit einer über die Schulter geschnallten Kiepe an einem Tage 36 km gelaufen, davon 18 km mit einem halben Zentner Gewicht auf ihrem breiten, knochigen Rücken. An einem einzigen Tag hat sie den Weg viermal gemacht, das ist ihr dann doch unvergessen geblieben. Es ist die Leistung eines strammen Rekruten an einem Bewährungstage bei bester Kondition. Pflück- und Verkaufstage wechselten sich ab. Der Pflücktag war natürlich der Erholungstag.

Als ich sie kennenlernte, war sie schon völlig zahnlos. Sie war stolz darauf, nie bei einem Zahnarzt gewesen zu sein. Das, meinte sie, sei eine Verzärtelung. Sie habe ihre Kiefer so trainiert, daß diese auch der härtesten Nahrung gewachsen seien. Den ganzen Tag trank sie Malzkaffee in kleinen Schlucken, wenn sich zwischen der Arbeit die Gelegenheit bot. Mir wurde aber zugeflüstert, sie ginge abends mit einem doppelten Korn zu Bett.

Mit 65 Jahren ist sie unsere Köchin geworden, und sie kochte vorzüglich. Das hatte sie bei ihrer Tochter gelernt, die in guten Haushalten ausgebildet worden war. Alle alten Rezepte kannte sie, von den besten Gelees und Wildpasteten bis hin zu einer sehr brauchbaren Haushaltsseife, die sie in einem großen Kupferbottich in der Waschküche aus Abfallfleisch und Seifenstein bei schaurigen Gerüchen zusammenbrodelte.

Selbst der Tod ist vor ihrer strotzenden Gesundheit ausge-

wichen. Schließlich schien er sich einer Unterstützung bedienen zu müssen, sie starb mit 94 Jahren an den Folgen eines Autounfalles.
Nur einmal sind wir verschiedener Meinung gewesen. Ich hatte ein junges Pflichtjahrmädchen, ein reizendes, hübsches Kind von 19 Jahren. Sie vertraute mir an, daß ihre große Liebe, ein junger Matrose, sie besuchen wolle und fragte, ob ich das wohl erlauben würde. Ich ließ sie für einige Stunden allein bei einem Täßchen Tee im Kinderzimmer und zog mich diskret zurück. Da wurde ich von Mutter Gesche beschuldigt, unerlaubtes Beisammensein vor einer Verlobung zu fördern.
Trotz dieser Moralvorstellungen hat ihre Tochter Mariechen es zu einem unehelichen Kind gebracht. Dieser Junge gehörte dem »Jungstahlhelm« an. Wie der »Stahlhelm« trugen auch sie Feldgrau und bemühten sich, nur auf ihr Soldatentum fixiert, unpolitisch zu sein. Es war eine gute, sportlich-vaterländische Erziehung für junge Männer. Natürlich wurde diese Institution sehr bald von den Nazis übernommen, und die feldgraue Uniform mußte dem Hellbraun weichen. Ich sehe den jungen Heinz Gesche noch, wie er in der einen Hand die feldgraue Mütze hielt und in der anderen die SA-Kopfbedeckung. »Werdet ihr zwei euch denn vertragen können?« Das war eine fast philosophische Frage, mehr unbewußt, aber mit der Klarsicht einfacher Gemüter gestaltet.
Bei uns wohnte noch die alte Försterswitwe. Sie betreute das Haus zusammen mit einem Stundenmädchen. Bei ihr habe ich Schneidern gelernt, um nachher manches weitergeben zu können. Ein Dienerjunge ohne den Hohenprießnitzer Kulturstempel, aber voller Witz und Charme vollendete unsere kleine Hausgemeinschaft. Nur mit seinem Verhältnis zur Arbeit hatte ich einige Schwierigkeiten. Er

sah seinen Beruf eher als eine Accomplettierung für seinen Chef persönlich, eine Art Dekoration, die ein wirklicher Herr braucht: Telephonate annehnen, Briefe besorgen, Gäste in gebührendem Abstand beim Morgenkaffee unterhalten, mit schnellen biegsamen Bewegungen servieren, Koffer tragen und kleine Dorfsensationen berichten, den Rest des Tages dann in »Hab-acht-Stellung« im Dienerzimmer warten. Damit glaubte er seine Funktion erfüllt, während er das Heizen der Öfen nicht zu seinen Aufgaben rechnen wollte und meine Vorliebe für geputztes Silber, blanke Fußböden und durchsichtige Fensterscheiben nicht teilte.

Hingegen ließ ich die Mutter Gesche und die Försterwitwe ganz nach ihrem Gutdünken gewähren, weil ich mit meinen 21 Jahren beiden ohnehin nicht gewachsen war. Wir haben einander geliebt. Es war der problemloseste Haushalt, dem ich je angehört habe und gleichzeitig der billigste. So wendete ich mich dem Dorf zu. Gewiß habe ich in meinem Übereifer manche Fehler gemacht. Schlimm war, daß Arzt und Hebamme so weit entfernt wohnten. Sie waren nur mit Pferd und Wagen erreichbar. Aber wie, wenn nun ein Kind täglich Beratung brauchte? So richtete ich einmal wöchentlich einen Tag der Kontrolle ein, wo alle Mütter mit ihren Kleinkindern zusammenkamen, wo die Nahrung besprochen, die Gewichte kontrolliert und harmlose Erkankungen beobachtet und diskutiert wurden. In bedrohlicheren Fällen wurde selbstverständlich ein Arzt gerufen, aber die Betreuung der normalen Kinderpflege überließ er mir. Auch Entbindungen mußte ich überwachen, wenn keine ältere erfahrene Nachbarin sich einstellte. Bei den bis zum letzten Moment arbeitenden Frauen konnte eine Geburt in Kürze vor sich gehen. Manche kamen vom Felde oder vom Dreschen aus der

Scheune, tappten an Mauern und Zäunen entlang, um das Zuhause noch rechtzeitig zu erreichen.
Auch tragikomische Dinge habe ich erlebt. So, als ein junger Mann mich nachts um zwei weckte: »Schnell kommen, das Kind ist schon geboren.« Wir rasten durch den kleinen Park. »Was ist es denn?« Er: »Ich habe noch gar nicht nachgesehen.« Bald stand ich am Bett, wo unter 10 Pfund Federn eine schwitzende Mutter lag. »Wo ist denn das Kind?« Der Mann: »Da drunter!« Ich riß die Decke in die Höhe, gerade noch zur rechten Zeit, daß das bläuliche Würmchen mit Leibeskräften seinen Lebensschrei tun konnte. »Mann«, sagte ich, »wie können Sie nur! Ein bißchen später und der Kleine wäre erstickt oder hätte einen Schaden fürs Leben gehabt!« »Ich dachte«, war seine Antwort, »hat er neun Monate keine Luft gehabt, so kommt es nun auf zwanzig Minuten auch nicht mehr an. Die Hauptsache ist, er erkältet sich nicht!« Mit diesen Beschränktheiten mußte man fertig werden. Diese Geschichte hatte sich in der sogenannten Schnitterkaserne ereignet. Hier lebten Arbeiter, die nur eine Saison blieben, Wanderarbeiter. Manche hielten bis zu einem Jahr bei uns aus. Das Haus war ohne Gärtchen, nur von gestampftem Lehm umgeben. Es lohnten sich ja keine Investitionen für Familien, die von Ort zu Ort zogen. Sie fanden Bettgestelle, Tische, Stühle und einen Herd vor. Im Hof stand ein Ziegelbackofen. Kein Federvieh. Jeder Schmuck, jeder anheimelnde Gegenstand fehlte. Und doch hatte eine Familie in großen grünen Buchstaben an die Wand geschrieben: »Nord, Süd, Ost und West: in Markendorf am best!« »Wenn sie weiterziehen, nehmen sie den Spruch mit und wechseln nur den Ortsnamen«, dachte ich.

Zögernd zog die SPD ein. Nur zwei kommunistische Stim-

men folgten. Dann kam vor und nach 1933 der stürmische Anstieg des Nationalsozialismus.
Markendorf geriet mehr und mehr mit seiner Landwirtschaft in die roten Zahlen. Wir gehörten zu denen, die keine Investitionen auf Kredit wagten. Eines der Nebengüter, Karzig, schon am Rande des Oderbruchs gelegen, das viele Jahrhunderte in derselben Familie das Auf und Ab der Konjunkturen überdauert hatte, wurde verkauft, sowie Teile unseres angrenzenden Gutes Hohenwalde.
Wir selbst lebten ganz sparsam, aber das brachte wenig ein! Große Abendessen wurden nur an den zwei Jagdtagen des Jahres gegeben. Die sehr geliebten Fahrten nach Berlin zu Theater- und Konzertgenüssen wurden reduziert, und die Garderobe erfuhr kaum eine Erneuerung. Schneidern und Stoffe einfärben waren eine Selbstverständlichkeit, die auch Spaß machte. Die Kinder hatten das mitbekommen. Die kleine fünfjährige Lori wollte allein in ein Modegeschäft, während ich auf der Straße warten sollte. Auf den Ladentisch legte sie vier Mark und sagte: »Ich möchte gern ein Abendkleid für meine Mama, schwarz, keine Kinderfarben wie rosa und hellblau.« Die sehr amüsierten Ladenmädchen haben es mir erzählt.
Die Autoreisen und auch die Abendfahrten in die Nachbarschaft wurden stark eingeschränkt, und nur wenige Dauergäste, auch an einfaches Leben gewöhnt, belebten unsere Tage.
Die kleinen Mädchen gingen in die Dorfschule. Alle Klassen wurden zusammen in einem Raum unterrichtet. Es waren im ganzen nur 15 Kinder, trotz der Raumbeschränkung eine ideale Zahl, um guten Unterricht zu geben. Ich war mit dem begabten Lehrer befreundet. Er selbst war kinderlos. Er unterrichtete schon in der phantasiereichen und aufgelockerten Weise der Montessorischulen mit Hin-

wendung zum Selbstbildungstrieb des Kindes. Gut waren die Kinder bei ihm aufgehoben! Die kleine Schule war nahe der Friedhofsmauer, wo die mächtigsten Eichen der Mark standen. Sie grünen noch heute, mit einem kleinen Hinweis auf ihre Seltenheit versehen.
Unser Gutshaus war entzückend. Ein Spätbarockbau, an dem die fröhlichen Windungen des Rokoko sich schon andeuteten. Der Frontispiz in dem gebrochenen Dach zeigte auf gelber Farbe in weißem Stuck die Embleme Friedrichs des Großen: Trommel, Degen, Husarenhelm und Fahne im Windschwung: ein preußisches Haus mit hohen, aber nicht großen Räumen, breiten Holzdielen oder rotem, weißverfugten Kachelboden. Hier vereinigte sich Sparsamkeit und Eleganz in jener Weise, die wohl nur der preußische Stil hervorgebracht hat. Es paßte in die anspruchslose Kiefernlandschaft und es paßte zu einem Gutsbetrieb, gerade weil es kein Schloß war. In seiner bescheidenen Anmut prägte es das kleine Dorf.
Diese typisch märkische Welt ist erst 1947 untergegangen, als das Haus abgetragen und der kleine Park abgeholzt wurde. Aber der Ort zeigt, was er kann. Eine Halbleiterfabrik gibt vielen Menschen Brot. Der karge Boden ist durch eine riesige Bewässerungsanlage erschlossen worden. Was uns nicht gelungen war, wurde jetzt erreicht. Wo wir Kartoffeln gebuddelt hatten und in trockenen Sommern uns um den dünnen Roggen sorgen mußten, sieht man jetzt dunkelgrüne Erdbeergärten, und wir sind an großen Apfelplantagen und üppig wogenden Feldern vorbeigefahren. Ich war froh, diese Landwirtschaft zu sehen und habe mit Beruhigung empfunden, daß sich bei mir Bitterkeit nur dort einstellt, wo ein einst besessenes und geliebtes Land nicht zu seiner Entfaltung gekommen ist. Zwei Lebensbäume markieren den Platz, an dem das Haus

stand. Unsere Welt ist völlig ausgelöscht, aber Markendorf blüht, und das sei genug.
Ich habe Markendorf 1935 verlassen. Die schon erwähnte Landwirtschaftsorganisation, die Ritterschaft, übernahm die Leitung des Gutes. Es wurde ein Erfolg. In diesen Jahren wurde die Landwirtschaft gefördert.
Mit meinen beiden kleinen Mädchen, die nun zehn und sieben Jahre alt waren, zog ich nach Dresden in meine Lieblingsstadt. Im Vorort Wachwitz hatte ich ein kleines Häuschen, umgeben von einem Obstgarten, gemietet. Es war hoch gelegen und grenzte an den herrlichen, ehemals königlichen Park. So trug unsere Straße den eindrucksvollen Namen: »Am Königsweinberg«. Die Aussicht war entsprechend. Man schaute auf Dresdens Kuppeln und Türme und auf den kühnen Schwung einer Brücke, die die Sachsen »das blaue Wunder« nannten. Die Elbe schlängelte sich am Fuß unseres Berges entlang, und manchmal sind wir sehr früh aufgestanden, um in der Spiegelung des Wassers den Sonnenaufgang zu erleben. Im Frühsommer 1936 flitzte abends oft eine berühmte Ruderregatta vorbei, die für die Olympiade in Berlin trainierte.
Unser Häuschen war so winzig, daß Gisela mit mir in einem Bett schlief, wenn Gäste kamen. Die Kinder wurden von Claere Waechter unterrichtet, die schon meinen jüngsten Bruder erzogen hatte. Sie stammte aus einer Stettiner Kaufmannsfamilie, wie sie Gustav Freytag in seinem Roman »Soll und Haben« beschreibt. Trotz ihrer 60 Jahre war sie aufnahmebereit für alle Anregungen, die die Nähe Dresdens uns bot.
Wir teilten unser Leben ganz nach eigenen Ideen ein. An sonnigen Tagen wurde viel gewandert. Unsere Ausflüge führten uns bis an die tschechische Grenze nach Praebisch Tor. Selten wurden Schiff oder Bahn benutzt. Das war zu

kostspielig. Niemals aßen wir in Restaurants. Wir picknickten. Der Unterricht mußte sich solchen Unternehmungen unterordnen, auch den häufigen Museumsgängen. Oft hatten wir Tagesgäste, die in dem nahen Kurort, dem »Weißen Hirsch«, ihre Ferien verbrachten. Es war eine anregende, ungebundene und frohe Zeit, und Dresden war für mich freundlicher Übergang von einem heimatlichen Ort zum anderen.

Nicht gut war, daß wir völlig abseits vom politischen Geschehen lebten. »Wach auf, wach auf, du deutsches Land«, so hörte man damals den Ruf der Bekennenden Kirche. Ich habe diese Warnungen und Ermahnungen 1936 noch nicht verstanden.

Im Jahre 1937 heiratete ich nach Wildenhoff in Ostpreußen. Dieses Gut hatte Otto Freiherr von Schwerin, Ministerpräsident und Prinzenerzieher des Großen Kurfürsten, um das Jahr 1660 erworben. Er besaß bereits das Gut Walsleben in der Mark Brandenburg.
Beide Besitze gehörten fortan zusammen zu einem Fideikommiß. In direkter Folge vom Vater auf den Sohn ist Walsleben-Wildenhoff der Familie Schwerin erhalten geblieben bis zum Jahre 1945. Mein Mann, wie seine Vorväter ebenfalls Otto mit Vornamen, war der letzte Besitzer. In Wildenhoff begann nun die wichtigste und reichste Zeit meines Lebens. Ein Bericht über Wildenhoff in unserer Heimatzeitung bringt folgende Beschreibung:
»In der Mitte Ostpreußens, wo Wald und See, Bruch und Moor, Acker und Wiesen zu einer urtümlichen Landschaft sich vereinen, wo der höchste Berg des »Stablack«, der Schloßberg, emporragt, wo Rotwild und Elche als Stammwild beheimatet waren, lag am Fuße des Goida-Waldes das einstmals Schwerin'sche Gut Wildenhoff.«
1707–1730 wurde auf bereits vorhandenen Kellergewölben, die aus der Ordenszeit stammten, das Schloß errichtet. Im Hinblick auf die großen ostpreußischen Schloßanlagen Friedrichstein, Finkenstein, Dönhoffstädt, Schlodien und andere, möchte ich Wildenhoff lieber die schlichte Bezeichnung Herrenhaus geben.
Nach Carl E. L. von Lorck wird es in die Hochbarockgruppe der Bauten Jean de Bodt's eingeordnet, dem gro-

ßen deutschen Architekten französischer Herkunft. Viele Schlösser sind seiner Kunst zu verdanken.
Wildenhoff war ein schöner, stattlicher Bau mit einem ausrundenden Mansardendach nach der Parkseite hin. 1866 wurden zu beiden Schmalseiten elegante Pavillons mit Säulengeländer angebaut, wohl als Orangerie geplant. Hohe Baumgruppen umgaben das Haus. Eine uralte Kastanienallee führte auf die Vorfahrt. Über breite Treppen gelangte man an den übrigen drei Seiten ins Haus, das auf einer sanften Anhöhe stand. Zu seinen Füßen lag ein kleiner See mit einer zauberhaften, von Silberpappeln bewachsenen Insel. An ganz stillen Tagen tauchte hier zuweilen ein Seeadler auf.
Ein Blick ins Innere des Hauses: Das Treppenhaus hatte doppelte Aufstiege, die durch mächtige schwarze Schränke mit reichem Schnitzwerk barock geprägt waren. Hier wurde das umfangreiche Archiv aufbewahrt, dessen kostbarster Teil die handgeschriebenen Briefe des Großen Kurfürsten an seinen Ministerpräsidenten Schwerin sind.
Die Atmosphäre um das Schwerinsche Gut war in jeder Hinsicht eine glückliche. Selbst die Lebensumstände der ostpreußischen Landarbeiter waren ganz anders als die sozialen Verhältnisse in Markendorf. So sehr ich die Arbeitersituation in Markendorf kritisiert habe, so sehr kann ich die Wildenhöffer bejahen.
Ich kann nur aus meinen eigenen Erfahrungen urteilen, deswegen erzähle ich bewußt nur von bestimmten Orten. Die Zustände in den Kreisen und den Provinzen waren sehr unterschiedlich, geprägt von der Haltung des jeweiligen Gutsbesitzers.
In Wildenhoff fand ich das vor, was man ein Patriarchat nennt. Manche Stellungen der Beamten, z. B. die des Försters, waren seit drei Generationen in derselben Familie.

Der alte Diener Albert hat vier Generationen der Familie Schwerin erlebt. Er fuhr mit 14 Jahren die Großmutter meines Mannes im Rollstuhl spazieren. Innerhalb von 50 Jahren gab es, soweit ich weiß, bei den eingesessenen Gutsarbeitern nur eine einzige Kündigung, und diese hat mein Mann wieder zurückgenommen, als er sah, daß der Betroffene, ein Gespannführer, das Wort »Kündigung« überhaupt nicht verstand. Er fühlte sich in Wildenhoff einfach für immer zu Hause.

Schnitterkasernen und Wanderarbeiter gab es nicht. Zu den Erntewochen kamen Helfer aus den anliegenden Dörfern. Auch Waldarbeiter wurden während des Sommers eingesetzt. Der Wald hatte mit den Holzabfuhren im Winter seinen Arbeitshöhepunkt.

Selbstverständlich wechselten Ziegeleiarbeiter und Waldarbeiter mit kündbaren Abmachungen, aber sie waren keine Wanderarbeiter, sondern oft zweite oder dritte Bauernsöhne, die ihre Häuser und Familien in anliegenden Dörfern hatten.

Zuweilen war bei unsern Gutsarbeitern schon der Vater oder gar der Großvater in demselben Häuschen geboren worden. So hatte sich Heimatrecht eingenistet. Jede Familie hatte zwei Morgen Land für Kartoffeln und Gemüse, sie hielten ein Jungtier und eine Färse, damit die Milchproduktion lückenlos weiterging. Diese Kühe weideten, zu sogenannten Leuteherden vereinigt, von einem Hüter bewacht, auf Gutsweiden, und auch im Winter wurde in einem Gemeindestall vom Gut aus für die Tiere gesorgt. Futter mag im Kriege in diesem Stall etwas knapper bemessen gewesen sein, nur die Kuh des Nachtwächters nahm gewaltige Formen an. Er bekam einen anderen Posten!

Die Entlohnung für die geleisteten landwirtschaftlichen

Arbeiten bestand hauptsächlich aus Getreide, dem sogenannten Deputat. Das Bargeld war knapp bemessen.
Natürlich hatten alle Familien freies Holz, das ihnen in gesägten Kloben geliefert wurde, die sie dann selbst zerhackten und in großen Holztürmen wie Riesenbienenkörbe aufschichteten. Das war eine Kunst, denn diese Türme mußten monatelang Wind und Wetter standhalten. »Holz fleihen« nannten sie es. Auch Reisig zum Anmachen stand ihnen zu, das im Winter mit Schlitten an die Häuser gebracht wurde. Holzpantinen bestellten sie sich beim Stellmacher Tablak, die er dann an weniger arbeitsintensiven Tagen hobelte. Er war gleichzeitig der Friseur des Dorfes und hat auch unsere Kinder mit unterschiedlich glücklicher Hand beschnibbelt.
Solange Flachs angebaut wurde, gab es Zuteilungen in Faserform, und an Winterabenden rollten die Spinnräder und arbeiteten die Webstühle. Bis 1945 wurde noch gesponnen, aber fast nur Wolle, selbst an Hasenwolle haben wir uns versucht. Einen einzigen Webstuhl hatten wir bis zuletzt, auf dem das Leinen gewebt wurde. Kaum jemand beherrschte diese Kunst noch. Der geerntete Flachs wurde abgeliefert, und es gab dafür im Rücktausch eine bestimmte Menge an Leinen. Auch daran partizipierte das Dorf in bescheidenem Ausmaß. Ebenso verhielt es sich mit der Rübenernte. Da aber im Kriege der zurückgelieferte Zucker nicht reichte – unser Haushalt bekam 5 Zentner – wurden in allen Küchen zusätzlich Zuckerrüben zu Sirup verarbeitet. Höhepunkte für den Küchenzettel waren die Novemberwochen, wo im Wald die Karpfenteiche abgelassen und die Fische eingesammelt wurden. In großen Wasserbehältern wurde der größte Teil dann nach Berlin gefahren und dort lebend verkauft. Im Durchschnitt der Jahre brachte ein Herbst 120 Zentner Karpfen. Wenig

im Vergleich zu den sächsischen und schlesischen Riesenteichen. Die Abfallfische aber, die unbedingt beiseite geschafft werden mußten, kamen dem Dorfe und uns zugute, vor allem Hechte und Barsche. Die Karpfen wurden im Krieg nicht bewirtschaftet, was eine verlockende Möglichkeit zum Tauschhandel bot. Schuhe oder Theaterkarten gegen Karpfen! Die Gutsarbeiter verwendeten ihr Deputat zur Geflügelfütterung. Die größte Rolle aber spielte, vor allem während des Krieges, die Schweinemast.

In Pommern hielten die Arbeiter eine mehr oder weniger große Zahl an Gänsen. Da sie aber außer ihren kleinen Gärten kein Land hatten, wurden alle Gänse zu einer großen Herde zusammengeführt, die ein Hütejunge auf nicht zum Acker verwendbaren Grünflächen, auf Stoppeln und am Seeufer weidete. Welche Not, wenn sie sich hier in die Lüfte schwangen und als geschlossene Schar über den See nach Lupowske flogen! Der Hütejunge konnte nicht schwimmen. So stutzte man nach solch einer Katastrophe den Gänsen zur rechten Zeit die Flügel. Im November mußte jede 5., später nur noch jede 7. Gans an das Gut abgegeben werden. Das Gut wählte aus. Gern hielten sich die Dorffrauen 13 Gänse, dann mußte nämlich nur eine abgeliefert werden.

In Ostpreußen wurden keine Gänse abgegeben, denn jede Gutsfamilie hatte genug Eigenland, um sie selbst großzuziehen. Ich will nicht die vielen Bienenstöcke vergessen, die in der Zeit der Linden- und Rapsblüte besonders »florierten«. Zuweilen gab es Wabenhonig, wo man das echte Bienenwachs mitkaute.

Während des Ersten Weltkrieges hat meine Schwiegermutter auch Hochwild, Hirsch und Elch im Dorf verteilen lassen. Wegen der strengen Bewirtschaftung durch die

Behörden war das im Zweiten Weltkrieg nicht mehr möglich.
Mein Schwiegervater war schon 1909 gestorben, tief betrauert von seiner Familie. Mein Mann Otto war 14 Jahre alt, als er in die Erbfolge eintrat.
Ottos bester und gescheitester Helfer war Fritz Rungk, der Sohn des Kutschers Heinrich. Schon als Jungen haben sie zusammen gespielt und einen schwunghaften Meerschweinchenhandel entwickelt. Die Tierchen wurden in Königsberg verkauft. 1914 zogen sie zusammen in den Krieg, und Fritz Rungk wurde Schreiber in Ottos Regiment, bei der Garde-du-Corps.
1919 hat mein Mann, aus dem Kriege heimgekehrt, zusammen mit Rungk versucht, das völlig heruntergewirtschaftete Wildenhoff wieder aufzubauen. Ein Nebengut mußte verkauft werden, um die Schuldenlast zu mindern. Es wurde in der Zeit der Deflation mit einer guten Wertsteigerung veräußert, indem mein Mann es aufsiedelte. Die alte Ziegelei wurde erneuert und ein Holzgatter (Sägewerk) gebaut. Nun wurden Ziegel aus dem eigenen Lehmboden und Holz aus dem eigenen Wald verwendet. Es entstanden Siedlungen, die eine Mindestgröße von 60 Morgen hatten. Der spätere Bundespräsident Heinrich Lübke, damals Direktor des Deutschen Bauernbundes und Vermessungsingenieur am Kulturamt in Königsberg, nahm die Siedlungen ab, ehe sie vom neuen Besitzer bezogen wurden. Sein Urteil über Haus und Stallungen war so positiv, daß er meinen Mann ermunterte, dieses Werk im großen Stil fortzusetzen.
So wurde eine neue Ziegelei nach ganz modernen Richtlinien gebaut, die nicht nur jährlich eine Million NF (Normalformat) Ziegel brannte, sondern auch Dachziegel lieferte.

Ein großes Holzgatter lief in Tag- und Nachtbetrieb. Handwerker wurden angeworben, vor allem Zimmerleute, Maurer und Klempner. Mehrere Baufirmen wurden eingeschaltet, je nach Lage der neuen Siedlerstellen, die sich auf verschiedene Gegenden Ostpreußens verteilten. Es war ein gutes Werk in einer Zeit, wo viele Männer Arbeit suchten. Das Angebot an Land war groß, denn leider mußten manche Güter Teile ihres Besitzes wegen der Wirtschaftskrise nach der Inflation verkaufen. Otto aber hatte die Genugtuung, durch die geplante Umwandlung des reinen Ackerlandes in Hofstellen dem Verkäufer einen besseren Preis zahlen zu können, als dieser sonst erhalten hätte.
Der Staat gab für das Unternehmen die Kredite. Otto war nun persönlich haftender Vorsteher einer Siedlungsgesellschaft. Es hat bange Stunden durch die große Verantwortung gegeben. Ohne Fritz Rungk wäre dieses ganze Werk nicht möglich gewesen. Otto brachte neben der Sicherung durch seine Besitzungen den Unternehmermut und die Phantasie ein, Rungk war die ordnende Hand. Es muß eine aufregende Zeit gewesen sein, in der Verhandlungen, Besprechungen, Besichtigungen und auch Auseinandersetzungen einander ablösten, und zugleich eine Zeit reicher wirtschaftlicher Erfahrungen für die jungen Männer. Da es die Jahre größter Arbeitslosigkeit in den westdeutschen Industriegebieten waren, dachten höhere Stellen daran, beschäftigungslose Städter hier im Osten anzusiedeln. Otto hat das mit Erfolg verhindert. Bei diesen Familien waren keinerlei landwirtschaftliche Kenntnisse zu erwarten. Zweite Bauernsöhne und tüchtige Landarbeiter mit guten Voraussetzungen übernahmen die kleinen Höfe. So entstanden bis zu Beginn der 30er Jahre 680 Siedlungen und etwa 300 Nebenerwerbsstellen. Von diesen fast

1000 Kleinbetrieben kamen nur 7 in Schwierigkeiten und mußten umgeschuldet bzw. veräußert werden.
Durch die Verkäufe und Versteigerungen von Vieh, gebrauchten Maschinen und Geräten konnten die Hofstellen preiswert ausgerüstet werden.
Auch Rungk ist zu eigenem Besitz gekommen. Mein Mann hat ihm bei der Finanzierung des Gutes Kraftshagen geholfen. So besaß er 250 ha Land und ein entzückendes Schlößchen. Da er nur eine Tochter hatte und bei uns ein sehr gutes Gehalt bekam, gelang ihm die Tilgung . Die Tochter wurde im Luisenstift, einem renommierten Internat für höhere Töchter in Berlin, erzogen. Die Beziehung zwischen meinem Mann und Rungk war anders als gewöhnlich zwischen Verwalter, Inspektor oder Rendant und dem Besitzer. Es war eine Freundschaft. Rungk wurde Pate bei unserem ältesten Sohn. Nach dem Kriege hat er aufopfernd für uns gesorgt und die Lastenausgleichsarbeit für die große Familie mit Umsicht und Klugheit geführt.
In seiner Sterbestunde war ich allein mit ihm. Bis zuletzt bewegte ihn unser Schicksal. Ich spürte, daß er etwas auf dem Herzen hatte. Er bat um ein Blatt Papier. Noch ganz gegenwärtig sagte er, daß ich eine bestimmte Stelle in den Lastenausgleichsformularen beachten müsse, und zeichnete mit den Fingern, da ich keinen Bleistift zur Verfügung hatte, die Zahl 18 auf das Papier. Dann ergriff er meine Hand und küßte sie.
Ich habe oft erlebt, daß das Leben entweicht, wenn man die Sterbenden losläßt. – Die Tür öffnete sich, und Rungks Nichte kam herein. Ich wandte mich ihr zu. In diesem Augenblick ist Rungk eingeschlafen. Es war, als löse sich ein Schleier von seinem besorgten Gesicht. Nun hatte er einen Ausdruck tiefsten Friedens.

Patriarchalische Verhältnisse haben auch ihre Probleme. Eines ist mir deutlich in Erinnerung und spiegelt die Schwierigkeiten wieder. Meinem Mann standen auf den drei Besitzen sieben Förster zur Seite. Man kann sich denken, wie frei sie trotz aller Planungen und Besprechungen arbeiten konnten. Aufforstung, Abholzung und alle Variationen der Kulturen bestimmte natürlich mein Mann. In der Forstwirtschaft war er allen Förstern an Kenntnissen überlegen. Der Wald war der tiefste Bezug seines sehr starken Naturerlebens. Es gab in dem herrlichen Forst ein Jagen* von ungewöhnlicher Schönheit und Kraft der Fichten. Dieses Jagen wurde schlagreif. Mit andern Worten, wenn es jetzt nicht abgeholzt wurde, ergab es im Laufe der kommenden Jahre keine guten Erträge mehr. Aber mein Mann konnte sich nicht davon trennen und ordnete an, daß dieser Bestand als eine Art Naturschutzgebiet erhalten bleiben sollte. Lieber wollte er auf die Holzeinnahme verzichten.

Als er von einer Reise zurückkam, war dieses Stück auf Befehl des zuständigen Försters abgeholzt, und die Bäume lagen zu mächtigen Kloben zersägt bereit zum Verkauf.

Was tun? Otto sagte sich: »Eigentlich kann ich nur kündigen. Diese Tat ist ein Schlag ins Gesicht des Besitzers. Aber ich kann keinen Mann fortschicken, dessen Vater schon als Förster in unserer Familie gearbeitet hat und dessen Sohn sich als Förster zur Nachfolge ausbilden läßt.« Es blieb nur ein Ausweg: Er schaute nicht hin. Bei gemeinsamen Fahrten durch den Wald wurden auf Wunsch meines Mannes Umwege gemacht, und auch bei der Aufforstung dieses Jagens hielt er sich zurück. Die beiden Männer haben den Fall nie besprochen.

* Jagen ist die Bezeichnung für bestimmte Waldparzellen.

Ich will versuchen, die Atmosphäre zu beschreiben, die mich erwartete, als ich nach Wildenhoff kam. Otto hatte vier Töchter aus seiner ersten Ehe: Elisabeth, genannt Wuschi (15), Sophie (14), Renate (13) und Alexandra (Butze), kaum 10 Jahre alt. Meine beiden Töchter, Eleonore (11) und Gisela (8), paßten altersmäßig gut dazwischen. Die Erzieherin Claire Waechter, Waechterchen genannt, und Emma Opitz (Empi), die schon in Dresden Küche und Garten versorgt hatte, begleiteten uns.
In Wildenhoff war für die Töchter ein verheirateter Hauslehrer, Doktor Bannes, angestellt, dessen Wesensart an die eines Hofmeisters vergangener Jahrhunderte erinnerte. Er bereitete sich nicht, wie die jungen Studenten in unserer Kindheit, auf einen bestimmten Beruf vor. Er lebte als Pädagoge und Schriftsteller. Hochmusikalisch, spielte er komplizierte Stücke fehlerfrei vom Blatt. Eine tiefe katholische Frömmigkeit gab seiner Geisteshaltung die Substanz. Ich liebte vor allem seinen noblen Charakter.
Die Harmonie der Kindererziehung in unserem Hause hing nun davon ab, wie die beiden Erzieher, Waechterchen und Dr. Bannes, sich vertragen würden. Es war ein großes Glück, das uns da in den Schoß fiel: Sie duldeten und achteten einander nicht nur, sondern sie verehrten sich. Morgens wurde in verschiedenen Zimmern unterrichtet. Nachmittags arbeitete Dr. Bannes an seinen Schriften. Bei schönem Wetter machte das Ehepaar Bannes mit Waechterchen und Ita, dem Kindermädchen, weite Spaziergänge. Die großen Töchter hingegen tobten lieber auf dem Hof und in den Ställen herum; das kritisierte der alte Diener Albert. Die Abende füllten Musik und Vorlesen.
Mein Mann und ich waren im Sommer oft bis zum Dunkelwerden im Wald oder mit wirtschaftlichen Fragen in

der Verwaltung beschäftigt. Wunderbar, wenn wir abends müde nach Hause kamen und eine frohe Stimmung uns empfing.
In den beiden Jahren vor dem Krieg waren die vier großen Töchter mit diesem geliebten Hauslehrerehepaar bei ihrer Mutter in Heidelberg, in den Sommermonaten kamen sie zu uns nach Wildenhoff.
Im September 1939 wurde Dr. Bannes eingezogen. Wuschi kam in ein Pflichtjahr, eine vom Staat geforderte Erziehung junger Mädchen in kinderreichen Familien oder im Sozialdienst. Der Arbeitsdienst, vor oder nach dem Pflichtjahr absolviert, war Zwang. Den Platz des Pflichtjahres konnte man sich aussuchen, zum Arbeitsdienst wurde man kommandiert.
Renate und Butze besuchten fortan die Schule in Heidelberg. Sie waren nun leider nur noch zu den Sommerferien in Wildenhoff. Sophie hingegen kam für lange Zeit zu uns, beliebt bei allen durch ihr bescheidenes und ausgleichendes Wesen. Neben aller praktischen Arbeit lernte sie Englisch und Stenographie, eine damals sehr erwünschte Ausbildung. Später wurde sie Krankenschwester.
Ich werde das Eigenwillige und Besondere an diesen Töchtern nicht so beschreiben können, wie es unserer Zusammengehörigkeit entsprochen hätte. Am liebsten würde ich über jede eine kleine Erzählung bringen. Aber das würde den Rahmen dieser Niederschrift sprengen. – Doch aus dem Zusammenfließen unserer Schicksale für längere oder kürzere Zeit ist ein Gemeinsames entstanden, und es wird dem Leser hoffentlich möglich sein, die Wesensarten dieser jungen Menschen an ihren Reaktionen auf das miteinander Erlebte zu erspüren. Durch vielerlei Einflüsse wurden sie geprägt, nicht zuletzt durch den furchtbaren Krieg. In meinem unbekümmerten Einsatz für sie haben

sie mich mitgeprägt. Bei aller Hinwendung zu ihnen blieben jedoch Fehler nicht aus. – Ein Ansporn für alle war der hohe geistige Anspruch ihrer Mutter, auch für mich.
In den Jahren 1937 bis 1943 wurden unsere fünf gemeinsamen Kinder geboren, zuerst Esther – Septima (Sternchen), die siebente, als verbindendes Glied der großen Schwestern mit den kleineren Geschwistern. Es folgten Otto, Anna, Christa und Eberhard.
Eine wichtige Rolle im Leben meines Mannes, die hier auch Erwähnung finden muß, spielte der alte Diener Albert. Morgens brachte er das Frühstück in das Schlafzimmer. Alle Tagesereignisse wurden nun besprochen, und dabei rauchten Albertchen und mein Mann ihre erste Morgenzigarette. Sobald jemand aus der großen Hausgemeinschaft aus Versehen hereinplatzte, warf Albert seine Zigarette ins Klöchen, auf dessen Deckel er gesessen hatte, und stand in Haltung.
Er war stolz auf seine Stellung. Er hatte schon den Vater meines Mannes manche Jahre betreut. Einmal kam es zwischen ihm und dem Schweinemeister Rudolf Schulz zu einem Gespräch über die Wichtigkeit ihrer Berufe. Schulz sagte herablassend: »Was du da machst, das kann doch jeder. So'n bißchen Haushalt und servieren. Aber meine Arbeit, die ist wichtig! Wenn meine Schweine nicht gedeihen, kann das ganze Gut nicht rentabel sein.« Albert antwortete: »Wie man es nimmt, du fütterst die Schweine und ich füttere den Grafen.«
Soviel zunächst von den Menschen in Wildenhoff. Nun zu dem Land, das uns umgab. Nach dem Ersten Weltkrieg waren große Teile Westpreußens und Posen dem neuen polnischen Staat zugeteilt worden. Nun wurde den Polen auch der Zugang zur See durch den Hafen Gdingen, früher Gotenhafen, ermöglicht. Diese polnischen Gebiete,

der »Korridor« genannt, trennten Ostpreußen vom übrigen Deutschland. Ostpreußen war in eine Inselsituation geraten. Durch den Korridor fuhr man in plombierten Zügen bei geschlossenen Fenstern und unter mehr oder weniger strenger Bewachung. Danzig hingegen, südlich von Gdingen, hatte als Freistaat Souveränität und war in keinen Nationalstaat mehr eingegliedert. Sehr bald hatte sich Ostpreußens isolierte Situation eingespielt. Der zunehmende Luftverkehr erleichterte das Reisen in das »Reich«, wie man bei uns in Ostpreußen das Deutschland jenseits des Korridors nannte.

Die Landschaft um Wildenhoff schlug mich in ihren Bann. Alle Konturen waren hier stärker, als ich sie sonst empfunden habe. Die schneereichen Winter waren lang und konnten sehr kalt sein. Der Frühling kam spät und mit angestauter Kraft. Wenn er endlich durchbrach, holte er in Kürze nach, was ich in anderen Gegenden als ein fließendes Nacheinander von der Knospe bis zur Frucht erlebt habe. Der Hofmeister sagte von der dichten Saat: »Du kannst dich darauf legen, du hältst sie nicht mehr, sie wird dich auf ihre Spitzen heben.«

Oft waren die Sommerwochen kurz und glühend. Nach lauen Juni-Juli-Abenden dämmerte schon gegen drei Uhr der Morgen eines herrlichen Tages. So war es in meinem ersten Jahr in Ostpreußen.

Auch Einbrüche von Naturgewalten haben wir erlebt und von Ferne gesehen, wie in wenigen Stunden 3000 Fm (Festmeter) Fichten vom Sturm aus dem Boden geschraubt wurden und mit den Riesenrädern ihrer erdigen Wurzeln die Hänge bedeckten.

An bestimmten Tagen konnte man Elche beobachten, von denen wir ungefähr 15 Stück als Standwild hatten. Man rechnete drei Zentner Rüben pro Kopf und Tag für ihre

Ernährung. Darum wurden eingegatterte Rübengärten für die Winternahrung innerhalb des Waldes geplant. Der Forstschaden, den dieses Wild anrichtet, vor allem an den wertvollen Eschenbeständen, ist beträchtlich.
Elche wirken wie Fabeltiere. Im Nebel oder in der Dämmerung stehen sie zuweilen so starr, daß sie verwechselbar sind mit knorrigen Stubben und Wurzelwerk über der braunen Erde. Der Rothirsch ist scheu, voller Nerv und flieht den Menschen außer im Rausch der Brunft, wo er nur den Rivalen sieht. Der Elch ist souverän und annäherungsmutig zugleich. In seltenen Fällen greift er den Menschen an.
In der Zeit, in der die Elchmutter ihr Junges führte, durften die Kinder von einem Vorwerk nicht durch den Wald in die Schule gehen. Die Elchmutter hätte ihnen mit ihren langen Läufen gefährlich werden können. Unser Jagdwagen ist einmal angegriffen worden. Der Kutscher wartete auf uns in einer kleiner Lichtung. Wir waren schon außer Rufweite auf dem Weg zur Kanzel. Da brach ein Elch aus dem Holz und attackierte die Pferde, nicht den Kutscher. Ganz zufällig war ein Förster in der Nähe, der durch die schlagenden Geräusche alarmiert wurde. Er sprang auf den Wagen und hieb mit dem Gewehr auf den Elch ein, während der Kutscher im Galopp nach Hause lenkte. Als der Wald lichter wurde und die Wiese sich näherte, ließ der Elch ab. Mein Mann und ich, nichtsahnend, gingen erstaunt zu Fuß nach Hause.
In der futterknappen Winterzeit hat sich ein Elch einmal bis in die Nähe des Gutes gewagt. Er hatte eine Rübenmiete entdeckt, die, schon angebrochen, leicht zugänglich war. Dann trollte er weiter auf den Hof zu. Am Rande stand, etwas vereinzelt, ein kleines Einfamilienhaus. Die Bewohner waren beim Abendbrot. Ein dumpfer Ton. Und

dann das Riesenhaupt des Elches hinter dem Fenster. Er stand zuerst unbeweglich und verschwand dann mit einem Ruck.

Wie soll ich die Dimensionen, die Ausstrahlung dieses Waldes beschreiben? Man selbst verwandelte sich in ihm und sah die Fragen, die einen beschäftigten oder bedrückten, in einer wohltuenden Distanz. Nicht nur um das Wild zu beobachten, fuhren wir in den Wald, oft suchten wir die Stille und die Entrückung.

Gern kutschierten uns auch die Kinder. Sie setzten uns dann ab und wendeten wieder nach Hause. Wie so oft, saßen wir wieder einmal auf der Kanzel. »Hörst du die Kraniche?« sagte plötzlich einer von uns. Klagende, langgezogene Töne! Wir lauschten. Aber die Schreie wurden dringender, und wir begriffen: Das sind die Kinder! Wir liefen in die Rufrichtung und fanden sie in Not. Sie waren an den Rand des Hochmoores geraten. Die Fläche war mit hohen Gräsern und dichten Sumpfbüschen bedeckt. Immer in leichter Bewegung, schwankte sie fast unsichtbar. Das Ufer hob sich wenig vom Waldrand ab. Die Hufe der Pferde mit dem großen Gewicht auf der kleinen Huffläche waren schon versunken, während der Wagen auf festem Waldboden sich noch hielt. Die klugen Kinder hatten den Pferden schon die Sitzkissen unter die Hufe geschoben, und so das Sinken verlangsamt. Gemeinsam haben wir es geschafft, Pferd und Wagen herauszuziehen. Nicht auszudenken, wenn wir das Rufen nicht gehört hätten!

Oft war ich in Zeitnot. Nichts wollte ich verpassen, nicht die Fahrten über die Felder und nicht die Abendstunden im Wald, auch nicht die Gespräche mit den Beamten, wenn Otto neue Pläne entwickelte. Die meisten Stunden gehörten natürlich den kleinen Kindern. Auch das Dorf sollte nicht vergessen werden und nicht die große Hausgemeinschaft. Die Gäste meinten, eigentlich sei man doch für sie da. Renate sagte einmal: »Zu Ende kommst du nie! Es bleibt immer ein Rest. Mit deinem Verstand mußt du dein Tun beenden und nicht auf das schauen, was noch zu erledigen ist.«

Alles wandelte sich, als der Krieg ausbrach. Otto kam als Reserveoffizier krank aus dem Polenfeldzug. Nach einer Mandeloperation erholte er sich aber wieder schnell. Nun wurde er zur Kommandantur der Festung Königsberg beordert. Damit wir uns öfter sehen konnten, nahmen wir uns dort ein kleines Quartier. Wir hatten kein Auto mehr, so fuhr ich mit der Bahn und stellte das Babykörbchen mit der kleinen Anna, die mich immer begleitete, in den überfüllten Zügen ins Gepäcknetz. Neben unserer Wohnung war das Palais des Generals Küchler. Wenn wir abends ausgehen und allein sein wollten, stellten wir das Körbchen zu den Bridge spielenden Herren auf den Schreibtisch, und die Offiziere bewachten unser kleines Mädchen. Merkwürdig war dieser Winter 40/41. Krieg und doch kein Krieg, denn die Heereswaffen schwiegen, aber die Parteiwaffen wüteten im eroberten Polen. Wir erfuhren nichts davon – oder schirmte man sich innerlich so ab, daß man nichts hörte?

Im Januar 1942 kam Otto nach Rußland an die Front. Ein eisiger Winter. Die Qualen seines Soldatenlebens, von denen ich durch seinen Burschen erfuhr, belasteten mich sehr, vor allem, wenn ich abends in mein warmes, gemütliches Schlafzimmer kam. Er aber schrieb heiter von 36 Grad unter Null, primitivstem Unterkommen und Kameradschaft. Fronterlebnis? Im Frühjahr 42 nahm er sich für ein ganzes Jahr Urlaub, um die Betriebe wieder fest in die Hand zu bekommen. Aber dann stellte er sich erneut dem

Wehrdienst, als für den russischen Feldzug viele Männer gefordert wurden, die bisher in der Heimat bleiben konnten. Damit befreite er die drei Beamten von Wildenhoff, Walsleben und Giersdorf vom Kriegsdienst. Es hätte auch umgekehrt sein können. Seine Arbeitsintensität hätte ihn befähigt, mit viel Reiserei, unterstützt durch die tüchtigen Hofmeister, die Betriebe selbst zu bewirtschaften. Nie mehr werde ich es wissen, ob es Pflichtgefühl oder etwas anderes war, das ihn motivierte, so zu entscheiden. »Mir blieb kein anderer Ausweg«, hat er zu einem Freund gesagt. Erst Jahre nach dem Krieg habe ich das erfahren. Bis zum Herbst 44 war Otto immerhin noch in Königsberg und damit in meiner Nähe. Zum Wochenende kam er fast immer nach Hause. Trotz allem eine wunderbare Zeit.

Wir hatten es geschafft, Wuschi für unseren Haushalt zu verpflichten. Den Arbeitsdienst hatte sie hinter sich gebracht. Leicht hat sie es in Langenbielau in Schlesien nicht gehabt. Täglich mußte sie 6 km vom Lager aus zu Fuß zu ihrer Arbeitsstelle gehen. Keine Verkehrsmittel, kein Fahrrad! Sie versorgte einen Kleinsiedlerhaushalt mit zwei kleinen Kindern, Vieh und Garten. Die Frau arbeitete außerhalb, der Mann war im Felde. Sie waren Kommunisten. Mutig, sich Wuschi anzuvertrauen! Kommunisten waren damals in höchster Gefahr, ähnlich wie die Juden. Anfangs hatte die Frau die »Gräfin« angeschrien: »In mein Haus kommen Sie nicht!« Aber zum Abschied schenkte sie Wuschi ein Buch mit Widmung. Sie haben sich gegenseitig nicht umgestimmt, aber trotzdem menschlich verstanden. Bei Regen und Schnee ging es dann abends den unfreundlichen Weg zurück ins Lager. Am Wochenende kam Wuschi auf ihre alten Gepflogenheiten zurück. Sie telegraphierte ihre Ankunft mit dem Zusatz: »Bitte Bad heizen« an unser Forstamt im nahen Giersdorf. Luxus genoß sie.

Lori war im Arbeitsdienst in Mädewald Kreis Heydekrug im letzten Zipfel des nördlichen Ostpreußen. Die Besatzung des Lagers bestand vorwiegend aus Abiturientinnen. Gewöhnlich wurde eine solche Elitebildung vermieden, »Völkisch« sollte man sein! »Arbeiter der Faust« waren beliebter als die nach Bildung Strebenden. Die gedankliche Ausrichtung dieser Mädels war unpolitisch und eher der Wandervogelbewegung verbunden. Die meisten arbeiteten bei Bauern, Lori hingegen sollte eine einklassige Volksschule mit 30 Kindern als einzige Lehrkraft führen. Die Ausbildung für diese Tätigkeit dauerte acht Tage!
Sie war grade 18 Jahre alt, die ältesten Schüler, drei freche evakuierte Bengels aus Berlin, bereits 15. »Was mache ich nun, wenn diese Jungens, mit denen bekanntlich schon die Gasteltern nicht fertig wurden, mir nicht gehorchen?« Antwort des Ausbilders: »Dann müssen Sie Ohrfeigen geben, aber die erste muß sitzen, sonst haben Sie verspielt.« Anscheinend hat die erste Prügel gesessen, und sie hat manchen Spaß an dieser Klassengemeinschaft gehabt. Es war die Zeit des Kartoffellegens, Nahrungsgrundlage für Mensch und Vieh. Der Unterricht wurde lückenhaft, denn es bestand ein stillschweigendes Übereinkommen, daß die Kartoffel vor den Wissenschaften zu rangieren habe! Manche Kinder kamen gar nicht, andere bummelten im Laufe des Vormittags heran, schon ermüdet von der nach dem langen Winter ungewohnten Feldarbeit. Aber es gab auch eifrige kleine Schüler. – Die Schule war 7 km vom Arbeitsdienstlager entfernt. Zu Fuß wanderte Lori morgens durch das tauige Hochmoor mit Rosmarinhügeln, Kiefern, Birken und Heidekraut. Mittags ging es dann durch die sonnige, summende Landschaft zurück. Die Nachmittage galten der Hausarbeit, denn die anderen Mädels kamen erschöpft erst gegen Abend zurück.

Juli 1944. Die Russen rückten näher! Eines Morgens kam Otto ganz unerwartet aus Königsberg. Er hatte einen fast verzweifelten Ausdruck. Was war geschehen? Er wußte, daß der Kreis Heydekrug mit der ganzen Bevölkerung dem Vormarsch der Russen preisgegeben werden sollte. Eine Evakuierung hätte im »Reich«, – so nannte man die deutschen Gebiete jenseits des polnischen Korridors – Unruhe und Skepsis an der Kriegsführung verursacht. Solche Entschlüsse lagen in der Hand der obersten Parteiführung. Hier gab sich das Militär machtlos. Selbständiges Handeln der Bevölkerung wäre mit Todesstrafe, bestenfalls mit Lager, oder bei den Männern mit Eingliedern in ein Bewährungsbataillon bestraft worden.

Grenzlandschicksal! Ich spreche hier vom Memelland, das 1925 nach französischer Verwaltung zu Litauen gekommen war, dann aber 6 Monate vor dem Zweiten Weltkrieg bei der Aktion »Heim ins Reich« wieder in Ostpreußen eingegliedert wurde. Es hatte sich damals nicht viel bei diesem Heimat- und Verwaltungswechsel geändert. Sogar deutsche Beamte blieben in ihren Stellungen im nunmehrigen Litauen, die Schulen unterrichteten nach ihren gewohnten Plänen in deutscher Sprache, es wurde nur zur Auflage gemacht, daß der litauische Sprachunterricht intensiver betrieben werden sollte, was manches deutsche Schulkind nur mürrisch hinnahm. Die Ortsnamen wurden in litauischer und deutscher Sprache angezeigt. Dies machte sich nun im Sommer 1944 die Wehrmacht bei ihrem Rückzug zunutze. Die aufgegebenen Stellungen erschienen in den Lageberichten in litauischer Sprache, so daß der Eindruck entstand, der Feind befinde sich noch außerhalb der neuen deutschen Grenze. Die unmittelbar Betroffenen durch-

schauten diese Verschleierung, aber niemand wagte eine Initiative. Der Geschützdonner kam näher. Verzweifelte Tage.
Otto hatte sich entschlossen, zur obersten Leitung des weiblichen Arbeitsdienstes in Königsberg zu gehen. Schon eine Frage nach der Situation war gefährlich. Die Leiterin empfing ihn zurückhaltend und wurde eisig bei seiner Frage: »Was geschieht mit dem Arbeitsdienstlager in Mädewald?« – – »Was wollen Sie damit sagen? Noch ist kein Schuß gefallen!« Nach einigem Zögern sagte Otto, daß dieses Land aufgegeben werden solle durch Zurückziehen der deutschen Truppen, um eine kürzere und damit geschlossenere Front bilden zu können. Dieser Befehl solle innerhalb der nächsten Tage durchgeführt werden. Ein solcher Hinweis war Verrat militärischer Geheimnisse. Sie hatte ihn nun in der Hand. Plötzlich schrie sie, und eine verzweifelte Ratlosigkeit zwischen Angst und Helfenwollen war unüberhörbar: »Ich habe keinen Evakuierungsbefehl vom Gauleiter (Koch) bekommen. Wenn ich selbstständig handeln und eine Entsetzung des Lagers veranlassen würde, könnte das mein Tod sein. Wir Frauen in Uniform sind mit Befehl und Gehorsam, mit Bewährung und Todesstrafe genauso eingesetzt wie jeder Soldat!« Man schied in Verhärtung. Ob sie meinen Mann verraten würde, vielleicht auch nur, um selbst die Situation besser abtasten zu können? Nichts konnte man mehr unternehmen! Aber irgend etwas mußte doch geschehen! Wir wollten wenigstens versuchen, solange die Möglichkeit bestand, einander zu sehen, – noch einmal zusammenrücken!
Kurz entschlossen fuhr Otto in das Arbeitsdienstlager. Es war hohe Mittagszeit, – ein Sonntag, und die Mädels staunten über den ungewöhnlichen Besuch. Otto wich

allen Fragen aus. Lori und er versuchten, allein zu sein. Kein Wort fiel über die Lage. Das Gespräch blieb im Alltäglichen, an der Oberfläche. Eine Zigarettenlänge, am Feldrand sitzend miteinander geraucht, kein Wort der Aufmunterung oder des Zuspruchs, das sich ausweiten konnte in Geständnisse und Gefühlsbezeugungen, – aber eine Gemeinsamkeit des schweigenden Erlebens, die schwerer wog, als Jahre unbeschwerten Zusammenseins.
Bald darauf kamen deutsche Soldaten in das Lager: »Mädels, macht euch fort! Seid ihr wahnsinnig geworden, hier noch herumzuhocken? Morgen werdet ihr keinen deutschen Soldaten mehr sehen, – wir sind die letzten! Zieht euch wenigstens eure Uniformen aus, vergrabt sie und kriecht in Zivilklamotten. Tut euch mit euren Bauern zusammen! Wenn ihr hier bleibt, ist das der sichere Tod!«
Zögern. Noch war die Angst vor der Partei größer als vor den Russen.
Einige Stunden Totenstille, ein Sommertag ohne Regung, als halte selbst die Natur den Atem an. Da, ein Blöken und Rädergeräusche! Da kamen sie, die Bauernfamilien mit ihren kleinen großrädrigen Wagen, mit Kleinvieh und schnell zusammengeraffter Habe, meist Frauen, Kinder und Alte. Die Mädels stopften das ihnen wichtig Erscheinende in Beutel, denn Koffer sind ungeeignet für eine Flucht, die man mit den Füßen bewältigen muß. Man pirschte gemeinsam durch das stille Land zu dem kleinen Flüßchen Gilge, wo im Schilf sich eine Fähre fand. Auch ein Seil verband noch die beiden Ufer. Diese Bevölkerung nahm alles mit fatalistischer Ruhe hin. So fuhr und marschierte man nach Südwesten; das dumpfe Rollen von Geschützen hinter ihnen ließ sie eilig werden. Sie kamen an schon verlassenen Höfen vorbei und dann an solchen, wo ihnen erstaunt nachgeschaut wurde.

Es war wie eine winzige Völkerwanderung aus Urzeiten, das Vieh bestimmte den Weg, so, wie Futterplätze und Tränken sich anboten. Das Schlafen im Freien mit dem Rhythmus von Sonnenauf- und -untergang wurde schnell zur Gewohnheit. Es ging nun durch das fast erntereife Land, das noch mit Zuversicht bestellt und besät worden war. In einer Niederung hörten sie das Brüllen von Kühen. Da stand eine große unbeschützte Herde in saftigem Grün, die tagelang nicht gemolken worden war. Jeder, der melken konnte, machte sich an die Arbeit. Die stattliche, von Qualen befreite Herde wurde einfach mitgenommen, – langsam gen Westen, den Weidemöglichkeiten folgend bis nach Hinterpommern. Hier löste sich alles auf, die Mädels meldeten sich bei einer Arbeitsdienststelle, wurden neu uniformiert und irgendwo in Mitteldeutschland wieder eingesetzt.
Während dieser Sommerwochen ahnten wir nichts von Lori. Immer bekam ich rasendes Herzklopfen beim Gedanken an sie! Es gab keine Möglichkeit, sie aufzuspüren. Ende August erst kam folgende Postkarte: Die Zeichnung eines Igels – ihr Pseudonym – und dahinter nur drei Worte »auf der Flucht« mit dem erlösenden Poststempel von Königsberg. Also dieses hatte sie passiert! Sie scheute sich, ihren Namen zu schreiben, weil ja das Verlassen des Dienstlagers ohne Befehl aus selbständigem Entschluß erfolgt war. Nicht nur sie selbst, sondern auch ihre Kameradinnen hätten damit vor ein Parteigericht gestellt werden können.
Fort ins Reich! Wie oft wurde das damals schon gedacht, bis es einige Monate später kaum einen anderen Gedanken mehr gab. Das Land um Heydekrug und um das kleine Arbeitslager wurde noch einmal von der Wehrmacht freigekämpft. Unsere Bauern kehrten für wenige Monate

zurück. Was sie vorfanden an Zerstörung und an Brutalitäten, die den ganz wenigen, die sich nicht abgesetzt hatten, angetan wurden, möchte ich nicht niederschreiben, weil es zu den düstersten Kapiteln von Deutschlands Kriegsende gehört.

Nach dem Attentat auf Hitler am 20. Juli wuchsen die Bestürzung und das Mißtrauen. Es grub sich wie Schluchten in alle menschlichen Beziehungen ein. Die einen, die jahrelang gegen Hitler gesonnen waren, wurden erschüttert durch die Aussichtslosigkeit des Widerstands und durch die Grausamkeit der Vergeltung, – soweit man davon erfuhr. Die anderen, ob harmlose Mitläufer oder fanatische Ideologen, verteidigten aggressiv ihr Bekenntnis zum Dritten Reich. N. S.-Kommissare wurden eingesetzt, meist wohlgenährte junge Männer in tadellosen Uniformen, – die sogenannten »Goldfasane« – und durchforschten in schweren Autos das Land, um die Gesinnung herauszuspüren und die Ergebnisse an die Gestapo weiterzuleiten.

Es wurde ein Gesetz erlassen, daß Fahrkarten nur über eine Strecke von 100 km ausgegeben werden durften. Nur mit größtem Raffinement war ein Entkommen aus der Provinz noch möglich. Die Bahnbeamten paßten genau auf, je hitlertreuer, um so lauernder. Hatte man seine Fahrkarte an der Sperre abgegeben, so wie es damals üblich war, riskierte man, nach Erwerb einer weiteren 100-km-Fahrkarte am gleichen Kontrollpunkt erkannt zu werden. Hatte man das Glück, auf einen gutmütigen Beamten zu treffen, blieb einem als günstigste Möglichkeit der Rückweg offen. Bald wurde diese 100-km-Beschränkung auf ganz Deutschland ausgedehnt.

Einen Tag vor diesem Gesetz hatten wir unsere Kinder, Otto (5), Anna (4) und Christa (2) Jahre alt, nach Wals-

leben geschickt mit Empi, der Unersetzlichen, die für die Kinder mit Klugheit, Hingabe und Entschiedenheit sorgte. In Walsleben wurden sie von meiner unverheirateten Schwägerin Ruth, die dort das Haus führte, mit Freuden aufgenommen. Schon zwei Tage nach der Abfahrt der Kinder tauchten die »Goldbetreßten« bei unserer Nachbarin Marion Steegen auf, 10 km von Wildenhoff entfernt. »Sie sind doch mit den Schwerins befreundet?« (was man nicht alles wußte!) »Wie erklären Sie es sich, daß die Gräfin Schwerin ihre Kinder ins Reich geschickt hat?« Marion, sehr geschickt: »Walsleben ist genauso der Heimatort der Schwerins, wie Wildenhoff. Die Schwester des Grafen Schwerin lebt dort und führt ihm das Haus, weil er ja auch diesen Besitz selbst leitet. Jetzt, wo er im Kriegsdienst steht, ist er natürlich auf die Hilfe seiner Beamten angewiesen. Die Kinder aber sollten Walsleben auch einmal kennenlernen, es war und ist immer ein Treffpunkt der Familie gewesen.« Die Entgegnung der Braunen: »Nach unserer Ansicht ist es eine Rettung der Kinder vor eventuellen Kriegsgefahren.« Marion: »Das kann ich mir nicht denken, sonst hätte meine Freundin nicht ihr Baby und ihre 6jährige Tochter noch bei sich, genau wie Sie auch meine Kinder hier sehen.« – Die Männer verschwanden, um woanders zu schnüffeln. Aber die Quittung kam: Empi und die Kinder wurden von der Lebensmittelzuteilung gestrichen und durften in Walsleben nicht gemeldet werden.
Eine neue Beunruhigung! Wuschi, die wir in unserem Gutshaushalt gut gebrauchen konnten, wurde als Schwesternhelferin in das Krankenhaus unserer Kreisstadt Pr. Eylau verpflichtet. Ich sehe noch ihr verweintes Gesicht, als sie von den Pferden Abschied nahm und sie küßte und streichelte. Bei ihrem nächsten Urlaub erzählte sie, sie habe ein Gespräch mit angehört, das sie weder einem

Brief, geschweige denn einem Telephon hätte anvertrauen können. Nun konnte sie endlich sprechen: Sie arbeitete im Krankenhaus allein in einem Zimmer neben dem Büro. Die Tür war angelehnt und sie hörte folgenden Wortwechsel zwischen der Frauenschaftsleiterin und dem Kreisleiter: »Die Gräfin Schwerin soll doch alle ihre Kinder ins Reich gebracht haben?« Frauenschaftsleiterin: »Das stimmt leider nicht ganz. Sie hat noch ein 6jähriges Schulkind und ein Baby von einigen Monaten bei sich.« Kreisleiter: »Geben Sie genau acht, wenn sie ihr Baby auch ins Reich schickt, stecken wir sie in eine Munitionsfabrik. Am besten nach Posen, wo am meisten Arbeitskräfte gebraucht werden.« Meine Anwesenheit als Gutsfrau, während mein Mann im Felde war, wurde überhaupt nicht diskutiert. Mir war nun klar, daß ich zwar Sternchen mit irgendeiner sich bietenden Gelegenheit nach Walsleben bringen könne, mich aber niemals von dem kleinen Eberhard trennen dürfe. Wie hätte ich der Familie von einer Munitionsfabrik aus helfen können?

Sternchen hingegen wurde mit ihrer kleinen Freundin, der jüngsten Tochter von Buschtöns, als die Sommerferien begannen und ihr Fernsein aus der Dorfschule keinen Anlaß zu irgendwelchen Fluchtverdächtigungen bot, über Pommern nach Walsleben gebracht. Kirchenrat Buschtöns hatte erstaunlicherweise eine Fahrgenehmigung durch ganz Deutschland. Er und seine Familie lebten seit der Zerstörung ihrer Wohnung in Berlin bei uns in Wildenhoff. Da sein Amt in Berlin war, gab man bereitwillig eine Genehmigung Berlin – Wildenhoff. Man war froh, wenn nach schweren Angriffen die Menschen einen guten Unterschlupf hatten, vor allem in ländlich-östlichen Gegenden.

Mitte August erreichte ich es, eine Fahrkarte durchgehend

bis Walsleben zu bekommen. In Stellvertretung meines Mannes sollte ich nach der Wirtschaft sehen und ihm berichten. Endlich konnte ich die Kinder wiedersehen! Ich entwöhnte den 8 Monate alten Eberhard nun vollständig und übergab ihn Gisela, die zu den Sommerferien aus dem Internat Heiligengrabe, nördlich von Walsleben an der Priegnitz gelegen, nach Wildenhoff gekommen war. Die Reise nach Ostpreußen wurde selbstverständlich genehmigt.

In meinem Abteil nach Berlin saß Dieter Dönhoff, Vetter meines Mannes, der mir die Ereignisse des 20. Juli zuraunte. Es hat tief auch in seine Familie gegriffen. Das Abteil war überfüllt, und ich ging auf den Gang und kam in ein Gespräch mit einem Mann mittleren Alters, einem Handwerker in Zivil. Mit beschwörenden Worten und flammenden Augen erklärte er mir, wie nötig es sei, das Attentat auf Hitler zu wiederholen. Woher dieses unwahrscheinliche Vertrauen? Ich hatte ihn doch nur kurz angeschaut und kein Wort gesagt. Vielleicht war es die Nachwirkung des Gespräches mit Dieter, daß wir einander als Gesinnungsgenossen erkannten. Unserer Umgebung nicht achtend, schob er mir Schriften über die Männer des 20. Juli und über die Möglichkeit einer Wiederholung des Attentates zu. Um uns besser verständigen zu können, setzte ich mich auf ein kleines Klappstühlchen, und er hockte vor mir, so daß kein anderer uns hören konnte. Dann preßte er die Schriften in den schmalen Spalt meines ein wenig geöffneten Köfferchens, und ich versprach ihm meine Hilfsbereitschaft.

Großer Begrüßungsjubel in Walsleben. Die zweijährige Christa war völlig verwirrt. »Kennst du Mutti noch?« »Ich kenne Mutti noch«, sagte sie immer wieder und dachte, ich sei ganz jemand anders. Was für Zeiten, die einen zwingen, sich seinen Kindern so zu entfremden! Das Zusammensein mußte jede Minute genutzt werden. Es waren kostbare Tage für mich. Der Sommer stand in seiner Reife, wir machten Badeausflüge zu Fuß oder mit dem Pferdewagen, und ich suchte engere Kontakte mit allen, die bereit waren, mir dieses unnormale Leben zu erleichtern, mit dem Hofmeister, der Lehrerin, dem Pfarrer.

Da kam eine Nachricht von Lori, die mich ungeheuer aufregte. Sie war in Niemegk in der Mark bei einem Bauernehepaar, das einen winzigen Hof besaß, vom Arbeitsdienst als einzige zuständige Kraft eingesetzt worden. Wir wollten uns sehen, – aber selbstverständlich war meine Reise nur für Wildenhoff – Walsleben gestattet worden und Niemegk lag weit mehr als 100 km von Walsleben entfernt! Ein ländlicher Bahnhof war das Ende der erlaubten 100-Kilometer-Reise. Also mußte ich aussteigen und eine neue Fahrkarte lösen. Es war ein kleiner Ort, wo jeder jeden kannte und das Vertrauen auf den Führer noch ungebrochen schien. Die beobachtenden Blicke an der Sperre waren ungemütlich. Ich hatte vorgesorgt! In meinem Köfferchen befand sich andere Kleidung mit Hut. Zigarettenasche, vorsichtig und hauchdünn aufgetragen, ändert das Gesicht ungemein. Völlig verwandelt verließ ich das Bahnhofsklo, machte noch einen Rundgang durch das kleine sonnige Städtchen und kam mit neuer Fahrkarte nun bis Niemegk durch beide Sperren. – An den Rückweg erinnere ich mich nicht mehr, er wird ähnlich gewesen sein. Unser Wiedersehen war innerlich aufwühlend und äußerlich fröhlich. So gab man sich damals.

Lori arbeitete auf dem Höfchen in größter Primitivität. – Mit Sense und Strohbinden wurde noch geerntet, es gab keine Maschine, alles war Handarbeit. – Ein Becher, ein Teller, ein Messer und ein Löffel für jeden waren das

Rüstzeug der Mahlzeiten. Schwere Arbeit bei freundlicher Behandlung! Das Bauernpaar äußerte sogar den Wunsch, Lori möge später die Schwiegertochter werden, wenn der einzige Sohn aus dem Felde nach Hause käme. Eingebunden in ihr ländliches Jahr waren diese Menschen ganz unpolitisch.

Zurück nach Wildenhoff! Dort stand eine ängstliche Gisela in der Haustüre! Eberhard war inzwischen krank geworden. Die Trennung von mir und die Nahrungsumstellung waren ihm nicht bekommen. Wimmernd und wund lag er in seinem Körbchen. Ich rief die Gemeindeschwester an: »Das ist eine ganz gefährliche Art der Ruhr«, sagte sie, »von Osten eingeschleppt. Machen Sie einmal folgende Probe: Ziehen Sie eine kleine Hautfalte mit zwei Fingern auf dem Bauch des Kleinen nach oben. Wenn die Falte stehen bleibt, ist keine Hoffnung mehr, dann ist das Kind bereits ausgetrocknet. Schnellstens Flüssigkeit zuführen, wenn es noch nicht zu spät ist!« Er nahm weder Flasche noch Löffel.

Mit dem nächsten Zug fuhren Gisela und ich mit ihm nach Königsberg, eine Fahrt bei stechender Hitze, wo der Kleine zusehends welker wurde. Otto war, schnell benachrichtigt, mit seinem Auto am Bahnhof. Wir rasten zur Kinderklinik. Beim Anblick des Professors wurden wir zuversichtlicher, denn er sagte: »Einer von vielen, aber das wird sich gleich ändern. Noch steckt genug Lebenskraft in ihm!« Er verschwand mit dem Kleinen. So etwas von Verwandlung ist unvorstellbar! Schon nach 20 Minuten durften wir ihn hinter der Scheibe sehen: ein rosig lächelndes Baby mit gerundeten Bäckchen. Er hatte mit einer Sonde eine beachtliche Menge Flüssigkeit durch die Nase direkt in den Magen bekommen und war aufgeblüht wie ein verdurstendes Alpenveilchen. Was für ein Mann, was für ein

Beruf, der in wenigen Minuten Angst in Seligkeit verwandeln konnte! Ich hätte niederknien können. Der Professor schien meine Gefühle gar nicht zu bemerken. Er blieb freundlich-sachlich und sehr entschieden, den Kleinen behalten zu müssen. So nahmen wir sein kleines Gepäck und den Kinderwagen mit zum Parkhotel, wo mein Mann wartete. Ich kam ihm strahlend an den Tisch der üblichen Offiziersrunde entgegen: »Er hat schon gelächelt«, sagte ich. Darauf Oskar v. Hindenburg: »Ob man das in 70 Jahren auch noch so strahlend sagen wird, wenn er ein alter, vielleicht müder Mann ist, – ob dann sein Lächeln noch solch eine Freude auslösen wird?«

Gisela fuhr nach Wildenhoff zurück. Ich blieb in Königsberg, um am nächsten Morgen bei dem Kleinen zu sein. Einem lebhaften Abendessen folgte eine grauenhafte Nacht. Kaum waren wir in unserem Zimmer im 1. Stock des Parkhotels, kam Alarm. Ich wollte in den Bunker des Hotels, Otto hingegen zu seiner Kommandantur. Wir waren bereits auf der Treppe des Parkhotels, als uns seine Ordonnanz mit der Nachricht entgegenkam, daß die Kommandantur einen Volltreffer abbekommen habe und ohne Löschversuche ausbrenne. Er selbst sei, gerade im Begriff zu meinem Mann zu kommen, um wenige Sekunden dem Tod entkommen.

Die Einschläge ließen ein wenig nach, so erreichten wir im Schutze der Nacht den außerhalb des Hotels gelegenen Keller. Alle Gäste und die Belegschaft des Hotels, die Bewohner der benachbarten Häuser, letzte Abendbummler, – alles drängte in den Bunker. Man hatte in Königsberg noch wenig Erfahrung mit Bombenangriffen, noch war Ostpreußen weitgehend davon verschont geblieben. Ich sah zum ersten Mal den bizarren Wechsel vom grellen Licht der Leuchtkugeln und tiefer Nacht. Der Bunker war zu klein! Jeder wollte einen Sitzplatz haben! Noch gab es keine Bunkerkameradschaft, wie sie in Berlin und den Städten des Westens bekannt geworden war. Die Bomben schlugen nun wieder stärker ein mit dumpfem Nachrollen; dann folgten hohe, feine Töne und ein scharfes Zischen. Manche Menschen wollten aus dem Bunker heraus. Er war geschlossen. Hysterische Schreie und gutes Zureden wechselten ab. Mit einem Mal bekam Otto die ganze zusammengewürfelte Gesellschaft in den Griff. Er betonte – natürlich wider besseres Wissen – die Gefahrlosigkeit unserer Situation in einem solchen Bunker. Ich habe ihn bewundert und auch die eingebauten Witze mit genossen, die ihm so leicht von den Lippen gingen. Er brachte die Menschen so weit, daß sie sich ablenken ließen und sich damit in das Unvermeidliche fügten. Endlich – Entwarnung!

Wir stiegen die Stufen hinauf und glaubten den Schein des anbrechenden Tages zu sehen. Das Gefühl für Zeit war verloren gegangen, und was wir für Licht gehalten hatten, waren Flammen in nächster Umgebung. Die sich dahinter ballenden Rauchwolken verbargen das Ausmaß des Angriffes. Die Königshalle loderte in grellem Feuer, das Parkhotel hingegen, wenige Meter davon entfernt, zeigte eine Galerie verkohlter Fensterrahmen. Hier mußte gelöscht worden sein, denn die beiden untersten Stockwerke waren verschont geblieben. Nun erhob sich ein starker Sturm. Wir liefen über allerlei hingeworfene Gegenstände hinweg, über Koffer und Kartons und ein großer, aufgeschlitzter Zuckersack, – welche Kostbarkeit! – glänzte weiß auf im Feuerschein.

Mein Mann wollte sofort zur Kinderklinik. Ich ging nicht mit, weil wir beschlossen hatten, uns nie gemeinsam einer Gefahr auszusetzen. So begleitete ihn der gute Hinden-

burg. Alle anderen zerstreuten sich. Es folgten Stunden des Wartens in unserem Zimmer, die qualvoller waren als die Bunkersituation, obgleich ich nicht allein war. Wulf v. d. Borch, ein Freund von uns, der zufällig in Königsberg war auf dem Wege zur Front, war bei mir. Wir saßen im Dunkeln am Fenster, sahen auf den Schloßteich, auf die ziehenden Rauchschwaden und auf das gegenüberliegende, verschont gebliebene Ufer. Dort erhob sich das hohe Dach der Stadthalle mit dem Dachreiter. Da, ein winziges Fünkchen auf der obersten Spitze! Es wuchs schnell zur Größe eines brennenden Kaminholzscheites, es dehnte sich und bald züngelten gelbrote Flammen um die kleine Turmrundung. Das Feuer umfing den großen Bau, kein Mensch war sichtbar, kein Alarm hörbar und so sahen wir, – selbst unfähig und tatenlos, – wie das Gebäude zur Feuersäule wuchs und funkensprühend zusammenstürzte. Die Stunden verstrichen, der Morgen dämmerte spät, denn die Sonne drang nur langsam durch die Qualmwolken. Da kam mein Mann! Endlich! Er strahlte schon von Ferne Erleichterung aus. Er und Hindenburg hatten weite Umwege machen müssen, um brennende Straßen herum, fanden schließlich die Kinderklinik verschont und alle Kinder wohlverwahrt im nahen Bunker.
Es war Sonntag, und ich machte mich nun selbst auf den Weg zum Kleinen. Ich ging an der Tragheimer Kirche vorbei und freute mich an dem schönen Bau mit dem schlanken Turm. Da brach die Sonne durch! Gottesdienstzeit! »Allein Gott in der Höh sei Ehr!« hörte ich im Vorübergehen. Ein Dankgesang von den Geretteten für diesen verschont gebliebenen Stadtteil. Ich hätte hineingehen und mitdanken sollen, aber ich stürmte weiter zu dem Kind und fand es friedlich schlafend noch immer im Bunker, denn die Fenster der Klinik waren zertrümmert. – Nein,

ich durfte Eberhard noch nicht mitnehmen. Der Professor sagte, seine Krankheit sei gefährlicher als die Angriffe. Ich fügte mich.
Ich wollte nun nach Wildenhoff, denn es gab für mich in Königsberg nichts mehr zu tun. Die Kommandantur war inzwischen in einem anderen Gebäude untergebracht worden. Ich fand Otto in der wüsten Unordnung des Neueinrichtens und in Ratlosigkeit. Das meiste war ja beim ersten Volltreffer verbrannt. »Ich möchte nach Hause«, sagte ich. Zögern! Er zögerte immer, wenn ich fort wollte. »Du wirst keinen Platz im Zug finden«, meinte er.
Wir wetteten. Sollte ich einen Platz finden, wollte er mich ziehen lassen. Ich bekam einen Fensterplatz erster Klasse, und er gab sich geschlagen.
Zu Hause fand ich meine Eltern vor. Sie waren zu ihrer sommerlichen Tätigkeit im Saatzuchtbetrieb nach Wildenhoff gekommen. Gisela schlief noch. Ich war wortkarg und starrte in das Licht der Schreibtischlampe. »Bitte kein Gespräch mehr heute abend. Morgen werde ich erzählen!« Alles in mir war noch aufgewühlt: Die durchreiste Nacht von Walsleben nach Wildenhoff, die durchwachte Nacht mit dem kranken Kind, – die Bombennacht – ich versank in bleiernen Schlaf. Letztes Empfinden war Dank und Erleichterung.
Nach einer Stunde etwa wachte ich auf und hatte das Gefühl einer lautlosen menschlichen Nähe. Es war Mutter. Schon lange hatte sie so gestanden, nicht gewagt, mich zu wecken. »Möchtest du mal zum Fenster hinausschauen?« sagte sie. Ich sah in die Richtung von Königsberg. Über die 65 km Entfernung stand ein rotglühendes Gewölbe über der Stadt. Königsberg brannte. Wir waren versteinert! Da klingelte das Telephon. Es war der Kreisleiter: »Veranlassen Sie sofort, daß alle Gespanne von Ihrem

Gut und von den Vorwerken mit Leiterwagen nach Königsberg fahren. Die ganze Stadt wird vernichtet, der Angriff ist schwerer als die Nacht zuvor. Die Menschen drängen über die Vororte aus der Stadt heraus. Treffen Sie Vorbereitungen zur Aufnahme vieler Familien auf Ihrem Gut. Selbstverständlich dürfen nur Männer in SA-Uniform eingesetzt werden!« In Wildenhoff gab es nur eine einzige SA-Uniform, und die gehörte dem Dorfschullehrer.

In der Gutsverwaltung war niemand, der auf meinen Telephonanruf antwortete. So ging ich hinüber zu Rungk und weckte ihn. Wir saßen uns am Schreibtisch gegenüber. Ich sehe noch sein übermüdetes Gesicht. Es war ja Körnererntezeit, und er war Traktorfahrer, Gutsleiter und Sekretär in einer Person, seit wenige Wochen zuvor alle irgendwie abkömmlichen Männer eingezogen worden waren. Wir besprachen nun den Einsatz der Gespanne und inwieweit man alte Männer und die Jungen der letzten Schulklasse einsetzen könne. Ob die Ernte ganz gestoppt werden sollte? Oder ob Frauen hinzugezogen werden sollten?

Da glitt meine Hand wie zufällig über den Telephonapparat. Ich nannte bei der Vermittlung die Nummer der Kinderklinik ohne jede Hoffnung auf Antwort. Doch da, – eine Frauenstimme! Es war die Schwester, der ich wenige Stunden vorher Eberhard auf den Arm gegeben hatte. »Ach Frau Gräfin, wo sind Sie denn? Hier ist alles, – –« ein Knacken, kein Wort mehr, aber dieses »alles« war so positiv und zuversichtlich im Klang, daß ich das weitere Wort »in Ordnung« selber hinzufügen konnte. Rungk und ich wurden nun kühner und wählten die Privatnummer des Kommandanten von Köngisberg, General Hühner, denn die Nummer der neu eingerichteten Kommandantur wäre wohl kaum zu ermitteln gewesen. Aber der Apparat

blieb still und ebenso, was noch beunruhigender war, die Vermittlung. Das längst eingeschaltete Radio meldete nun, daß nicht russische, sondern englische Flieger Königsberg vernichteten.
An dieser Stelle möchte ich 15 Jahre vorausgreifen auf den Sommer 1959, um einen Augenzeugen dieser Nacht, den Pensionsvater einer meiner Söhne, Dr. Krämer, berichten zu lassen. Er war damals, von der Front kommend, bei seiner Frau und Tochter auf Urlaub. Er erzählte: »In der wahnsinnigen Hitze des Angriffes stürzten die Menschen zum Schloßteich, dem großen Wasser im Herzen der Stadt. Der Rand des Teiches war gesäumt mit großen und kleinen Kähnen für alle Arten des Wasservergnügens. In dieser Nacht prügelten sich die Menschen um einen Kahn oder wenigstens um einen Platz darauf in dem Wahne, auf dem Wasser Rettung zu finden. Nur fort vom heißen Ufer auf den Teich hinaus! Aber durch den gewaltigen Sog, den das Feuer auslöste, entstand ein Sturm, der gerade die Mitte des Schloßteiches aufpeitschte, so daß die Wellen stiegen, dann brachen und die Kähne wie Nußschalen unter sich begruben. Sobald ein Kahn mit dem Kiel nach oben sich wieder hob, stürzten die Menschen auf das ersehnte Holz, einer den anderen mit unglaublicher Kraft verdrängend. Schlimmer noch war das Drama auf den noch nicht gekenterten Booten, die überladen von Wellenberg zu Wellental schlingerten und versuchten, dem Sog zu entkommen. Ertrinkende faßten den Bootsrand, aber die Insassen verteidigten sich mit Schlägen auf die sich anklammernden Hände, bis diese nachgaben. Dann aber schlug der Kahn nach der anderen Seite aus, weil auch dort Menschen hingen. Ich sah auch Menschen, die sich im Wasser umarmten und so gemeinsam in die Tiefe sanken!«
»Ich habe auch so einen Kahn verteidigt«, fuhr Krämer

fort, »meine Familie ist gerettet und noch einige andere Menschen, – aber nie vergißt man das Gesicht eines Ertrinkenden, wenn man selbst noch aufrecht steht und ein Ruder in der Hand hat. Eine nie gekannte Wut steigt gegen jeden Fremden hoch und dann ein bleiernes Erschrecken über den Untergehenden. Für die Seinen kann man mehr tun, als für sich selbst; sprungbereit und gespannt ist man zum Einsatz für einen geliebten Menschen.«
Zurück zum Morgen des 29. August. – Unsere Pläne waren gefaßt. – Rungk wollte die Gespannführer auf den Weg nach Königsberg bringen und die Ernte einstellen. Ich ging in unser Haus zurück, tappte unter den hohen Ahornbäumen entlang, bis der helle Schein am Horizont mich die Trostlosigkeit und die Angst dieser Nacht wieder spüren ließ. Telephon! Es war der Nachbar Bolschwing, der aus Königsberg anrief. Mit tonloser, rauher Stimme sagte er, daß mein Mann und er verletzt seien. Niemand sei auf diesen zweiten Angriff vorbereitet gewesen. Mit Sektkübeln hätten sie im Parkhotel das Wasser herangeschafft, um das Erdgeschoß und die unversehrte erste Etage des schon so verwüsteten Gebäudes noch zu retten. Stunde um Stunde hätten sie Wasser in den Fahrstuhlschacht gekippt. Es war gelungen. »Bekommen Sie keinen Schrecken, wenn Sie Ihren Mann sehen«, sagte er abschließend.
Einige Wochen vor diesen Schreckensnächten hatten wir im Wald nach Köhlerart einen Holzkohlenmeiler gebaut, kunstvoll aus Ziegeln gerundet mit Gängen und Abzug. Alles wurde mit Erde bedeckt und dann wurde gefeuert und »gemeilert«. Was die ostpreußischen Landmenschen nicht alles konnten! Die schönste, speckig glänzende, schwarze Holzkohle war entstanden und diente nun zu Antrieb und Speisung eines winzigen, zusammengebastel-

ten Autos mit Holzgasgenerator. Noch war es nicht ausprobiert, an diesem Morgen sollte es sich unter Beweis stellen. Ich weckte Gisela, sie sollte mitkommen. Alle Anstrengungen und Erlebnisse, die ich ihren 14 Jahren zumutete, ließen sie schwer wach werden. Das übliche Frühstück: Tee, Backofenbrot und Kochkäse. – Ich sah zum Himmel: Was waren das für merkwürdig schwankende, seltsame Vögel, taumelnd und ungelenk mit großen schwarzen Flügeln? Dazwischen kleine Mitflieger von derselben schaukelnden Leichtigkeit, die sich seltsam richtungslos dem kleinsten Luftzug hingaben! Einige sanken auf den Rasen, und ich begriff: Es waren Papierfetzen aus Königsberg, die mir das Ausmaß der Katastrophe klarmachten.
Die merkwürdige Autokonstruktion von der Größe etwa des kleinsten Fiat setzte sich schwerfällig tuckernd in Bewegung. Gisela und ich hatten uns mit Lebensmitteln, Decken und Wasser versehen. Rungk chauffierte. Bald erreichten wir 60 km/h. Je näher wir Königsberg kamen, um so milchiger wurde die Luft, und die Sonne verlor ihren Schein. Die schwarzen Fetzen verdichteten sich nun zu kleinen eiligen Wolken. Schweres Fahren durch eine solche Sicht! Kein Wort wurde gesprochen. Graugelbe Riesenblasen bewegten sich auf und ab über der Stadt und verdeckten den gewohnten Anblick. Nur eine einzige feine Spitze, wahrscheinlich der Turm der Haberberger Kirche, hatte sich durch den Dunst gebohrt und wies uns die Richtung zum Bahnhof. Bald waren wir selbst inmitten der Rauchschwaden.
Der Bahnhof stand noch. Hier ließen wir das Auto zurück und nahmen nur Tücher und eine Kanne Wasser mit. Zu Fuß ging es nun in die Stadt. Wind kam auf, und zwischen den dünner werdenden Dunstschleiern sahen wir, daß das Wort »Stadt« keine Berechtigung mehr hatte. Rechts und

links schwelende Ruinen, teils höher, teils niedriger gezackte Mauerreste, eine Stadt ohne Dächer, – wie war es möglich, hier noch Leben zu finden? Im starren Schauen empfanden wir beißenden Schmerz, nicht nur in den Augen, sondern auch im Gesicht und an den Händen. Aber wir mußten ja vorwärts. Wie gut war der Wasservorrat! Mit nassen Tüchern kühlten wir uns und blinzelten voran, dem Zentrum zu. Wir trafen keinen Menschen. Aufglimmende Asche gefährdete jeden Schritt, genauso, wie die Steinmassen, die sich noch nicht gesetzt hatten. Hand in Hand kämpften wir uns durch. Das Stadthotel, das ich gut gekannt hatte, war ein flacher, gelb schwelender Haufen. Als wir mit unsicheren Schritten einen Weg durch dieses Inferno suchten, wußten wir noch nicht, daß hier mehr als 40 Menschen den Tod gefunden hatten.
Hin zur Kinderklinik im Volksgarten. Vorbei an der Kirche, in der 24 Stunden vorher Gott gedankt worden war mit dem starken Gemeindegesang. Nun standen nur noch die Außenmauern, und der schlanke Turm mit der Barockhaube war vor die Eingangspforte gestürzt. Die Hitze stieg mit der Höhe des Tages. Schließlich aber nahm uns die Kühle des Volksgartens mit den hohen Bäumen auf. Nun kam die Angst! Ich hatte ja als einziges Pfand der Hoffnung nur die Stimme der Schwester im Ohr: »Hier ist alles« – und dann war das Gespräch abgebrochen! Und dieses »alles« war doch *während* des Angriffes gesprochen worden. Konnte nicht jetzt auch bei mir das Schicksal zuschlagen, wie bei den Tausenden von Menschen, die in dieser Nacht ihre Liebsten verloren hatten? In meiner Panik erkannte ich nun das Gelände nicht mehr, alles verwirrte sich, nur der Gedanke blieb klar: Du wirst ein Opfer bringen müssen,

so wie alle anderen, – – da standen wir durch die sichere Führung von Rungk vor einer Notunterkunft und darin alle geretteten Kinder.
Der Professor wollte Eberhard noch behalten. Ich aber wollte mich nicht mehr von ihm trennen. Sein kleines Gesicht sah trübe aus in dem Anstaltskittelchen. Wir suchten seinen Wagen und seine gesamte Kleidung, die wir vor dem Angriff im Parkhotel zurückgelassen hatten. Der Weg dorthin war weniger heiß, aber der Wind ließ immer wieder kleine Brandherde aufzüngeln. Auch im Parkhotel fanden wir keinen Menschen, der uns weiterhelfen konnte. Mein Blick ging auf den Schloßteich. Auf einem kleinen Vorsprung, einer winzigen Halbinsel, stand unter einer zerzausten Erle der Wagen und alles, was der kleine Mann besaß. Es rührte mich, daß in einer brennenden Stadt, wo die Gelegenheit zu Diebstahl sich geradezu anbietet, jemand in verborgener Bescheidenheit so für uns gesorgt hatte. Es hat oft Gelegenheiten in meinem Leben gegeben, wo ich mich nicht bedanken konnte, diese sollte nicht die letzte sein.
Wie wir uns den Weg zu Otto gebahnt haben, weiß ich nicht mehr. Ich sehe ihn noch vor mir mit geschwollenem Gesicht und um Jahre gealtert. Auch weiß ich nicht mehr, wie wir mit dem Kinderwagen zur Klinik und dann zur Bahn gekommen sind. Wir banden den Wagen auf das Autodach und fuhren nach Hause. Eberhard lag schlafend in meinem Schoß. Dieser Rückweg war wie eine Vorausschau kommender Straßenerlebnisse, besser gesagt – Fluchterlebnisse. Die am Vormittag stille Chaussee war nun verstopft mit Fuhrwerken, – solchen, die die Stadt verließen, hochbepackt mit Hausrat, und solchen, die uns noch leer entgegenkamen. Im Vorüberfahren erkannten wir eines unserer Gespanne, übermüdete Pferde mit hän-

genden Köpfen. In Wildenhoff kamen uns die Eltern hastig auf der Terrasse entgegen. Mutter weinte. Sie konnte es kaum fassen, daß wir schon da waren. In mir war dann immer eine kleine Trotzreaktion, alles zu bagatellisieren.
Am nächsten Abend schon füllte sich das ganze Haus. Vorausgegangen war ein gewaltiges Räumen, wie bei einem großen Umzug. Unnütze und kostbare Möbel verschwanden unter dem Dach. Wohl nie war der große Boden so ausgenützt worden. Kleine Kohleherde wurden in die Zimmer gestellt und die Rohre mit dem Rauchabzug durch ein Loch in dem zunächst liegenden Fenster ins Freie geleitet. Es kamen alte Ehepaare, Witwen mit Kindern und Einzelpersonen, die sich am schwersten in ihr Schicksal fügten. Manche hatten etwas eigenen Hausrat mitgebracht, und die Betten wirkten seltsam klein in den hohen Räumen. Bald zog Gemütlichkeit ein. Die Kinder erfüllten das Haus mit Versteckspiel und Jagen und genossen, wie immer, den Ausnahmezustand. Das Gutsbüro floß über vor Arbeit, denn alle wurden angemeldet und auf unbestimmte Zeit in unser Kartensystem eingegliedert. Der große Tauschhandel begann. Die Städter brachten Kaffee und Zigaretten, wir hingegen sorgten durch das Wild für manche Fleischmahlzeit.
Gisela war wieder im Internat Heiligengrabe. Um Eberhard konnte ich mich kaum kümmern, nur seine Mahlzeiten bereitete ich mit ängstlicher Sorgfalt. Sonst wurde er betreut von Flüchtlingsmüttern und wanderte von einem Schoß zum anderen. Ich glaube aber, daß die zärtliche Zuwendung seiner ganzen Umgebung viel zu seiner schnellen Genesung beigetragen hat. Nachts waren wir beisammen. Er schlief in einer alten Mahagoniwiege neben meinem Bett, eine entzückende, den ganzen Tag über ersehnte Zweisamkeit. –

Die Küche war der Hauptraum der Betriebsamkeit. Sie lag in den Kellerräumen, die noch aus der Ordenszeit stammten. Die schmalen, ochsenäugigen Fenster waren so in die Gewölbe eingebaut, daß sie oben mit der Decke abschlossen. Runde, unbehauene Feldsteine, unregelmäßig in der Größe und Form, bildeten die Wände, bald sich vorwölbend, bald zurücktretend. Jedes Jahr wurden sie einmal gekalkt, sonst bedurften sie keiner Pflege. – In der Mitte stand der riesige Herd, von allen Seiten zugänglich. In einem großen Eisenreservoir bewahrte er immer heißes, fast kochendes Wasser. Die Herdplatte bestand aus einem Ringsystem verschiedener Weiten, und je nach der Größe der Töpfe oder Pfannen wurden mehr oder weniger Ringe mit einem Eisenhaken herausgenommen. Das Feuer brannte den ganzen Tag und wurde abends mit Asche bedeckt, um am nächsten Morgen nach Abstreifen der Asche wieder weiter zu flackern.
Einige Familien hatten keinen Zimmerherd und kochten an diesem großen Herd unter dem Zepter von unserem »Tinchen«, der Wirtin, wie man die Küchenleitung nannte. Sie besaß in sanfter Art das Talent der Menschenbehandlung, sie überarbeitete sich nie, machte lange Mittagspausen, legte abends Karten für alle und jeden – auch für mich – rauchte gern und verlor auch bei den wichtigsten Diners niemals die Nerven. Ihr vierköpfiges Küchenpersonal hing mit Hingabe an ihr. Sie war ein Meister des Verteilens von Arbeit und Ruhe. Ich, die ich mich leicht übernehme, habe viel von ihr gelernt.
Es waren wohl 80 Menschen, die sich bei uns zurechtfinden mußten. Viele von ihnen fuhren den Tag über nach Königsberg, um in Asche und Trümmern in ihren versunkenen Häusern zu graben. Und doch, wie selten hörte man klagen, wie nahmen sie alles so gelassen hin, – ihre

schrecklichen Schicksale. Eines davon ist mir in besonderer Erinnerung. Wir hatten einen Steuerhelfer namens Conder, ein fleißiger, bescheidener Mann. Er kam alle drei Wochen für einige Tage, um die anstehenden Steuererklärungen vorzubereiten. Er gehörte zum Betrieb wie der Milchkontrolleur und der Trichinenbeschauer, nicht im täglichen Verkehr, aber vertraut mit uns allen. Nach den Bombennächten lernte ich auch seine Frau kennen, die nach dem Verlust ihrer Königsberger Wohnung nun sein kleines Bürostübchen bei uns mit ihm teilte. Das Ehepaar hatte ein einziges Kind, einen Sohn von 21 Jahren an der Ostfront. Frau Conder war wieder einmal zum Buddeln nach Königsberg gefahren, als die Meldung kam, daß er gefallen sei. Rungk war nicht bereit, Conder die Nachricht zu überbringen. So wurde mein Vater, der ihn gut kannte, damit betraut. Der stille Mann saß über seiner Arbeit am schwach erleuchteten Schreibtisch gebeugt. Als er das Vernichtende vernommen hatte, stand er auf, drückte meinem Vater die Hand, machte eine Verbeugung und setzte sich wieder an seine Steuerformulare. Vater und ich gingen abends noch in den Park und sahen durch die dünnen Gardinen seine eifrigen Bewegungen des Schreibens.
Ich glaube, bei vielen war schon die Lebenskraft erloschen, sie reagierten weder auf Freude noch auf Kummer. Dieses »Nicht-mehr-Reagieren« habe ich damals öfter erlebt. Auf einer meiner U-Bahn-Fahrten durch das verdunkelte Berlin sprach ich mit einer alten Dame, die mir sagte: »Es scheint der Sinn unseres Lebens zu sein, daß man gar nicht mehr fühlt. Auch keine Angst mehr, vielleicht physischen Schmerz. Wir sterben dem Leben nach, das uns längst verlassen hat.« Wie lebte ich wohl, neben all diesem Leid? Ich versuchte zu helfen, wo ich konnte,

aber trotz der gefallenen Brüder war ich nicht bis auf den Grund getroffen.
Im September wurde mein Mann mit seinem Festungsinfanteriebataillon an die Front versetzt. Zu den Wochenenden kam er nun nicht mehr nach Hause.
Die Eltern waren auf einen anderen Zuchtbetrieb gefahren. So war ich mit Eberhard ganz allein. An einem Sonnabend kam ein mir fremder Mann durch die Haustür, die nie verschlossen war, ins Treppenhaus. Ich war gerade von oben kommend auf der letzten Stufe, da sagte er ohne Begrüßung: »Ich wünsche den Grafen zu sprechen!« »Mein Mann ist an der Front.« Er: »Das wundert mich sehr, denn es wird von ihm gesagt, daß er es sich an den Wochenenden in seinem schönen Schloß recht angenehm macht.« Mir wurde ungemütlich. Wir gingen ins Wohnzimmer, und ich bot ihm, teils aus Gewohnheit, teils aber auch in ängstlicher Unterwürfigkeit, eine Tasse Tee an. Er dankte, wendete sein Revers, und ich las »Gestapo«. So erklärte sich die karge Begrüßung und die abfällige Bemerkung. »Da Ihr Mann nicht zu Hause ist, muß ich Sie auffordern, an seiner Stelle in dem Gebäude der Gestapo in Königsberg am Montag früh um 8 Uhr zu erscheinen.« »Ich habe ein kleines Kind, das nur von mir versorgt wird!« »Das ist nicht meine Angelegenheit. Heil Hitler!« Er entschwand.
Merkwürdigerweise war ich nicht so unruhig, wie es dem Anlaß entsprochen hätte. Ich machte mir nur Gedanken, wer Eberhard mit komplizierten Mahlzeiten versorgen könne. Doch hoffte ich, am Montag abend spätestens wieder zu Hause zu sein. Im Einschlafen sah ich plötzlich die Holzwände des D-Zugganges vor mir, wo ich mit dem fremden Mann über den Blättern des 20. Juli gehockt hatte. Hatte ich ihm nicht meine Anschrift gegeben? Aber

bald verwarf ich jeden Verdacht und rief mir sein tiefernstes Gesicht in die Erinnerung zurück. Der Sonntag erschien mir lang. Es war bekannt, daß man immer am Sonnabend zur Gestapo bestellt wurde, um sich den Sonntag über durchzuzittern. Nur Albertchen vertraute ich mich an. Er war wortkarg. Er murmelte mit abgewandtem Gesicht: »Das kann lange dauern.« Eberhard hatte ich ohne Kommentar Mariechen, dem Hausmädchen, übergeben. Sie wunderte sich, was ich in der zerstörten Stadt zu tun hatte.

Der frühe Morgenzug war überfüllt. Alles Königsberger, die aus den verschiedenen Dörfern, Kleinstädten und Gütern kommend in ihre Heimatstadt fuhren, um dort in den Resten ihrer zerstörten Häuser zu graben. Eine stille, traurige Zuggemeinschaft! Dazwischen ein junger Urlauber: »Na, nu regt euch man nich so uff, det sin wa doch unserm Führer schuldig, die paar Klamotten! Dafür jehört uns nu och bald janz Europa!« Eisiges Schweigen. Neben mir saß der Besitzer der größten Samenfirma aus Königsberg. Er wohnte auch in unserm Haus, nachdem von seinen 23 Geschäften, die über die ganze große Stadt verstreut waren, nicht ein einziges die beiden Angriffe überstanden hatte. Tastend kamen wir ins Gespräch, bis ich ihm offen gestand, daß ich zur Gestapo bestellt sei. Er bekam einen entsetzten Ausdruck, und ich war gerührt, daß er bei so viel eigenem Kummer Anteil nahm an meinen Problemen. –

Warum war ich so zuversichtlich? Ich fühlte mich unter Schutzflügeln. Otto war, wie er mir versichert hatte, an noch ungefährdeter Stelle, alle Kinder in guter Entwicklung und gesund, die schönen Besitze in blühendem Zustand, ich war dankbar, – und irgend etwas trennte mich vom Zeitgeschehen. –

Das Gebäude der Gestapo lag in einem unversehrt gebliebenen Stadtteil. Auch das nahmen manche NS-Fanatiker als höheren Schutz, genauso wie die Unversehrtheit von Hitler am 20. Juli. Ich wurde in ein kleines kahles Zimmer gewiesen. An der Schreibmaschine saß der Mann, der mich in Wildenhoff aufgesucht hatte; drei einfache Stühle und bis auf einen Tisch keine weiteren Möbel. An der Wand das finstere Hitlerbild. In der Ecke nahe der Tür stand ein Soldat, nicht in SA-Uniform, sondern in Feldgrau, ein Gewehr an seiner Seite. Anscheinend mußte er in stehender Stellung verharren. Der Ton, mit dem ich angeredet wurde, war ungewöhnlich. Immerhin wurde ich aufgefordert, mich an den Tisch zu setzen. Als ich meine Hände auf die Kante legte, wurde ich angeschrien: »Hände vom Tisch, setzen Sie sich gerade hin, Beine nicht übereinanderschlagen!«
Nach dieser wenig ermutigenden Einführung begann das Verhör, über Namen, Daten, Wohnorte und Berufe in meiner Verwandtschaft. Da wir eine weitverzweigte, kinderreiche Familie sind und der Beamte immerfort dazwischenfragte, dauerte mein Bericht lange. Bei der Erwähnung irgendeines Titels oder Ranges, die ich nicht unterdrückte, meinte er: »Die Abstammung ist bemerkenswert, das erklärt vieles.« Die Tatsache, daß Hauslehrer uns unterrichtet und Französinnen in meinem Elternhaus uns erzogen hatten, ließ ihn spöttisch auflachen. Hingegen schwieg er still, als ich erwähnte, daß von den 6 Brüdern und Schwägern meines Vaters nur drei aus dem Ersten Weltkrieg wieder nach Hause gekommen, und daß zwei meiner Brüder in diesem Kriege gefallen seien. Als wir schließlich bei meinen Kinderjahren in Düsseldorf ankamen, waren fast zwei Stunden vergangen. Worauf wollte er hinaus? Da platzte er ziemlich unvermittelt in meinen

Bericht: »Am 22. Juli haben Sie einer Bekannten gesagt, es sei höchste Zeit, aus Ostpreußen herauszukommen, der Krieg sei ohnehin verloren. Das ist Wehrkraftzersetzung. Sie kennen die Strafen!« Ich war sprachlos. Er ließ mir Zeit. Da tauchte die zarte Gestalt einer Bekannten in meiner Erinnerung auf. Ihr Mann war als Flieger gefallen. Es war das Ende einer sehr glücklichen Ehe. Sie lebte erst seit ihr Mann dorthin stationiert worden war, mit ihren drei Kindern in Königsberg. An Ostpreußen band sie nichts. Selbst früh verwaist, war sie bei Verwandten in Pommern aufgewachsen, wo sie sich völlig beheimatet fühlte. Sie suchte meinen Rat über ihre Zukunft. Wir trafen uns an einem großen, runden Tisch im Parkhotel in Königsberg. Später erfuhr ich, daß unter dem Rand dieses Tisches winzige Abhörgeräte eingebaut waren. Ich riet ihr, so schnell wie möglich mit ihren Kindern zu ihren Verwandten nach Pommern zu gehen. »Nichts wie fort ins Reich«, hörte ich mich noch sagen. Sie sah mich dankbar an. Sie gehörte ebenso wie ihr Mann zu den enttäuschten, ehemaligen Nationalsozialisten. Nun litt sie nicht nur unter seinem Tod, sondern auch der Irrtum hatte sie traurig und mutlos gemacht.

»Heim ins Reich, fort aus der hiesigen Gefahr.« Ich gab meinem Verhörer zu, diesen Ratschlag erteilt zu haben. Vor allem aber mußte ich verschleiern, daß ich nicht an den Endsieg glaubte. »Die Anregung, die ich Frau X gab, ist doch nicht die Entscheidung, die ich für mich selbst treffen würde«, sagte ich. »Ich bitte Sie, doch hier genau zu unterscheiden! Eine Frau mit drei kleinen Kindern ist störend für jede Art des Kriegseinsatzes.« Das Wort Kriegs- oder Kampf*gebiet* wurde peinlich vermieden. So fuhr ich fort: »Jeder Meter gehört hier dem Vormarsch, wie wir es gerade von den nordöstlichen Gebieten um Heydekrug erlebt haben, die ja zurückerobert wurden. Wenn Ihnen dieses Gespräch übermittelt worden ist, muß doch auch hier bemerkt worden sein, daß ich nie daran gedacht habe, mich z. B. auf unser Gut nach Mitteldeutschland zurückzuziehen. Jeder auf seinen Platz: Ich gehöre, da mein Mann im Felde steht, hier auf unser Gut in seiner Vertretung, Frau X hingegen mit ihren kleinen Kindern in ihre ländliche Heimat nach Pommern, heraus aus dem Stadtgebiet. Was für sie gilt, gilt nicht für mich.«

Er notierte schweigend, und ich zermarterte mich um die zweite Frage. »Sie haben gesagt, das heutige Offizierskorps tauge nichts. Das ist wieder Wehrkraftzersetzung.« Diesmal brüllte er den Satz heraus. Wann und wo? Er half mir tatsächlich weiter: »Eine von Ihren Gutsarbeiterinnen hat ihren Sohn in dem großen Kessel um Smolensk verloren. Es ging das Gerücht, die Offiziere seien Schuld an dem mißglückten Durchbruch.« Jetzt stand mir die Situation wieder vor Augen. Es handelte sich um die Frau unseres Stellmachers, die völlig zusammengebrochen war, weil ihr einziger Sohn in der großen Schlacht um Smolensk als vermißt gemeldet worden war. Bei meinem Besuch in ihrer Wohnung stöhnte sie immer wieder: »Alles Verrat der Offiziere!« Es klang ziemlich wirr, so wie ein Mensch in höchstem Aufgebrachtsein reagiert. So weit meine Erinnerung. Nun aber mein Verhörer: »Und daraufhin haben Sie gesagt: »Liebe Frau Tablack, das kann man nicht über alle Offiziere sagen. Ich bin die Frau und Tochter von Offizieren. Aber die heutigen, da mögen Sie recht haben, die taugen oft nichts!«

Diese meine Äußerung hatte hurtige Beine bekommen. Im sommerlichen Gutsgarten waren die Wildenhöffer Frauen beim Himbeerernten für die Lazarette beschäftigt. Da wurde meine Meinung ausgetauscht und ich, mitpflükkend, hatte dem nicht widersprochen. Eine der Frauen diente beim Dorfschullehrer, dessen Neffe, ein Spitzel, dort gerade zu Gast war. Nichts konnte für den jungen Mann willkommener und vielleicht fördernder sein, als diese Ansicht einer Gutsfrau adeligen Namens weiterzugeben. Er meldete dies nach Königsberg an die Gestapo. Alle diese Zwischenträgereien und Klatschereien sind uns später vom Dorfschullehrer selbst und von den Frauen berichtet worden, mit entsprechenden Entschuldigungen, verzagtem Achselzucken, ja sogar mit Tränen.

Zurück zum Gestaposchreibtisch. Eine ganz verzwickte Situation! Diffamierung des Offizierskorps, tatsächlich Wehrkraftzersetzung an empfindlichster Stelle; Gott, gib mir einen Ausweg! Kein Stoßseufzer, nein, ein echter, hilfesuchender Schrei. – Mir war übel vor Angst, ich muß es gestehen. »Erlauben Sie, daß ich zu dieser Anklage mit einigen Sätzen Stellung nehme. Meine Achtung vor jedem Soldaten steht außer Zweifel, gleich welchen Ranges. Ich schäme mich fast, das betonen zu müssen. Mein Mann ist freiwillig im Felde. Nein, es ist ein ganz anderer Gedanke, den ich mit meiner Meinung ausdrücken wollte. Das wurde von den Frauen mißgedeutet. *Sie* aber werden das gewiß verstehen. (Wie erniedrigte ich mich mit diesem vertraulichen Bezug auf seine Person.) Der Krieg braucht, je länger er dauert, um so mehr junge Männer als Offiziere, die, schnell ausgewählt und kurz ausgebildet, dann als Ansporn rasch befördert werden müssen, um dem riesigen Offiziersbedarf nachzukommen. Ein großes Offizierskorps aber kann niemals die Klasse einer kleinen Elite haben, einer Elite, die sorgfältig gewählt und individuell erzogen worden ist. Ungeeignete werden in der kleinen Zahl schneller erkannt. Qualität kann sich bilden. Denken Sie doch nur an unser 100000-Mann-Heer, dessen Wert Hitler selbst lobend herausgestellt hat. (Keine Ahnung, ob er das je getan hat!) Nein, meine Worte müssen Sie ganz anders einordnen. Nie kann eine große Masse den Rang einer kleinen Elite haben. Das ist doch eine Binsenwahrheit!«

Mit diesem unlogischen Gefasel war er anscheinend überfordert. Mehr und mehr hatte ich den Eindruck eines sehr einfachen Mannes. Aber gerade das konnte gefährlich sein. Er reagierte so sparsam! Auch das Geschrei hatte nachgelassen. Das Rouleau wurde heruntergelassen und ich zählte die Sprossen: ja, nein, ja, nein, – ob ich wieder hier herauskäme. Der Gedanke an Eberhard stieg heiß in mir hoch. Da sagte er: »Wir sind noch lange nicht fertig! Wie kommt Ihr Mann dazu, mit Eisenscheinen, für einen lebenswichtigen Betrieb bestimmt, Geschenke in seiner Familie zu machen? Eine Nichte von ihm hat zur Hochzeit einige Kochtöpfe bekommen.« Auf diese Frage antwortete ich knapp, hier sei ich nicht orientiert, mein Mann würde das klären, wenn er aus dem Felde zurückgekehrt sei. Das Wort »Endsieg« ging mir nicht über die Lippen. – Wie war das nur herausgekommen? Irgendwo mußte ein uns feindlich Gesonnener sein! Später haben wir erfahren, daß es der Eisenhändler selbst gewesen ist, der Anzeige erstattet hatte. Nachträglich war das eine große Erleichterung: keiner aus den eigenen Reihen!

Letzte Frage: »Eine Ihrer Töchter hat geäußert, es sei eine Dummheit von Hitler gewesen, sich mit England verfeindet zu haben.« Es war die damals 15jährige Butze, die ihrer Freundin, der Gärtnerstochter, dieses anvertraut hatte, und so wurde es als höchst witzige und freimütige Bemerkung weitergegeben. Auch diese Äußerung landete beim Dorfschullehrer und dem Spionneffen. Meine geliebte Butze, ich konnte keine Ehrenrettung für sie einbringen, wie ich die Worte auch drehte und wendete. Der Hinweis auf ihre Jugend war ganz töricht, denn das war ja eine Beleuchtung ihrer Umgebung und ein Hinweis auf die Atmosphäre ihrer Erziehung. Die Einstellung eines halben Kindes wog damals schwer. Man zog Rückschlüsse. Als Butze, im Winter 1945 – nun 17jährig – heiratete, lag diese Bemerkung mehr als 2 Jahre zurück. Diese Äußerung war trotzdem der Grund dafür, daß ihre Ziviltrauung mit Jobst v.d. Groeben mehrfach aufgeschoben werden mußte: politisch unzuverlässig. Es war die Zeit, in der Deutschland von West und Ost überrollt wurde, als sie endlich die Heiratsgenehmigung bekamen.

Diesen Vorgang erwähne ich, um zu zeigen, womit ein großer Teil der deutschen Bevölkerung sich damals befaßte, besser gesagt, befassen mußte: mit Verdächtigungen, Nachschnüffeleien, Verhören, Durchsuchung von Wohnungen, von Schreibtischen, Überwachung von öffentlichen Gebäuden und Privathäusern, Belauschen von Gesprächen und Abhören von Telephonaten. Tausende von Akten wurden angelegt, und schwere Wagen standen trotz der Benzinknappheit ständig zur Verfügung. Das Volk lebte unter dem Netz dieser Spürhunde, das immer feinmaschiger wurde, je länger der Krieg dauerte, während die Soldaten an den Fronten fielen und Städte in Asche sanken.

Es war Abend geworden und mein Interviewer an der Schreibmaschine sichtlich ermüdet. »Wir sind am Ende unseres heutigen Verhöres«, sagte er – – »aber nicht am Ende dieser Angelegenheit. Halten Sie sich zu Hause, Sie werden von uns hören.« Das graue Gebäude schloß sich hinter mir. Ich raste zur Bahn, um den Abendzug zu erreichen. Zwei Stunden darauf umarmte ich die Mahagoniwiege. Wellen von Dankbarkeit legten sich auf den schlafenden Kleinen.

Trotzdem fand ich wenig Ruhe. Beim Überdenken dieses Tages empfand ich Unbehagen. Ich fühlte mich allen inneren Gleichgewichts beraubt. Was hatte ich für ein Theater gespielt! Auf das Kommando hin die Hände ängstlich in den Schoß gelegt, schweißgebadet, mich durch eine unbedachte Antwort zu gefährden. Ich hatte keine Färbung, keine Verschleierung der angesprochenen Situation gescheut, nur um aus dieser verzweifelten Lage herauszukommen. Das war gelungen, aber ich hatte meine Selbstachtung geopfert und damit mein Selbstvertrauen. Das wog um so schwerer, als ich einige Tage später erfuhr, daß die Männer des 20. Juli, die Dohnas und Lehndorffs und viele andere unter meinem Verhörzimmer in Gefängnissen lebten. Sie hatten sich direkt oder indirekt zum Kampf gegen den Hitlerstaat bekannt. Hier waren auch viele Familien in der sogenannten Sippenhaft, nachdem ihre Männer, Söhne und Brüder verhört oder schon hingerichtet worden waren. Ich aber hatte nur die Rettung aus der momentanen Falle im Auge gehabt.

Es gab sie immer noch, die Gutgläubigen und Harmlosen, die ohne jeden Ehrgeiz unbewußt in die falsche Richtung gingen. In aller Stille wollten sie sich bewähren mit Nachbarschaftshilfe und was sonst noch gefordert werden mochte. Merkwürdig war, daß die Frauen oft ein feineres Gespür hatten als die Männer. Unsere Gärtnersfrau, Mutter von 14 Kindern, deren Mann ein fanatischer Anhänger Hitlers war, ließ sich von ihren Zweifeln nicht abbringen. Dabei wurde diese Familie wegen ihrer Kinderzahl sehr großzügig gestellt, und materiell ging es ihr sehr gut in diesen Jahren. Aber als Frau Rehberg eine Versammlung der Frauenschaft (Verband der Nationalsozialistischen

Frauen) miterlebt hatte, sagte sie mir: »Das kann nicht gutgehen, da ist nichts von Gott dabei.« Vielleicht hätte ich mich mit ihr aussprechen können, aber ich wagte es nicht wegen ihres Mannes. Zufällig hatte ich in seinem Hause den Radiobericht über das Attentat vom 20. Juli gehört und seine Zornesausbrüche miterlebt. Alle taten sich schwer mit ihm, mein Mann, Rungk und die Behörden. Bei seiner hohen Kinderzahl, seinen beruflichen Qualitäten und seiner frühen Parteizugehörigkeit hatte er jedes Recht und jeden Vorteil auf seiner Seite. Die Frau hütete in aller Stille ihre Bibel und ließ nicht ab von ihrem Glauben.
Jeder, der den Hitlerstaat nicht bekämpft hat, hat ihm eigentlich gedient. – Ich habe gesehen, wie angesehene Juden von der Stadtverwaltung in Königsberg angestellt wurden, um Schnee zu schippen, – rasch ging man vorbei – und ich wußte seit 1943, daß durch Staßfurt Autobusse mit verhangenen Fenstern fuhren und die Menschen sich zuraunten: »Das sind Irre, die werden fortgeschafft, wer weiß, wohin!« Ich habe gehört, wie die im Morgengrauen aus Königsberg ausziehenden Truppen Lieder sangen mit dem Refrain: »Die Juden schickt ins Meer, die Wogen schlagen zu, die Welt hat Ruh.« – Da schauerte uns in unserem gemütlichen Stadtquartier. Aber dabei blieb es. – Zweimal habe ich mich in diesen Jahren zum Christentum bekennen können. Einmal erschien bei mir eine Bäuerin aus der Nachbarschaft, eine von den gutgläubigen, harmlosen, hitlertreuen Gemütern. Sie schilderte mir in singendem ostpreußischem Akzent, wie sehr Hitler ihr und ihrer Familie Leben verwandelt habe. Aus einem verschuldeten Hof sei nun eine sanierte, blühende Landwirtschaft geworden. Ihre beiden einst arbeitslosen Söhne hätten nicht nur Beschäftigung, sondern auch Ausbildung bekommen, – wie hilfreich die Winterhilfe sei – wie sportlich und gehor-

sam die Kinder erzogen würden – es war des Lobes kein Ende. Dann kam des Pudels Kern. »Wollen Sie, liebe Frau Gräfin, nicht auch dieser wunderbaren Bewegung sich anschließen und Mitglied unserer Frauenschaft werden? Wie können Sie nur zurückstehen! Nur eine einzige kleine Bedingung müßten Sie erfüllen, nämlich Ihre Leitung und Mitgliedschaft in der Frauenhilfe niederlegen. (Die Evangelische Frauenhilfe ist die Vereinigung der Frauen der evangelischen Kirche, die meistens von den Pfarrfrauen geleitet wird. Zuweilen war, wie in meinem Fall, eine Gutsfrau Leiterin.) Ich sagte ihr, daß mir das völlig unmöglich sei, und daß ich meinen kirchlichen Auftrag auch als Patronatsherrin niemals aufgeben würde. Sie verließ mich sehr enttäuscht, aber sie hat mich anscheinend nicht verraten.

Das zweite Mal war schon heikler. Im Winter 1944 kurz vor Weihnachten drang die Nazifrauenschaft in unser Haus ein, wahrscheinlich auf Veranlassung unserer Hauslehrerin, die Mitglied war und auch einige Ausbildungskurse führte, z. B. Einübung von Löschaktionen bei Luftangriffen. Nebenbei erwähnt, beeinträchtigte dieser Auftrag, dem sie sich als alleinstehende Frau schwer entziehen konnte, sehr ihren Einsatz für unsere Kinder. Sie mußte 80 ältliche Bäuerinnen unterrichten, was ihre Nerven in dauernder Spannung hielt. Die Frauenschaftsführerin selbst war eine sympathische Frau, die diesen Posten auf Befehl ausüben mußte, weil sie in Kanditten, unserem Kirchdorf, Volksschullehrerin war. Sie konnte das Zusammentreffen der Frauenschaft in unserem Haus nicht leiten, da sie krank geworden war. So bekam ich ein Blatt, das ich stellvertretend vorlesen sollte. Da stand in großen Buchstaben: »Im Mittelpunkt unseres Weihnachtsfests steht nicht, wie bisher, das Christkind, der sogenannte Jesus, sondern unser geliebter Führer Adolf Hitler. Ihm haben wir alles zu verdanken.« An den weiteren Text erinnere ich mich nicht mehr, nur an die Liedempfehlung: »O Tannenbaum«, ein Weihnachtslied, das keine christlichen Motive hat. Es waren etwa 60 bis 70 Frauen in unserem Saal versammelt. Der Raum war nur durch die großen offenen Kamine zu erwärmen, in denen die Holzscheite flackerten. Es war kalt. Aufgrund dieser Heizschwierigkeiten hätte ich für so viele Menschen die Versammlung absagen können, aber ich war überrumpelt worden. Ich stand auf und sagte, wir wollten unsere Vorweihnachtsfeier in alter Form begehen und nicht, wie hier auf diesem Blatt stünde, Adolf Hitler in den Mittelpunkt stellen, sondern Jesus Christus, zu dem, so hoffte ich doch, alle Festteilnehmer und alle Bewohner dieses Hauses sich bekennten. Noch einige Worte zum Geburtstag von Christus, – nicht viel mehr. Es folgte nun ein Weihnachtslied nach dem anderen, gewiß eine ungewöhnliche Feier auf dem Hintergrund einer Naziversammlung. Die Stimmung hätte weihnachtlicher nicht sein können. Unsere Flüchtlingsgäste, durch all die schweren Erlebnisse hellsichtig geworden, trugen viel dazu bei. Obgleich sich gegen Kriegsende mit der sich steigernden Angst und Nervosität die Denunziationen häuften, ist mir nichts passiert.–

Doch ich möchte der Reihe nach erzählen und wieder zurückblenden in die Tage nach meinem Verhör. Allmählich erfuhr ich, daß der Gestapomann schon den ganzen Vormittag über in Wildenhoff gewesen war. Er war von Haus zu Haus gegangen, hatte sich nach unserem Benehmen, nach unserer Art zu grüßen und nach unserer Stellung zum Hitlerstaat erkundigt. Mit Albertchen hat er in dessen Wohnung geplaudert, und bei Rungk hat er Kaffee getrunken. (Ich will nicht ungerecht sein, ich habe ihm ja auch Tee angeboten.) Der Stalljunge Erich Hippler raunte mir zu, er müsse mich unbedingt sprechen, wir müßten aber ganz allein sein. Wir wählten den Kohlenkeller und trafen uns abends, als das Haus zur Ruhe gegangen war. Da erzählte er mir, die Gestapo sei auch zu ihm in den Stall gekommen und habe ihn gefragt, wie wir immer zu grüßen pflegten: »Na, Heil Hitler«, sagte Erich, was stimmte. Weiter: »Erzähle mir mal, wie die Gräfin mit Stauffenberg verwandt ist?« Hippler hatte keine Ahnung. V. Stauffenberg war ein Vetter 2. Grades von mir, unsere Großeltern waren Geschwister. Ich habe ihn nie gesehen, nur seinen Onkel Graf Üxküll, der der Berater seiner Neffen v. Stauffenberg und v. Hofacker war, habe ich gekannt und sehr verehrt. – Die Gestapo wußte anscheinend mehr über diesen Verwandtschaftsgrad, als z. B. meine Kinder. Der Gestapomensch: »Nun sei mal ein ordentlicher Junge und sage mir offen, hat dein Graf nicht mal angedeutet, daß eine andere Regierung vielleicht besser sei – oder so ähnlich? Du könntest uns sehr helfen, und vor allem, – es soll dein Schaden nicht sein, wenn du uns nur so ungefähr Auskunft geben könntest.« Darauf Hippler: »Kein Wort hat er darüber gesagt, und ich lasse mich über meine Herrschaft nicht aushorchen.« Der Junge war noch sehr erregt. Es war eine schier unglaubliche charakterliche Leistung von ihm, sich so schützend vor seinen Brotgeber zu stellen, während der alte Albert trotz dieses einmaligen Freundschaftsverhältnisses zu meinem Mann sich nicht traute, mir von dem Gestapobesuch zu erzählen, und Rungk mich völlig unvorbereitet nach Königsberg fahren ließ.

Am tapfersten hat sich der Förster gezeigt, der meinem Mann, wie ich berichtet habe, einmal die Gefolgschaft verweigert hatte. Wie aber ein solcher Vertrauensbruch die

Basis zu einem neuen und bewußteren Treueverhältnis werden kann, zeigt folgende Geschichte: An dem Tag der allgemeinen Schnüffelei näherte sich der Gestapobeamte auch dem Forstanwesen. Er ging durch den Vorgarten und zeigte schon in der Haustür, die der Förster geöffnet hatte, sein Gestapozeichen. Er müsse einiges über die Schwerins erfahren. Daraufhin der Förster: »Dort ist die Tür, über meine Schwelle kommen Sie nicht.« Ich habe nie gehört, daß es jemandem gelungen ist, einem Gestapobeamten mit Erfolg den Gehorsam zu verweigern. Der Mann entschwand, der Rausschmiß blieb ohne Folgen. Dieser Förster ist später mit uns durch Westdeutschland gezogen, von einem Quartier zum andern, als keine berufliche Bindung mehr bestand und die gemeinsame Heimat längst verloren war.

Aber im Herbst 1944 kannte ich diese Geschichte noch nicht. Darum hatte ich schlaflose Nächte und fühlte mich isoliert. Nirgends konnte ich meine Bereitschaft zu einigen aufklärenden Worten andeuten. Nicht in allen Gutshäusern war das so. Marion v. Steegens Küchenwirtin hatte nach dem Hitlerattentat deutlich vernehmbar vor vielen Zeugen gerufen: »Wie schade, daß es nicht gelungen ist.« »Du hast es gut«, sagte ich zu Marion.

Am meisten scheute ich ein Gespräch mit unserer alten Charlotte. Ursprünglich war sie unsere Beschließerin, d. h. sie herrschte über Waschküche, Rollkammer und Wäscheschränke und leitete die beiden Hausmädchen an. 1940 wurde sie dienstverpflichtet und mußte in Königsberg Soldatenmäntel nähen. Sie vermißte ihre Vertrauensstellung sehr und kam jeden freien Tag nach Wildenhoff, das ihr mehr bedeutete, als ihre Verwandtschaft. Nach dem Krieg ruhte sie nicht, bis sie unseren Aufenthaltsort in Westfalen ergründet hatte. So sehr hing sie an uns. Aber im Herbst

1944 hätte sie mir den Rücken gekehrt, und wäre vielleicht nicht mehr nach Wildenhoff gekommen, wenn ich ein kritisches Wort über Hitler gesagt oder Bedenken gegenüber dem Zeitgeist geäußert hätte.

Die schrecklichste Verwandlung eines Menschen durch die Naziideologie habe ich an einem jungen Mann im Herbst 1942 in Giersdorf erlebt. Gerhard war 18 Jahre, als ich ihn bald nach unserer Heirat kennenlernte. Er arbeitete bei unserem leitenden Förster und betreute unter anderem die Wagenpferde. Er war sehr umgänglich, gut erzogen und liebte vor allem unsere Kinder, wenn wir zu kurzen Besuchen dort waren. Nach vier Kriegsjahren traf ich ihn in Giersdorf zufällig wieder. Er war auf Urlaub. »Nun Gerhard, wie geht es?« – Eine positive Antwort. Er war in SS-Uniform, die man anscheinend auch im Urlaub nicht auszog. »Und was tun Sie jetzt, wo sind Sie eingesetzt!« Antwort: »Ich bin bei der Truppe eingesetzt, die beauftragt ist, die Polendörfer zu säubern.« Ich: »Was heißt das?« Antwort: »Nun, alle Polen werden aufgeteilt, die Frauen in ein Lager, die Männer in verschiedene andere Verwendungen. Auch die Kinder ab 6 Jahren werden von ihren Müttern getrennt und kommen in extra Lager.« »Und wenn nun keiner mitkommt?« Antwort: »Dann müssen wir eben schießen! Einen Tag zuvor bekommen die Bewohner eines Dorfes den Befehl, sich bereitzuhalten. Zuerst wollte es niemand glauben und keiner hatte sich darauf eingerichtet. Da haben wir sie dann mit den Gewehren zusammengetrieben und dazwischengeschossen. Jetzt sitzen sie aufgereiht wie die Perlen, die Männer auf der einen Seite, die Frauen mit den Kleinkindern auf der anderen, die großen Kinder für sich. Dann geht es auf die Wagen in Arbeitslager oder Munitionsfabrik.« »Und das machen Sie mit?« Achselzucken und dann

die bedeutsamen Worte: »Zuerst sind mir die Tränen gekommen, wie ich schießen mußte. Jetzt leg ich Ihnen dreißig hin wie nichts. Es ist alles Gewohnheit!« Ich habe ihn nie wieder gesehen. Wo hatte ich bisher meine Augen gehabt? In meiner Erinnerung taucht ein Bild aus der Zeit in Markendorf auf: Die große Straße von Frankfurt/Oder zu dem Städtchen Müllrose führte nahe an unserm Gutshof vorbei. Je mehr wir uns den dreißiger Jahren näherten, um so häufiger füllte sich unsere Küche mit bettelnden Durchziehenden. Zuweilen wurde extra für sie gekocht. Wie hungrig und froh zugleich schlürften sie die Suppe, nahmen noch ein Stück Brot und weiter ging es die Chaussee entlang zur nächsten Arbeitshoffnung, die selten erfüllt wurde. – Ich erinnere mich noch an einen Herbsttag, an dem ein reifes Kartoffelfeld nahe der Stadt von 300–400 Menschen vor unseren Augen leergebuddelt wurde. Wir standen am Feldrand und zogen schließlich mit Arbeitern und Gespannen ab, psychisch und physisch unfähig, gegen diesen Hungerdiebstahl anzugehen.
In wenigen Jahren hatte sich dann alles verändert. Aus trübseligen, verarmten, aber oft auch aufsässigen Massen waren satte, teils begeisterte, und dann bald fanatisch-rücksichtslose Menschen geworden. Diesen schleichenden Übergang bemerkte nur der, der sich von dem Scheinglanz der neuen Parolen nicht blenden ließ. Wie leicht ließen wir uns blenden, denn es waren oft Worte, mit denen wir aufgewachsen waren: gegenseitige Hilfe, Opferbereitschaft, Vaterlandsliebe. Damals schien es uns beinahe, als füllten blaß gewordene Ideale sich mit neuem Leben! Die Konzentrationslager ahnten wir kaum, – immerhin, – kaum. Die wenigen Warner hörte man nicht! 1936 lernte ich einen Malermeister kennen, der einige kritische, unbedachte und witzige Sätze über die neuen Herren gemacht

hatte. Wochenlang sah ich ihn nicht mehr! »Auf Urlaubsreise« sagte seine Frau. Da kam er zur Arbeit zu mir zurück, fahl und mager. »Wie geht es Ihnen?« »Gut«, meinte er knapp, »ich war auf einem Lehrgang!« »Ich denke, Sie haben einen Reiseurlaub hinter sich?« »So kann man es auch nennen«, war seine Antwort.

Die Jahre zogen vorüber, Jahre, in denen die Geister sich schieden. Leider war es ab Kriegsausbruch zu spät, um irgendwelche wirkungsvollen Maßnahmen zu treffen, wenn man nicht alles, aber auch alles riskieren wollte. Ich bewunderte all die, die sich zu diesem Weg entschlossen hatten!

Zurück zum Herbst 1944. Das zerstörte Königsberg meldete weiter Bombengeschädigte, vor allem solche, die sich in ihren partiell zerstörten Wohnungen notdürftig geholfen hatten. Nun, wo der Winter vor der Tür stand, sollten sie in heilen Häusern untergebracht werden. Diesmal aber mußte ich meine Bereitschaft einschränken, denn wir hatten neben unserem schmal gewordenen Eigenbedarf nur noch zwei große, schwer beheizbare Räume. Für Sachwerte aber sollten sie zur Verfügung gestellt werden. In zwei großen Lastwagen brachte man uns, in zahlreichen Kisten verpackt, den größten Teil der Ikonenschätze aus Kiew. Dem Beifahrersitz entstieg eine russische Dame, eine Kunsthistorikerin. Sie war die Hüterin dieser Kostbarkeiten und glaubte, sie dem Kommunismus entrissen und einem Kulturvolk zugeführt zu haben. Bald darauf erkannte sie ihren Irrtum. Nun quälte sie sich. »Ich bin aus einer Barbarei in die andere gekommen«, sagte sie zu mir. In ihrer Begleitung war ihre alte Kinderfrau, zerbrechlich, klein und schneeweiß gekleidet, von dem mit Binden umwickelten Kopf bis zu den kindlichen Füßen. Die Arme vor der Brust gekreuzt, verneigte sie sich vor mir mit der eleganten Unterwürfigkeit, die den östlichen Völkern eigen sein kann. Ich war fasziniert. Darum wurde so schnell wie möglich das große vierfenstrige Gästezimmer heizbar gemacht. Der 11 Meter lange Raum war durch einen Rundbogen in zwei Abteilungen getrennt. In der einen Hälfte stapelten sich die Kisten, in der anderen lebten sie, die beiden Damen von 50 und 85 Jahren. Es war unser schönstes Gästezimmer, mit dem Stuckkamin und dem fröhlichen weiß-roten Trianonmuster der Möbel und Gardinen. Am Tage beschäftigte sich Frau Randolph mit ihren Bildern und Flügelaltären, reinigte mit einem Ziegenhaarpinsel, maß die Feuchtigkeit des Raumes, und wenn es abends ruhsamer wurde, kam sie über den Treppenhausflur mit den großen grauen Sandsteinfliesen zu mir ins blaue Zimmer und zeigte mir ihre Schätze. Wie anders, wie nahe wirkten diese Kostbarkeiten, herausgenommen aus dem musealen Bereich. Ich sehe noch das dunkelhäutige Gesicht einer Madonna aus dem 11. Jahrhundert, auf Goldgrund gemalt, byzantinisch großäugig und friedlich. Am meisten beeindruckte mich eine Christgeburt in der Felsengrotte. Man sieht das wehrlos in Weiß eingebundene Kind und den darüber sich neigenden Ochsen. Ich meinte sein warmes Schnauben zu spüren. Aber die schwarz gekleidete Madonna wendet sich ab und blickt in das zerklüftete Gestein, als wolle sie das Kind nicht annehmen. Über die Berge kommen die drei Könige und ein Hirte schaut zum Himmel. Alle haben einen düsteren und schweren Blick, selbst die Frau am unteren Rand der Ikone, die das Kind badet. Mehrere Lebensepochen Jesu sind in der Darstellung eingefangen; zwischen den Felsspalten zeichnen sich für den aufmerksamen Betrachter Gräber ab. Die Krippe ist ein Sarg, der in der tiefsten Kluft steht. Die drei Engel, die von oben auf die Gruppe schauen, haben schwarze Flügel und Laken in den Händen, lang wie Grabtücher. Ich habe alles so genau im Gedächtnis, weil mir etwas aufging von dem hintergründigen und reichen russischen Gemüt, das wohl alle Lebensvorgänge in Schwermut taucht. Wie räumlich nahe ist uns Rußland, wie fern das Labyrinth seiner Seele.

Frau Randolph war ein durch und durch musischer Mensch, forschend und genießend zugleich. Selbst Rilke hat sie mir erklärt, dort, wo ich ihn nicht verstanden habe. Ihre Mutter war eine der Hofdamen der letzten Zarin gewesen. Da mein Großonkel Pourtalès der letzte Kaiserliche Deutsche Botschafter in Rußland gewesen war, bot sich uns viel Gesprächsstoff. Manches wußte ich von ihrem Zaren Nikolaus II., und wir sprachen über seine eher schwache aber vornehme Persönlichkeit. Nicht sein Herrscheramt, sondern seine Familie, insbesondere seine heißgeliebte Frau, standen im Mittelpunkt seines Lebens.

Unser Onkel hatte uns viel von den Großfürstinnen erzählt, denen er oft begegnet ist. Sie waren ungefähr unseren Alters, und er beschrieb ihre hübschen Gestalten und ihre Natürlichkeit, wenn sie mit Charme und Lebendigkeit versuchten, die Konventionen des Hoflebens zu durchbrechen. Das Bluterleiden des nach den vier Töchtern geborenen Zarewitsch belastete die ganze Familie. Die unheimliche Gestalt des Mönches Rasputin tauchte nun auf, dessen Zwielichtigkeit das gesellschaftliche und politische Leben am Hofe fragwürdig machte und das In- und Ausland zu Kritik herausforderte. Aber da Rasputin mit seinen unerklärbaren magischen Kräften dem kleinen Zarewitsch mehrmals das Leben gerettet hatte, indem er dessen Blut zum Stillen brachte, war die Zarin ihm ergeben. Der Zar soll immer von düsteren Ahnungen bedrückt gewesen sein, wissend, daß er die Verantwortung für das

Riesenreich nicht zu tragen vermochte. Krieg und Revolution konnte er nicht verhindern. Der Abstieg dieser Familie endete in der Gefängniszelle. Jedes Gerücht und jede authentische Nachricht hatten wir schon als Kinder mit gierigem Herzen aufgenommen. Wir kannten die Bilder der Zarentöchter mit kahlgeschorenen Köpfen in Gefängniskleidern, die Registriernummern in den schmalen Händen. Wir konnten es nicht begreifen, daß der englische König, der Vetter und zugleich Verbündeter war, nichts für ihre Rettung tat. Schließlich kam der Tod durch Erschießen für die ganze Familie, nur das Schicksal der jüngsten Zarentochter, Anastasia, die 1925 angeblich in Deutschland wieder auftauchte, ist ungeklärt geblieben und gab unserer Kunsthistorikerin ebensoviele Rätsel auf, wie uns von Jugend an. –

Am 1. August 1914 hat unser Onkel Petersburg verlassen, nachdem seine Kunstsammlung aus den Fenstern der Botschaft auf die Straße geworfen und zertrümmert worden war. Es war eine bedeutende Privatsammlung, und unser Onkel war gewarnt worden, die deutsche Botschaft in Petersburg damit zu schmücken. Die angeblich beste Kopie der Mona Lisa von Leonardo da Vinci gehörte zu seinen Schätzen. Als das berühmte Original im Louvre in Paris gestohlen worden war, wurde mein Onkel gebeten, dieses Gegenstück zur Verfügung zu stellen, damit die Lücke gefüllt werden könne. Die Überlegung erwies sich als überflüssig, denn das Original tauchte nach wenigen Wochen wieder auf. Berater und Freund meines Onkels war Wilhelm Bode, der Leiter der Berliner Museen und Galerien. Es soll einer der besten Entschlüsse Wilhelms II. gewesen sein, Bode dieses hohe Amt anzuvertrauen. In der Biographie über den Kaiser von Tyler Whittle heißt es: »Mit Hilfe seines Herren verwandelte Bode die Museen und Galerien der Hauptstadt in ein Juwel, um das sie in vielen europäischen Ländern beneidet wurde. Wilhelm Bode übertraf alle zeitgenössischen Kunstexperten in der Fähigkeit, Kunstschätze ausfindig zu machen.« So ist es ihm auch gelungen, u. a. eine Reliefmadonna von Donatello in Schweden aufzuspüren und meinem Onkel als dem ursprünglichen Besitzer wieder zuzuführen. Pourtalès starb 1928. Seine sehr viel jüngere Witwe ist 1945 in einer Glaskutsche aus Schlesien mit einem Bellini »unterm Arm« geflohen, und nach Verkauf dieses Bildes in der Schweiz hat sie lange Jahre in guten Verhältnissen leben können.

Im Spätherbst 1944 hielt wieder ein Treck vor unserem Hause; keine östlichen Bauern, sondern die Angehörigen eines Gutsbetriebes. Ein Herr Reimers stellte sich mir vor und bat mich etwas zögernd um ein Gespräch, ehe er meine Gastfreundschaft annehmen wolle. »Sie müssen wissen, wen Sie beherbergen«, sagte er, als wir uns zu einer Tasse Tee in das blaue Zimmer gesetzt hatten. »Ich bin der Schwiegersohn des nach dem 20. Juli hingerichteten Generals von Witzleben. Ich muß Ihrer Zustimmung gewiß sein, sonst ziehe ich weiter.«

Ich erinnerte mich genau an die Gestalt des großen, blonden Offiziers, den ich vor Jahren einmal gesehen und gesprochen hatte. Dann verdeckte diesen Eindruck das erschütternde Zeitungsbild vor dem Volksgerichtshof nach dem 20. Juli. Witzlebens durchgeistigte Vornehmheit konnte durch die herabwürdigende Gefängniskleidung nicht zerstört werden. Sein Ausdruck souveräner Haltung und tiefer Trauer bildeten einen eindrucksvollen Gegensatz zu den stumpfen Gesichtern des Wachpersonals. Reimers hatte nun seinen schönen Besitz im Osten Preußens verlassen. Klein waren die Hilfen für seinen Weiterzug,

wie Pferdefutter, Cognac und Nahrung. Damals wußte ich noch nicht, wie schnell sich solche Vorräte aufbrauchten. – In diesen Tagen hatte ich mich mit Rungk zu einem Wirtschaftsgespräch verabredet. Er kam mit vielen Stunden Verspätung. Als Ortsbauernführer war ihm unser Betrieb politisch unterstellt. So hatte er eine für ihn schwierige, verwirrende Position zwischen den Forderungen der Partei und seiner privaten Bindung als Generalverwalter bei uns. Da er sich für keine Seite voll entscheiden mochte, befand er sich in einer zunehmenden Notlage. Auf meine Frage nach dem Grund seiner Verspätung sagte er: »Wenn die Partei ruft, muß man gehorchen, sonst wird man eingelocht.« »Und das Thema?« Nach Seufzen und anfänglichen Zögern kam es sehr leise aus ihm heraus: »Der Besitz von unserem Grafen wurde aufgeteilt. Die höchsten Parteiorgane bekamen die größten Stücke. Der Wald soll in gemeinsame Bewirtschaftung kommen. Das Schloß wäre als Parteizentrale sehr geeignet.« Über unseren Verbleib sowie über die Zukunft unserer Arbeiter und Angestellten, die eng mit unserem Leben verbunden waren, war kein Wort gesprochen worden.
In dieser Form beschäftigte die Partei sich mit der Zukunft im sturen Glauben an ein siegreiches Kriegsende, während die Russen im Anmarsch waren. So sollen sie sich über eine große Gutskarte gebeugt haben, es wurde eingezeichnet, ausgehandelt und lange diskutiert über Bodenqualität und Viehbestände. Rungk war ganz verstört.
Trotz des lebhaften Treibens um mich herum war ich verunsichert und einsam. Ich war es gewöhnt, mit meinem Mann alle anstehenden Fragen und Sorgen zu besprechen. Ich sehnte mich nach Rat und Schutz. Der Aufforderung der Gestapo, mich zu Hause zu halten, nicht achtend, fuhr ich zu einem Freund von uns, der in der Nähe von

Insterburg auf dem Lande lebte. Die Front war dort nicht mehr sehr weit. Otto wurde verständigt, und wir trafen uns in dem entzückenden und gepflegten Junggesellenhaushalt. Als nach dem Abendessen das Haus zur Ruhe gekommen war, und man keine Lauscher mehr befürchten mußte, erzählte ich die Gestapogeschichte. Beide Herren waren sehr beeindruckt, aber es war ihnen klar, daß man nichts würde tun können. – So fuhr ich am nächsten Tag wieder nach Hause, voller Unruhe, weil ich Otto bei seinen ohnehin schweren Entschlüssen und dem harten Soldatenleben nun noch mit meinen Sorgen belastet hatte. –

Ein Sprichwort sagt: »Wenn der Glaube aus der Tür geht, kommt der Aberglaube zum Fenster herein.« Meine Schwester Kunhild war befreundet mit einem Ehepaar mittleren Alters aus Berlin, das nun, nachdem es ausgebombt worden war, bei ihr in Rathmannsdorf lebte. Er war ein umfassend gebildeter Wissenschaftler, aber mit ganz gespaltenen Ansichten über Hitlerstaat und Widerstand. Seine sympathische Frau hatte angeblich das »Zweite Gesicht«. Ich schrieb Kunhild in verschlüsselter Form meine Gestaposorgen, von denen ich ihr bisher noch nichts berichtet hatte, denn die Briefzensur war vor allem in Ostpreußen schon scharf. Ich bat sie, Frau R. meine Befürchtungen anzuvertrauen. Nach einiger Zeit kam die Antwort: »Frau R. hat sich tagelang auf Dich eingestellt. Du denkst in die falsche Richtung. Was Dir jetzt Sorgen macht, wird nicht mehr in Erscheinung treten. Aber sie sieht eine Schneelandschaft und Dich mit zwei Frauen in einem kleinen offenen Wagen. Du trägst ein schwarzes Tuch.« Ich legte den Brief als ziemlich rätselhaft beiseite und zweifelte sehr an der Hellsichtigkeit von Frau R.

Im Oktober kamen meine Eltern von ihrer neuen Zuchtstelle Hedille wieder zu mir nach Wildenhoff. Ihr kleiner, gepachteter Hof lag südlich von Danzig im ehemaligen polnischen Korridor. Nach dem Polenfeldzug 1939 hatte es dort eine für uns Deutsche beschämende Umsiedlung gegeben. Manche Polen ließen sich »eindeutschen« und wirtschafteten frei auf kleinen Höfen. Viele aber gehörten zum polnischen Widerstand gegen die Deutschen, erhofften ein baldiges Ende des Krieges und ein siegreiches Polen. Manche wußten nicht, wo sie eigentlich hingehörten. Ihre Väter waren im Ersten Weltkrieg auf deutscher Seite gefallen, die Söhne kämpften und fielen im Zweiten Weltkrieg für Polen. Zu viele deutsch-polnische Heiraten, zu viele Vermischungen hatte es gegeben, um noch klar Stellung beziehen zu können. Schon in meiner Jugend war das unterscheidende Kennwort nicht die National-, sondern die Religionszugehörigkeit. Hieß es: »Das ist ein Katholischer«, so stand fest, daß es sich um einen Polen handelte, und umgekehrt wurden die Evangelischen als Deutsche bezeichnet. Mit dieser Unterscheidung sind wir schon in Jassen an der Grenze des Korridors vertraut gewesen. Wenn ich aber an die Grenzen denke, die heute ganze Völker wie in Gefängnissen halten, und deren Nichtachtung oft mit dem Tod des Flüchtenden endet, erscheinen mir die Regelungen nach dem Ersten Weltkrieg ein Stück friedlicher Menschheitsgeschichte zu sein. Gewiß, es gab auch Zollstationen; aber kilometerweit voneinander entfernt, konnte sich dazwischen der gemütlichste Handel abspielen. Ein Beispiel: Die Polen hatten eine glückliche Hand in der Aufzucht von Geflügel. Ihre Felder hingegen waren unsorgfältig bestellt und die Körnerernte entsprechend mager. Die deutschen Bauern waren fleißige Ackerwirte und zogen das Möglichste aus den sandigen Böden unserer Gegend heraus. Es wurde nun ein gut nachbarlicher Austausch der landwirtschaftlichen Möglichkeiten beschlossen. Die Polen trieben des Nachts ihre knochigen Junggänse durch die großen Wälder auf einen deutschen Hof, wo sie dann gemästet wurden. Im Spätherbst ging der ausgehandelte Teil leise, leise an den schlafenden Zollstationen vorbei, zurück zum Ursprungsbesitzer. Es war eine Vertrauenssache, die sich bewährt haben soll.

Nach dem Polenfeldzug 1939 taten sich schlimme Wunden auf durch die an den Polen verübten Greuel. Einiges davon drang an unser Ohr, aber man war so wenig bereit, das Schlimme zu glauben. Ich wußte es bald besser nach meinem Gespräch mit dem Giersdorfer Kutscher. Wo lag die Zukunft für Polen? 1944 wandten sich die Gefühle und Hoffnungen vieler Polen wieder der vaterländischen Seite zu, obgleich man die polnische Bevölkerung, wenn sie sich den deutschen Herren fügte, bei der Bewirtschaftung eigener kleiner Höfe unterstützte.

Die größeren polnischen Besitze waren damals fast alle an Deutsche vergeben worden, meist an ehemalige Balten im Zuge der Aktion »Heim ins Reich«. Solch einen vor 1919 deutschen, dann polnischen und nun wieder deutschen kleinen Betrieb hatte die Firma Hauptsaaten in Köln für meinen Vater gepachtet: Hedille, unweit von Danzig. Wie schon erwähnt, war unser Vater trotz des Verlustes von Jassen Besitzer der Saatzucht geblieben, die nun an verschiedenen Stellen als GmbH wieder florierte: in Mecklenburg, in Sachsen, in Hinterpommern und in Wildenhoff. Dort waren bei Verwandten und Freunden kleine Feldstücke gepachtet worden. Das Zentrum der Zucht war nun Hedille im ehemaligen Korridor. Es bedeutete viel Reiserei und unermüdliche Arbeit für beide Eltern, aus der sie aber gleichzeitig Unterhaltung und Heiterkeit schöpften. Sie waren anregende und anpassungsfähige Gäste. Trotzdem waren sie dankbar, nun wieder ein eigenes Heim in Hedille

Meine Kinderheimat
Hohenprießnitz

Großmutter Hohenthal mit
ihren Enkeln

Großmutter Hohenthal

Großvater Hohenthal ▶

Meine Mutter Anna Gräfin Dürckheim

Mein Vater Kuno Graf Dürckheim
in der Uniform der Königsulanen

Gräfin Dürckheim mit den Kindern Wolffried, Kunhild, Eberhard und Esther (1908)

◀ Meine Eltern als Verlobte (1901)

Esther, 3 Jahre alt (1907)

Rechte Seite oben:
Der Jassener See
mit der Kormoraninsel

Rechte Seite unten:
Jassen

Die Geschwister Kunhild
und Esther mit Kusine Clairy

Schloß Jassen i. Pom.

Esther mit Bruder Max
(1923)

Otto mit seiner Schwester Ruth ▶

Esther (1933)

Otto Graf v. Schwerin

Abschied von Sternchen
(1944)

◀ Linke Seite:
Der Waldsee in Wildenhoff

Walsleben

Die Kinder Eberhard, Christa, Anna, Otto, Esther, Gisela und Eleonore (1949) v. l. n. r.

◀ Vorhergehende Doppelseite: Wildenhoff im Rauhreif

Urfeld, unser neues Zuhause

zu haben. Es war ein einfaches Höfchen mit einem kleinen gemütlichen Haus. Der Boden bestand aus dem für die Kartoffel erwünschten Sand, und die Höhe der Gegend von ca. 300 Metern versprach gute Zuchtmöglichkeiten. Junger Mischwald umgab das kleine Anwesen.

Im Sommer 1944 hatten die Partisanen angefangen, ungemütlich zu werden. Es konnte einem passieren, daß man beim Beeren- oder Pilzesammeln im Wald von Polen überrascht wurde und ohne Kleid und Schuhe den Rückweg antreten mußte. Die Widerstandspolen lebten wie Maulwürfe im Untergrund. Folgendes Erlebnis hatte unsere deutsche Gemeindeschwester: – Auf einem stillen Waldweg radelte sie heimwärts, als sie plötzlich vom Rad gerissen und schließlich mit verbundenen Augen auf einen Wagen gepackt wurde. Nach einigen Kilometern Fahrt wurde sie herausgehoben, eine Erdtreppe hinuntergetragen und fand sich nun ohne Augenbinde einer jungen Frau gegenüber, der sie bei der Geburt ihres Kindes helfen sollte. Für alles war vorgesorgt, sogar eine Tasse Kaffee für sie stand bereit. Gesprochen wurde deutsch und polnisch durcheinander. Beide Parteien beherrschten beides. Nachdem das Kleine geboren und gebadet worden war, trat sie mit verbundenen Augen den Rückweg an. Dank und Abschied. Das Fahrrad stand wohlverwahrt im Heidekraut. Gesehen hat sie nur die junge Mutter. Aus diesen unüberschaubaren Zuständen kamen meine Eltern im Herbst 1944 besonders gern nach Wildenhoff. Nach dem Verlust von Jassen war es ihnen ein Stück Heimat geworden. Die Großzügigkeit der gesamten Wirtschaftsleitung, geprägt durch meinen Mann, erleichterte das Arbeiten im Saatzuchtbetrieb. Immer stand ein Gespann zur Verfügung, und ein französischer Kriegsgefangener, einst Redakteur einer Zeitung in Marseille, war meinem Vater ein guter Gesprächspartner. Die beiden Herren plauderten miteinander, als wären sie in einem Salon und boten sich gegenseitig in der Kaffeepause die besseren Plätze auf einem Stein am Feldrand an, mit »Monsieur le comte« und »Monsieur« und natürlich wurde niemals die Arbeitsleistung kontrolliert. Mußte bei günstiger Witterung mehr getan werden, war das selbstverständlich. Wenn es regnete, wurde nicht gearbeitet.

Auch war Wildenhoff der Ort, wo meine Eltern Schönstes und Schwerstes erlebt hatten: die Ferien und Urlaubstage der Söhne, die Abfahrten zur Front und dann die Todesnachrichten.

Eberhard war ein wunderschönes Kind und später ein schlanker Mann mit den feinen Zügen unserer Mutter, die Vater so gern bei dem Sohn ins Männliche übertragen sah. Eberhard war ungewöhnlich eigensinnig. Ich, die ich fast drei Jahre älter war, ahnte aber immer die Empfindsamkeit hinter dieser abwehrenden Haltung. Der Privatunterricht war eine Qual für die ältliche, so gutwillige Erzieherin. Ich weiß nicht, ob die heutige Psychologie es besser verstanden hätte. Man kannte ja damals nichts anderes als gutes Zureden, den Unterricht spannend zu gestalten und im Notfall Strafarbeiten zu geben. Der Unterricht war nicht schlecht, aber es fehlte natürlich das Klassenerlebnis mit den dazugehörenden Streichen. Eberhard verweigerte, auf seinem Deckelpult sitzend, ohne Angabe von Gründen jede Beteiligung. Alle Arten der Motivierung, Entzug von irgendwelchen Vergünstigungen, alles beantwortete er täglich mit schweigend passivem Widerstand. Das Ende war zuweilen ein Handgemenge mit der überforderten Erzieherin, bei dem der neunjährige Eberhard Sieger blieb. Ich habe nie begriffen, daß sein gutes Herz hier nicht die Oberhand gewann. Wie weich war er mit Tieren, wie konnte er bis zum Überdruß unserer Mutter mit den Hunden, die das sichtlich genossen, herumalbern. Als er ein kleiner Junge war, wurden einmal Enten serviert. Er erfuhr, daß das die schönen weißen Pekingenten waren, die er als kleine gelbe Küken geliebt hatte; er brach in Tränen aus und war wie erstarrt. Ich weiß, daß viele Kinder ähnlich reagieren, aber bei Eberhard war alles besonders dramatisch. Uns Schwestern hat er auch zuweilen gequält und war dann wiederum von anschmiegender Zärtlichkeit. Am meisten erreichten noch die jungen Französinnen; sie erlagen seinem Charme und der Zartheit seines Gesichtes. Eine von ihnen wurde einmal gebeten, mit ihm nach Bütow zum Zahnarzt zu fahren. Das war damals eine Tagesunternehmung mit einer langen Wagenfahrt. Still fuhr Eberhard mit, still betrat er an der Hand von Mademoiselle das Sprechzimmer, um dann kurz zu erklären, daß er nicht bereit sei, sich behandeln zu lassen. Alle Bemühungen des Zahnarztes waren umsonst, sie kamen unverrichteter Dinge zurück. –

Sommer 1917. Wir waren aus Stolp, wo wir, wie erwähnt, die Schule besuchten, zu den Sommerferien nach Hause gekommen. Unser Vater war im Feld in Frankreich. Ihm unterstand dort ein größeres Gebiet als landwirtschaftlichem Berater. Der Juli war ungewöhnlich heiß und trokken, unsere Stimmung gelähmt wegen der zu erwartenden schlechten Ernte. Folgende Szene: Mutter saß mit uns 6 Kindern am Frühstückstisch, sie erwartete das siebente. Sie bat den zehnjährigen Eberhard, ihr den Milchtopf zu reichen. Er verweigerte ohne jeden Grund. Mutter bestand auf Gefügigkeit. Er schüttelte den Kopf, worauf ihm bedeutet wurde, daß er zur nächsten Mahlzeit nicht erscheinen dürfe, in der Zeit des auch auf dem Lande immer schmaler werdenden Essens eine massive Drohung. Eberhard schwieg und entschwand für den ganzen Tag und kam auch abends nicht ins Bett. Er übernachtete im Freien oder irgendwo im Dorf. Mutter hatte einen guten Schlaf, aber wir Schwestern wachten voller Angst. Dann hörten wir behutsam und leise das Speisekammerfenster aufgehen und waren am Morgen beglückt, festzustellen, was alles fehlte. Die Nächte waren lau. Gewiß hat

er auch im See gebadet. Wir haben ihn tagelang nicht gesehen und wir bewunderten den Gleichmut unserer Mutter. Waren es zehn oder vierzehn Tage, – ich kann es nicht mehr sagen. Einmal hörten wir in einem Weidetal die fröhlichen Stimmen der Dorfjugend. Es wurde mit Pfeil und Bogen nach der Scheibe geschossen. »Eberhard bekommt den Pour le mérite!« erklang es mit Jubelgeschrei in hartem Hinterpommersch. Wir schauten entzückt durch die Büsche. Sobald wir uns aber bemerkbar gemacht hatten, war er wie ein Blitz verschwunden. –
Der Abschiedstag nahte. Würde Eberhard sich beugen? Wir bekamen ihn nicht zu Gesicht. Schon stand der Wagen, der uns zur Bahn bringen sollte, zurück in unsere Zwangsjacke nach Stolp, vor der Haustür. Mit zugeschnürter Kehle sollten wir nun ohne Eberhard fahren! – Als die Pferde anzogen, erschien er im Laufschritt, im städtischen Anzug, ein Mützchen schief auf dem Kopf und sprang auf. Er hat sich nie entschuldigt. Die Zeit hat alles verwischt. Ich habe im Rückblick das Gefühl, daß Mutter zufrieden mit ihm war. Er wurde ein guter Schüler. Jahrelang wurden seine Aufsätze im Arndtgymnasium in Berlin-Dahlem aufbewahrt.
Später studierte er Jura und bestritt sein Studentenleben mit 100,– RM, was er von unserem Vater großzügig finanziert fand. Als Referendar arbeitete er in Stolp und diente dort, soweit ich mich erinnere, damals auch bei den 5. Husaren. Schon vor der Machtergreifung setzte er Hoffnungen auf den Nationalsozialismus, und zwar nicht nur aus sozialen und wirtschaftlichen Gründen, wie ich um das Jahr 1933, sondern weil die neue Ideologie ihn beeindruckte. Ich bekam einen Schrecken, deutlicher gesagt eine Wunde, als er mir anvertraute: »Ich brauche das Christentum nicht mehr. Es war bei mir nur eine undurch-

dachte Gewohnheit, basierend auf Erziehung und Tradition. Wäre ich im Buddhismus oder Islam aufgewachsen, hätte ich mich in diesen Lehren zu Hause gefühlt.« Ähnliches hatte schon Nietzsche zu seiner Mutter und Schwester gesagt. »Aber Eberhard«, sagte ich, »du verwechselst ja Weltanschauung mit Religion.« Religionen sind Brücken, auf die der Mensch seinen tastenden Fuß stellt; sie sind Geländer, die die Lebensräume formen, aus denen der einzelne stammt. Bei uns ist es die Bibel, das heilige Wort, das mich immer wieder beglückt und auch gebeutelt hat. Der Totalanspruch des Christentums gegenüber anderen Religionen ist mir dabei die schwerste Hürde, weil ich mich allen denen verbunden fühle, die eine jenseitige Welt ahnen und sich von ihr lenken lassen möchten. Ich bin mir immer bewußt, das große Geheimnis unseres Daseins aus der schmalen Sicht unserer Diesseitigkeit heraus nicht enträtseln zu können:

»Was Gott ist, wird in Ewigkeit kein Mensch ergründen,
Doch will er treu sich allzeit mit uns verbünden.«

Auf der anderen Seite unseres Weges, wo die Brücken ihre Bögen neigen, ist der Allumfasser, wie Goethe sagt. Aber der Nationalsozialismus war keine Brücke, auf der ein Wagnis überhaupt sich angeboten hätte, kein Geländer, das die Menschen im Nebel hätte führen können.

Ich habe ein Foto von Eberhard, wie er in SA-Uniform, einen Kopf größer als seine Kameraden, das sensitive Gesicht von der scheußlichen, braunen Kappe beschattet, in einem Trupp mitmarschiert. Er hat das Bild später gehaßt. Nach seinem Assessorexamen bekam er keine Anstellung. In diesen jammervollen Zeiten der frühen 30er Jahre gingen Mutter und ich einmal durch Berlin und sahen einige junge Leute, meist studentischen Aussehens, durch die Straßen ziehen und für Geld, das ihnen in

Münzen aus den Fenster zugeworfen wurde, Wander- und Volkslieder singen. – »Sieh mal«, sagte Mutter, »da wird unser Eberhard auch bald mitsingen.«

Der Umschwung kam schneller, als erwartet. Nach einem Jahr der Berufslosigkeit wurden ihm 1934 drei Stellen angeboten. Neugierde trieb ihn, sich auch Ribbentrop vorzustellen. »Durch Tradition schwer vorbelastet« sagte dieser und lehnte ihn ab. Noch war es nicht die Zeit seines Gesinnungsumbruchs. Aber sein Gerechtigkeitsempfinden und sein Gespür für falsche Töne haben ihn allmählich aufwachen lassen. Für mich war das Bestechende an seinem Wesen, daß das Urteil anderer ihm völlig gleichgültig war. Jedes Karrieremachen war ihm fremd. Ich glaube, ich habe niemanden gekannt, dem Beifall oder auch nur Anerkennung so wenig bedeuteten. Wenn seine Vorgesetzten ihm nicht lagen, konnte er unbequem, ja eisig sein. Stimmte er mit ihnen überein, gab er seine besten Möglichkeiten und strahlte Gleichgewicht und Zufriedenheit aus. Kompromisse kannte er nicht. – 1937 etwa kam er zum preußischen Finanzministerium nach Potsdam. Sein Chef war Popitz. Eberhard war ihm tief verbunden. Das wird auch seinen Gesinnungswandel hinsichtlich des Hitlerstaates mit beeinflußt haben. Wie alles, vollzog er auch diesen Wandel unerbittlich gegen sich selbst und seinen Irrtum.

Viele Spaziergänge haben wir damals auf langen Waldwegen in Wildenhoff gemacht, wo er mit Inbrunst und Bitterkeit über diese raffinierte Volksverführung sprach. Aus dem Vorgesetztenverhältnis zu Popitz wurde eine Freundschaft. Trotzdem hielt es Eberhard dort nicht länger. 1940 trieb es ihn in den Krieg. Das Fronterlebnis und die Kameradschaft wollte er erfahren. Wie weit das mit der Idee von Vaterlandsverteidigung verbunden war, kann ich nicht

sagen. Ich weiß aber aus verschiedenen Aussprüchen von ihm nach Kriegsausbruch 1939, daß sein Drang ins Feld nichts zu tun hatte mit militärischen Eroberungsideen. Anfangs lehnte man sein Anliegen überall ab. Er ist dann einflußreichen Militärs bis an die Loire nachgefahren und hat schließlich sein Ziel, Soldat zu werden, erreicht. – »Er ist wahnsinnig geworden« sagte mir ein Freund der Familie. »Da sitzt so ein guter junger Mann an wichtigen Aufgaben im preußischen Finanzministerium und setzt sein Leben für den Teufel aufs Spiel!«
Aus heutiger Sicht gesehen, wäre es besser gewesen, in der Nähe eines Mannes wie Popitz über ein anderes Deutschland nachzudenken. Eberhard wäre wohl so oder so nicht am Leben geblieben. Er wäre wie Popitz in die Konflikte der Männer des 20. Juli hineingeraten und hätte wahrscheinlich wie dieser mit seinem Leben bezahlt. Zweifel und eine schwer deutbare Sehnsucht standen in seinen Augen, als wir uns vor dem Haus in Wildenhoff zum letztenmal umarmten.
Ich habe nur die nachdenklich-ernsten Seiten seines Wesens beschrieben, die anderen sollen nicht vergessen sein. – Er liebte das weibliche Geschlecht jeden Alters und wollte nur bei Töchtern zum Paten gebeten werden. Wenn er erschien, hellten sich alle Gesichter auf. In seiner Fröhlichkeit war auch immer eine neckende Zärtlichkeit, die die sogenannten typisch weiblichen Fehler mit nachsichtigem Humor streifte. »Er ging wie ein König durchs Leben«, schrieb eine seiner Anbeterinnen nach seinem Tode.
Ich vergesse nie, wie die Eltern die Todesnachricht bekamen, wie sie auf dem Sofa ihres Zimmers in Wildenhoff zusammensaßen, Hand in Hand, wort- und tränenlos, völlig versteinert. Er war ja der zweite Sohn, den sie binnen

eines Vierteljahres hergaben. Sie mußten es durchstehen und sie taten es tapfer, denn ihre Gesinnung bezog Kriegs- und Völkerkonflikte als etwas Selbstverständliches in ihre Lebensordnung ein. Sogar das Wort der »stolzen Trauer«, gegen das ich mich schon als Kind im Ersten Weltkrieg gewehrt hatte, war unserer Mutter nicht fremd, so sehr war sie damals und fast bis zur Katastrophe dem Zeitgeist verfallen.

Weihnachten 1944 kam näher. Ich war ratlos, wie ich es in diesem Jahr gestalten sollte, – mit den vielen Flüchtlingsfamilien im Hause, mit unseren Dorfschulkindern und mit den Gutsarbeitern. Schon in den vergangenen Jahren hatte ich Kompromisse gemacht, denn die übliche Bescherung mit Anziehsachen und allen Variationen ostpreußischen Gebäcks war nicht mehr möglich. Einmal hatte ich ein Filmunternehmen aus Königsberg herausgebeten, das ein entzückendes Märchen im Grünen Saal vorführte, eine Sensation für die Kinder, von denen einige noch nie ein Kino betreten hatten. Im Jahre 1943 hatten wir das berühmte Bernsteinzimmer im Königsberger Schloß besichtigt. Es war ein Geschenk des Soldatenkönigs Friedrich Wilhelm I. an seinen Freund den Zaren Peter den Großen. Für das russische Volk war es ein Nationalheiligtum. Von der Deutschen Wehrmacht im Jahre 1942 aus Zarskoje Selo entwendet und »sichergestellt«, wurde es im Königsberger Schloßmuseum dem Publikum gezeigt. Die hohen Bernsteinwände dieses Prunkzimmers in allen Schattierungen von zartem Zitronengelb bis zu tiefem Dunkelbraun hatten entsprechend dem Stil der Zeit feines Schnitzwerk um Spiegeleinlagen. Die Kinder staunten, denn sie kannten Bernstein nur im Urzustand, wenn er zuweilen in stumpfen, unansehnlichen Brocken oder in kleinen glanzlosen Krümeln beim Pflügen in unserm Acker zu Tage kam. Die warmen, leuchtenden Töne ergeben sich erst durch den Schliff.

Inzwischen war nach den beiden Bombennächten im

August auch das alte imposante Königsberger Schloß eine Ruine, und das Bernsteinzimmer, das vor dem Brand irgendwohin gerettet worden sein soll, ist bis zum heutigen Tage unauffindbar.

Was aber nun Weihnachten 1944? Gegen alle Erwartungen wurde es ein Weihnachten, das wohl keiner von uns, der es miterlebte, je vergessen wird. Es gab keine Geschenke, nur das Verlangen, beieinander zu sein, war das Motiv, sich bei uns einzufinden. Das große Blaue Zimmer war schnell ausgeräumt und eine mächtige Tanne aufgestellt. Die Kunst des Kerzenziehens hatten wir schon gelernt. Bienenwachs und Talg wurden in einem Kupfertopf zum Sieden gebracht und gut vermischt. In diesen kochenden »Urschlamm« wurden Baumwollfäden, an Stöckchen befestigt, getaucht, wieder und wieder, bis die erwünschte Rundung erreicht war. Das alte Metall hatte einen Grünspanschmelz ergeben, den keine gekaufte Kerze je erreicht hätte. Es waren für den schweren dichten Baum zu wenig Kerzen, aber gerade das entsprach dem Ton dieses Abends. Dunkle Schatten flackerten über die Decke. Und dann kamen sie: der kleine Chor der Kinder und alle anderen Hausbewohner, die Dorffrauen und -kinder und die alten Männer, die sich den Schnee von den Stiefeln klopften und sich um den Baum drängten. Die beiden Russinnen hatten ihre schönsten Kleider an, mit großen Goldkreuzen bestickt. Die Vermischung all dieser Menschen, die sich zuvor nicht gekannt hatten, und von denen die meisten durch das Schicksal zu uns gespült worden waren, wie Boote an einen fremden Strand, und die nun ausschauten, ob nicht doch noch einmal ein günstiger Wind sie zurückwehen würde, – diese Menschen gaben dem Abend die Tiefe. Sie mußten sich einreihen in ein fremdes Haus, Rücksicht nehmen auf fremde

Gewohnheiten, und wir mußten Platz machen für fremde Menschen. Die Abwesenheit der jungen Männer und Mädchen gab dem ganzen Kreis etwas seltsam Ernstes. Das Glänzende, Festliche, die Fröhlichkeit fehlte, aber gerade deshalb rückten die Menschen um so enger zusammen und erzeugten Stimmung, die ich mit einem einzigen Wort bezeichnen möchte: Einmütigkeit.

Die Kinder hatten gesungen: »Wie soll ich dich empfangen und wie begegn' ich dir?« Es ist dieselbe Weise des Chorals aus Bachs Matthäuspassion: »O Haupt voll Blut und Wunden.« Damit ist der große Bogen von Weihnachten zu Karfreitag gespannt. Dann sprach unser Pfarrer. Alle warteten auf ein Wort der Sinngebung an diesem Heiligen Abend. Nun kam es:

»Das Vaterhaus ist immer da, wie wechselnd auch die Lose,
Es bleibt das Kreuz von Golgatha Heimat für Heimatlose.«

Manche werden dies für sentimental halten. Uns traf es mitten ins Herz. Kein Christnachtswort, nur das Kreuz ohne Ausblick auf Ostern; Golgatha und die Stunde, von der die Bibel sagt:

»Da verließen ihn alle Jünger und flohen.«

Unser Pfarrer wagte es, uns das Kreuz als einziges anzubieten. Der Heimatbegriff ist nicht erschöpft mit dem Boden unter unseren Füßen, er hob ihn hoch empor in eine Region, die wir in diesem Augenblick alle erblickten.

Januar 1945. Der Alltag zog wieder ein. Vielleicht hatte man zu schwarz gesehen nach der Enttäuschung der gescheiterten Ardennenoffensive? Ich bangte sehr um Wuschi, die auf ein Lazarettschiff versetzt werden sollte. Lange hatte ich sie nicht mehr gesehen. Ein Jahr zuvor war sie Weihnachten bei uns gewesen und wollte zu Dohnas auf ein Tanzfest gehen, wozu sie sich mein schönes, rotes

Abendkleid erbettelte. Wie dumpf und drohend war dagegen dieser Januar. Und doch mußte ich immer wieder an das Wort denken: »Jugend ist Trunkenheit ohne Wein«, anders gesagt, Jugend ist ein Glückszustand an sich. Mein Vetter Albrecht Bussche war aus dem Lazarett nach Wildenhoff gekommen, um seine Verwundung an Hand und Schulter auszukurieren. Er brachte viel Munterkeit mit. Lori war als zweite Lehrkraft in der Dorfschule eingesetzt. Sie hatte nichts anderes im Kopf, als den Vetter Albrecht zu veranlassen, den Schulrat von Pr. Eylau in unserer kleinen Dorfschule zu spielen. Tatsächlich erschien er im dunklen Anzug mit Brille und Aktentasche und brachte den Lehrer in zappelnde Verlegenheit. Die oberste Schulbehörde war 25 km weit entfernt, und die Visiten waren während des Krieges ohne Auto vollständig eingeschlafen. Solch ein Volksschullehrer auf dem Lande regierte wie ein König, was man seinem großen, gepflegten Gemüsegarten, in dem die Schulkinder oft werkelten, und seinen ungezählten Bienenstöcken auch ansah. –

In schnellem Wechsel kam immer wieder Einquartierung; und so hatten auch die Küchenmädchen ihren Spaß und ihren Abschiedsschmerz, – bis wieder neue Soldaten Quartier haben wollten. Wie nahe waren unsere Einsatztruppen! Otto hatte seinen Leutnant Rosenkranz geschickt, der Lebensmittel und Wäsche für ihn und seine Männer an die Front bringen sollte. –

Die Flüchtlingskinder tobten auf dem Hof und spielten Versteck in Ställen und Scheunen und zogen den jauchzenden Eberhard im Rodelschlitten hinter sich her. – Dazwischen kamen Nachrichten vom sich unaufhaltsam heranwälzenden russischen Heer. Gelegentlich stellten Albrecht und Lori den Wehrmachtsbericht im Radio an,

und wenn es bedrohlich klang, sagten sie »oll« und schalteten wieder ab. –
Meine Eltern waren am 7. Januar ins Reich nach Mecklenburg auf eine andere Zuchtstelle gefahren. Gisela mußte wieder ins Internat nach Heiligengrabe zurück. Ihre Reise ging über Walsleben. Ich entschloß mich, mit ihr zu fahren, um nach den Kindern und dem Betrieb zu sehen. Lori und Albrecht blieben in Wildenhoff zurück und hüteten Eberhard, dem sie das Laufen beibrachten.
In Berlin stiegen Gisela und ich um und gingen durch die nun völlig zertrümmerte Stadt. – Meine Schwiegermutter, die alte Müh, hatte wenige Tage vor dem größten Angriff Schutz in Walsleben gefunden. Ihre Wohnung am Tiergarten war nun ein kleines Staubhäufchen. Als ich das letzte Mal hier in der Stülerstraße in ihren gemütlichen Räumen war, hatte ich sie um Herausgabe des Kurfürstenschlüssels gebeten, der dem Oberpräsidenten Schwerin vom Großen Kurfürsten bei der Verleihung der Erbkämmererwürde verliehen worden war. Der fast ¼ Meter lange goldene Schlüssel, in dessen Griffteil der Preußenadler mit Diamanten eingearbeitet war, wurde an einer langen schweren Goldkette von dem jeweiligen Besitzer von Walsleben – Wildenhoff über der Uniform getragen. Er war das Symbol einer Zeit, in der das karge Preußen sich zu beachtlichem Glanz erhob. Jetzt war er in einem Unterwassersafe unter der Spree untergebracht. Ich bat die Müh, ihn mir anzuvertrauen. »Liebes Kind«, sagte sie, »den Schlüssel bekommst du nicht. Es gibt nichts Sichereres als der Ort, an dem er sich jetzt befindet.« Ich bettelte so lange, bis ich mir den Schlüssel abholen konnte. Sie hat mir nie etwas abgeschlagen. Auf diese Weise ist das kostbare Stück samt der Urkunde gerettet worden. Die Unterwassersafes aber sind bei der Eroberung von Berlin zertrümmert wor-

den und im Strom untergegangen. Einen einzigen soll man noch gefunden haben. An diesem 11. Januar 1945 gingen Gisela und ich nun zum Umsteigebahnhof, dem »Anhalter«. Wir irrten durch die Straßen und über Plätze, die man nur an den wieder aufgerichteten schiefen Wegweisern erkannte, durch zertrümmerte Mauerreste. Der Bericht eines Freundes, der diese Bombennächte in Berlin miterlebt hatte, fiel mir ein: »Auch das Gebiet um den Zoo herum war mitbetroffen. Das durch die Flammen jagende Großwild wie Löwen und Tiger mußte erschossen werden. Ich suchte Zuflucht und öffnete irgendeine Tür. Es war die Hintertür des Aquariums. Auf der Treppe bleckten mir die übereinander getürmten, im Erstickungstod weit aufgerissenen Mäuler der Krokodile und Aligatoren entgegen.«
Gisela und ich hasteten weiter. Trotz der Vormittagssonne war alles unheimlich. Ich sah auf ein Wort, das in Messingbuchstaben an einer hohen, noch stehengebliebenen gezackten Hauswand durch die Erschütterung ins Wanken gekommen war und das sich nun Buchstabe für Buchstabe treppenförmig in den Straßenschutt hinunterstufte, – es war das Wort: *Lebensversicherung.*
Während der Fahrt nach Walsleben kam ein Luftangriff mit knatternder Flak noch bei Tageslicht. Auch unser Zug lag im Feuerbereich und blieb stehen. Gisela setzte sich auf meinen Schoß. Wir sagten uns, wenn es uns treffen sollte, dann sind wir wenigstens zusammen. Die Menschen stürzten mit Geschrei aus dem Waggon aufs Feld, mit und ohne Koffer, völlig kopflos. Wir sahen aus dem Fenster, wie ein englisches Flugzeug getroffen wurde und mit langem Flammenschweif in den nahen Wald abstürzte. Ich mußte an den Jüngsten von uns Geschwistern denken, an unser Mäxchen, den wir durch solch einen Fliegertod verloren haben. Ein beklemmendes Gefühl, so gelassen zu sitzen

und zuzuschauen, wie zwei junge Leben in Sekundenschnelle verglühen.
Die Flak verstummte und der Zug setzte sich wieder in Bewegung. Bald darauf saßen wir mit den Kindern um den schwach erleuchteten Abendbrottisch. Nur für wenige Stunden gab es Licht und Strom. Darum war das tägliche Tun, das Kochen, das Bügeln und vor allem das Stopfen der immer schlechter werdenden Kinderkleidung ein Wettrennen mit dem Tageslicht. Kerzen waren rar, aber das Kaminfeuer leuchtete uns in die Nacht hinein. Am nächsten Morgen war Ottos 6. Geburtstag. Wir sangen vor seiner Tür. Die Kinder liebten das und nahmen es mit einer seltsam erwachsen wirkenden Würde entgegen. »Vielen Dank für den schönen Gesang«, klang es aus dem dunklen Zimmer.
Am selben Tage kündeten die Wehrmachtsberichte von dem Durchbruch der Russen am Narewbogen, unweit des Ortes, in dem mein Mann mit seinem Infanteriebataillon lag. Noch ahnte ich nicht, daß sein Kommandeur ihn an die Front versetzt hatte, weil er das einzige Bataillon führte, in dem jeder Mann Besitzer einer Maschinenpistole war. Er selbst hatte sich diese bei seinem letzten Urlaub auf dem bei Wildenhoff gelegenen Truppenübungsplatz Stablack verschafft. Es soll damals Einheiten gegeben haben, wo nur jeder zehnte Mann eine solche Waffe besaß. –
Es trieb mich nach Wildenhoff zurück. Auf dem Stettiner Bahnhof in Berlin war schon ein wildes Durcheinander von Zivilisten, Soldaten und Gepäckhaufen. – Dort traf ich Gerti Graf Kanitz, Vetter, Freund und außerdem Besitzer des schönen Podangen in Ostpreußen. Unter der Regierung Stresemann war er Landwirtschaftsminister gewesen. »Ich bin auf der Suche nach meiner Schafherde« sagte er. Diese galt als eine der besten Deutschlands. »Ich hatte

Gelegenheit, die Tiere mit einem Sondertransport aus Ostpreußen herauszubringen. Nun ist die Herde unauffindbar! Aber was machst du denn jetzt hier?« »Ich will zurück nach Wildenhoff, wo ich meinen Jüngsten habe und in der Provinz sowieso noch zwei Töchter.« »Das ist unmöglich!« sagte er, »Du kommst nicht mehr durch! Die Strecke wird freigehalten für Züge aus Ostpreußen heraus, und du willst in diesen Wahnsinnskessel hinein?« Mir wurde eiskalt. Ich bekam noch einen Platz in einem überfüllten Zug. Es ging in kurzen Etappen und mit langen Aufenthalten ohne Umsteigen durch bis Königsberg. Ins Parkhotel! Ich saß am Frühstückstisch zusammen mit einem mir unbekannten General v. St. Ich brauchte Rat.Ich beschrieb ihm die Lage der Besitze, die Aufenthaltsorte unserer Kinder und erwog die Möglichkeit eines Trecks. – »Sie wissen, daß jeder Treckversuch verhindert wird und eine Zuwiderhandlung mit dem Tode betraft werden kann. Für Sie gibt es nur eines: zurück auf Ihr Gut hier, und unter keinen Umständen eine Flucht vorbereiten!« –

Der Hotelbesitzer, uns wohlbekannt, trat an den Tisch und sagte zu mir: »Gut, daß ich Sie treffe. Ihr Mann hat angerufen, Sie möchten Ihren kleinen Sohn nach – – ich habe den Ort vergessen, aber Ihr Mann betonte, zu seinen Geschwistern bringen. Ich habe seine Stimme genau erkannt!« – »Von wo kam das Gespräch?« Achselzucken! Eine seltsame Geschichte. In diesem Augenblick kam Oskar v. Hindenburg in das Frühstückszimmer und, meiner ansichtig werdend, kehrte er auf dem Hacken um, die Klinke noch in der Hand, als sei ich ein Gespenst. Merkwürdiges Benehmen! Es sollte sich bald aufklären.

Ich fuhr mit dem Personenzug nach Wildenhoff. Da stand unser lieber Kutscher Bartsch in heller Wintersonne bei

strahlend blauem Himmel. Es war einer dieser Zaubertage, die über das ganze Land ein weißes Spitzentuch werfen. Nicht nur Bäume und Büsche, alles Unansehnliche, wie Drahtzäune und alte Gräser, werden ein Kunstwerk des Rauhreifes. »Gustav«, sagte ich, »jetzt müssen wir alle kleinen Kinder und auch unseren Eberhard nach Walsleben bringen, es wird ernst.« »Ach nein« war die Antwort, »unseren Eberhard geben wir nicht ab, es ist ja ganz still hier und die fernen Geschütze haben wir doch auch im Polenfeldzug gehört.« Die Pferde trabten an. Jetzt muß ich einige Monate zurückblenden, um eine meiner erstaunlichsten menschlichen Erfahrungen zu berichten.
Hochsommer 1944.
In Landsberg, der kleinen Stadt in unserer Nähe, wo auch unsere tägliche Milch hingeliefert wurde, machte ich Besorgungen. In einem Laden wurde ich von einer fremden Frau angesprochen. »Mein Name ist Neusesser. Mein Mann ist der Inhaber einer der größten Bindegarnfabriken Deutschlands. Wir kommen auch oft nach Ostpreußen, um die Garne für die Ernten zu liefern. Ich habe Freifahrt durch ganz Deutschland. Ich habe erfahren, daß Sie Ihren kleinen Sohn bei sich haben. Ich weiß auch, daß Sie keine Möglichkeit haben, so herumzureisen, wie Sie gern möchten. Ich verspreche Ihnen, wenn es ernst wird und Sie auf Ihrem Gut gebunden sind, komme ich und bringe Ihren Jungen in Sicherheit. Ich selbst habe zwei kleine Töchter, ich kann mir vorstellen, wie Ihnen zumute ist, wenn Sie an die Zukunft denken.« – Das alles war gesagt zu einer Zeit, wo allein dieses Gespräch Frau Neusesser hätte ins KZ bringen können. Ein wenig erstaunt und ungläubig dankte ich ihr für die Bereitschaft. Ich erinnere mich nur verschwommen an diese Begegnung. – Man war argwöhnisch damals, es hätte auch eine Falle sein können. –

Jetzt, an diesem 19. Januar, etwa 6 Monate später, kam mir Albertchen auf der Terrasse entgegen und sagte: »Eine Frau Neusesser hat angerufen. Sie hat für heute abend drei Schlafwagenkarten für den Zug 19.20 Uhr von Insterburg kommend über Königsberg nach Berlin. Sie wartet ab 18.00 Uhr auf dem Königsberger Bahnhof.« – Es blieb nicht lange Zeit zum Überlegen. Frage an das Hausmädchen Mariechen: »Bist du bereit, mit Eberhard nach Walsleben zu fahren? In zwei Stunden geht es los, ich komme nur bis Königsberg mit. Dort gibt es einen Schlafwagen, und eine nette Dame wird euch begleiten.« Mariechen nickte. Sie hatte bis dahin Ostpreußen nie verlassen, und sie hatte auch gar keine Zeit, sich von ihren Eltern im Nachbardorf zu verabschieden. Schnelles, konzentriertes Packen, etwas Essen, und einige Milchflaschen für den Kleinen für Abendbrot und Frühstück, dann würden sie ja gegen Mittag in Walsleben sein. Das Züglein kam pünktlich, aber was für Insassen! Alles Flüchtlinge aus dem Osten, die schon tagelang unterwegs waren. Zwei kleine Kinder quengelten blaß und tränenverschmiert auf dem Schoß ihrer Mutter, weil die Nahrung ausgegangen war. Eberhard aber saß rosig und satt auf meinem Schoß. So verschenkte ich seine Milchflaschen bis auf zwei, das mußte reichen!
Natürlich kamen wir verspätet in Königsberg an, aber wir trafen gleich Frau Neusesser, die am Bahnsteig auf uns wartete. Der Bahnhof hatte sich in den letzten 8 Stunden völlig verwandelt. Es herrschte ein Drängen, Rufen und Schreien, und als Hintergrund zu allem Stimmengewirr vernahm man dieses typische Brausen, das sich so nur in den hohen Gewölben von Bahnhofshallen bildet. In mein winziges Einzelschicksal griff das historische Geschehen, das sich wie eine dunkle Flut heranwälzte und alles in

seine mächtigen Strudel zog. Die Menschen saßen dicht aneinander gepreßt mit angstvoll aufgerissenen Augen, weißem Atem vor den Gesichtern, denn das Thermometer war inzwischen auf minus 19 Grad gesunken. Die Fata Morgana eines Schlafwagens entschwand, als wir erfuhren, daß der Insterburger Zug nicht mehr kommen würde, denn die Russen hätten diese Strecke bereits erobert und abgeschnitten. Die Stunden vergingen, der Kleine mußte unbedingt umgezogen werden. Wie die Stätte einer begnadeten Welt erschien mir das gläserne Häuschen des Stationsvorstehers. Dort mußte es warm sein! Ich riskierte, mit Eberhard auf dem Arm einzutreten, wurde aber sofort wieder herausgesetzt. »Sie sind mindestens die 50. Mutter, die ihr Baby trockenlegen möchte. Wir aber müssen unseren Dienst versehen!« –

Die Milch war inzwischen alle geworden. Sie war ja Schlaf- und Wärmeersatz. Ich machte mich auf den Weg in die Stadt, um irgendeine Kindernahrung aufzutreiben. Was heißt Stadt? Ein Trümmermeer ohne Beleuchtung. Ich weiß nur noch, daß ich über Schutt und durch Löcher stolperte und eine Kellertür sich auftat. An einer Theke bekam ich Milch. Eine unglaubliche Gabe! Zurück in die hoffnungslose Bahnhofssituation. Hier schienen sich die Menschen verdoppelt zu haben. Das tiefe Dröhnen umgab mich wieder, und überall sah ich Kinder in weißen Pelzmäntelchen, bis ich schließlich im Gewühle Eberhard erkannte. Da dampfte ein Zug heran mit wolkigen Schwaden, wie nur große Kälte sie aufblähen läßt. Lautes Stimmengewirr: »Der Zug fährt nach Dresden!« Sehnsuchtsziel einer völlig unzerstörten Stadt,– und schon wurde er gestürmt. Man quetschte sich in die schmalen Türen der schon überfüllten Waggons, Koffer wurden auf den Bahnsteig geschleudert, die Stärkeren drängten sich vor. Alle beherrschte ein einziger Gedanke: »ins Reich, ins Reich«. Ganz gleich in welche Stadt, nur heraus aus Ostpreußen! Auch Frau Neusesser und ich versuchten, mitzutun, aber wir standen hoffnungslos in der vierten Reihe, und schon entstanden Menschentrauben auf Plattformen und auf den kleinen Eisenleitern bis hinauf zum Wagendach. Wir gaben auf. Ein Pfiff, – und der überladene Zug glitt ins Dunkel, von traurig enttäuschten und verzweifelten Blikken verfolgt. Einige Soldaten fluchten, gewiß wollten sie sich absetzen. –

Eberhard wurde blaß in seiner Verpackung. Ich war bereit, auf irgendeine Weise nach Wildenhoff zurückzukehren. Frau Neusesser aber blieb ruhig und überlegen. Ich hatte sechs Eier in meiner Tasche. Ein Streckenwärter wurde gefragt, ob er bereit sei, für dieses Geschenk uns an einen warmen Ort zu führen. Er strahlte. »Es gibt noch den Waggon, der an den Insterburger Zug angehängt werden sollte. Dieser Wagen steht noch unter Dampf. Aber es ist ein weiter Weg über Gleise, Schwellen und den frisch gefallenen Schnee. Wenn Sie das auf sich nehmen wollen?« Und ob wir wollten! Wie riesig ist solch ein Rangiergelände, wie unheimlich ohne jede Beleuchtung. Wir strauchelten über Schienen, Geröll und Aufschüttungen, – unser Eierbesitzer immer voran. Plötzlich kam weißer Dampf, eine Tür öffnete sich, hoch hinauf die Stufen, und wir sanken in weiche Polster, von strömender Wärme umgeben. In solchen Augenblicken gibt es keine Vergangenheit und keine Zukunft, – wenn die Gegenwart gesichert ist, stellt sich ein Dankgefühl ohnegleichen ein. So saßen wir wohl eine Stunde im tiefdunklen Abteil, – da kam ein Pfiff! Von *Osten!* Wie genau kannte man damals nach Gehör die Himmelsrichtungen. Die Tür wurde aufgerissen und eine Stimme rief: »Der Zug aus Insterburg ist durchgekommen. Dieser Wagen wird gleich angehängt, und dann geht es ab nach Berlin.« Ich sprang heraus und sah noch als letztes das lächelnde, hellwache Babygesicht, von Mariechen liebevoll umschlungen, und das zuversichtliche Winken von Frau Neusesser. Dann veschwand der Zug. Ich konnte nicht ahnen, daß er sieben Tage unterwegs sein würde.

Der Morgen dämmerte schon fast, als ich die erste Straßenbahn in das Parkhotel nahm. Geisterhaft zog die Trümmerstadt an mir vorüber.Dann kam bleierner Schlaf. Ich wachte auf von einem Klopfen an der Tür. Loris Stimme. Warum war sie mir bis hierher gefolgt, wo sie mich doch in Wildenhoff vertreten sollte? Sekunden darauf wußte ich, daß Otto, mein Mann, gefallen war. – Mein Ohr hörte die Worte, aber ich nahm sie nicht an. Es war ein Traumzustand mit dem drängenden Wunsch zu erwachen. Von nun an war ich einem Dualismus unterworfen, der das innere Leben vom äußeren trennte. Äußerlich handelte ich verständig und überlegt, für manche Beobachter kühl. Aber alles war nur eine Flucht, um nicht zu begreifen, um nicht denken zu müssen. Ich ging noch am selben Vormittag zum Oberbürgermeister Will, um ihm, der oft mit der Festungskommandantur zusammengearbeitet hatte, den Tod mitzuteilen. Im Grunde aber benutzte ich diese Begegnung, um die allgemeine Lage abzutasten. Hier hatte ich ja nun die besten Informationsmöglichkeiten. – Ich wurde außerordentlich freundlich, ja bewegt aufgenommen. Wieder war ich beschämt über mich, daß ich einen erschütternden Anlaß benutzte, um praktisch weiterzukommen. In mir brannte ein Höllenfeuer, nach außen taktierte ich. Man war zu jeder Auskunft bereit. Die Menschen begannen sich zu häuten. Auch die Bewahrung der Kunstschätze in Wildenhoff brachte ich als Überlegung

mit ins Gespräch. – »An eine Rettung der musealen Kostbarkeiten, ob russischer oder deutscher Herkunft, ist nicht mehr zu denken. Es geht nur noch um Menschenleben. Die Bevölkerung, die nicht im Kriegseinsatz ist, muß heraus aus Ostpreußen«, sagte Will. Er fuhr fort: »Ich habe täglich 15 D-Züge mehr ins Reich einschieben lassen, zunächst einmal für die nächsten vier Tage. Alle aber, die die Möglichkeit haben, zu trecken oder sich einem ländlichen Treck anzuschließen, sollten sich auf den Weg machen.« Dann überlegte er und meinte abschließend: »Aber sagen Sie das noch nicht öffentlich, denn die obersten Parteifunktionäre, sprich der Gauleiter, zögern noch. Dies gilt wahrscheinlich nur noch für die nächsten Stunden.«
Ich wußte nun genug. Schnell nach Hause! Aber nach Wildenhoff gab es bereits keine Züge mehr. So nahmen wir eine andere Verbindung bis Lichtenfeld, wo wir unsern Nachbarn, Ottokar v. Steegen, durch Ortsgespräch erreichen konnten. Während Lori mit ihm telefonierte, war ich einige Minuten ganz allein im Staionsgebäude. Jetzt begriff ich alles. Seitdem weiß ich, daß man Menschen in solchen Situationen nie allein lassen sollte. –
Mit den schnellen Steegen'schen Pferden waren wir bald in Wildenhoff. Es begann die Zeit, in der die Technik oft versagen sollte.
Bevor Lori zu mir nach Königsberg gekommen war, hatte sie erreicht, daß der bereits eingezogene Rungk vom Volkssturm entlassen worden und zurückgekommen war. Ich saß mit ihm an meinem Schreibtisch, und zwischen wichtigen Papieren, die wir sortierten, lag eine winzige Pistole mit Munition, die mir zur Aufbewahrung von einem Neffen anvertraut worden war, als er ins Feld zog. – Ich übergab sie ihm. Er nahm sie mit tiefer Verbeugung fast strahlend an.

Nun bat ich die jungen Mütter von Kleinkindern zu mir und sagte ihnen, ein Treck würde vorbereitet, sie aber hätten die Möglichkeit, ebenso wie die alten Menschen, mit mir in der Bahn nach Walsleben zu fahren. Ich selbst führe bestimmt mit dem Zug, um in Walsleben alles für ca. 100–120 Menschen vorzubereiten. – Sie überlegten und lehnten ab. Putti Rehberg, die Gärtnerstochter, meinte: »Wenn es gefährlich wird, dann sorgt doch die NS-Volkswohlfahrt für uns. Aber es ist ja noch ganz ruhig hier.« – Sie alle glaubten meinen Schilderungen nicht. Sie waren noch nicht in zerstörten Städten gewesen, nicht im Getümmel der Bahnhöfe, ja, sie hatten noch nie eine Bombennacht erlebt. So reichte ihre Phantasie nicht aus, sich die Zustände vorzustellen, und deshalb wollte niemand meinen drängenden Worten nachgeben. –
Von den Kleinkindern dieser jungen Frauen ist keines am Leben geblieben. Die Flüchtlinge in unserem Haus – *sie* begannen zu packen und sich zu lösen, sie kannten schon die Treckgesetze und das Landstraßenleben. Nun waren auch sie nach 5–6 Monaten Ankerplatz bei uns wieder heimatlos.
Den ganzen Abend habe ich ein- und ausgepackt. Ab und zu streifte mich, wenn ich durch das Treppenhaus ging, der Blick eines Ahnenbildes.
Wir wollten mit Pferdewagen an die D-Zug Station Heiligenbeil, um von dort einen der vom Bürgermeister Will versprochenen Züge nach Berlin zu erreichen, – Lori, Albrecht von Bussche und ich. – Rungk hingegen würde den Treck vorbereiten. Treffpunkt Walsleben!
– – Die lieben Ahnenbilder, deren Augen mich gar nicht verließen, wie konnte ich ihnen entgehen? Sie wurden aus den schweren Rahmen geschnitten, zusammengerollt und im Keller eingemauert. Schon 1914 ist es ihnen so ergan-

gen, während das kostbare Archiv nach Frankfurt/Main ausgelagert worden war. Nun konnte man nicht mehr sagen: »Wenn wir wiederkommen!« Nur drei Dinge wollte ich auf die Bahnfahrt mitnehmen; einmal das Bild meines Mannes, von Prof. Rhein gemalt. Er war Liebermannschüler. Ein nobler, ritterlicher Mann. Mein Vater verstand sich gut mit ihm. Die Sitzungen bei ihm wurden oft lang, weil er als Musikenthusiast das Gespräch immer auf Melodien, Opern und Operetten lenkte und, mir zur Erklärung, den Pinsel als Taktstock benutzte. Viele seiner Bilder sind zerstört, auch das prachtvolle Bild von Adenauer. Manche sind in Berliner und Wiesbadener Museen noch zu sehen. Als zweites packte ich den Becher Friedrichs des Großen ein, den der König nach gewonnener Schlacht dem General von Braun geschenkt hatte. Dieser herrliche Silberbecher war innen vergoldet, und in dem Rund seines Fußes war in einer Münze das Portrait Friedrichs des Großen eingelassen. Von Generation zu Generation vererbt, war der Becher früher an den Besitz Neucken gebunden. In den zwanziger und dreißiger Jahren geriet Neukken, wie so viele Güter, in landwirtschaftliche Schwierigkeiten. Die Schulden wuchsen. Mein Mann hatte eine begnadete Hand im Sanieren von Gütern und deren Gesundung nach neuen wirtschaftlichen Erkenntnissen. Auch hatte er einen Spürsinn für tüchtige und passionierte Verwalter. So war Neucken unter seiner Hand nach 5 Jahren aus den roten Zahlen heraus und ein rentabler Betrieb geworden. Als Dank der Becher! Otto konnte das kostbare Geschenk nicht zurückweisen. Er hat mir gesagt, kaum je in seinem Leben habe ihn eine Anerkennung innerlich so berührt wie diese. Immer stand der Becher auf seinem Schreibtisch. – Später werde ich erzählen, wie er verlorenging. Wie gern hätte ich ihn Vater Braun, dem

letzten Besitzer von Neuecken und Vater von Wernher, an seinem 90. Geburtstag in Bayern zurückgereicht! – Der dritte wertvolle Gegenstand war ein Ölbild von dem Tiermaler Steffek: eine wunderschöne Pointerhündin in Lebensgröße, weiß mit braunen Flecken, den Blick mit großer Aufmerksamkeit unter der Faltenstirn in die Ferne gerichtet, als wittere sie ein Stück Wild. Diese Hündin war ein Geschenk der schönen, geistvollen und oft umschatteten Kaiserin Elisabeth von Österreich an meinen Schwiegervater gewesen. Bei seinem Aufenthalt als Militärattaché in Wien hatte sie Gefallen an ihm gefunden und lud ihn zuweilen zu ihren Morgenritten ein. Zum Abschied schenkte sie ihm die Hündin, die mein Schwiegervater porträtieren ließ. Das Grab des geliebten Tieres im Park von Wildenhoff wurde bis zum Schluß betreut.
Die letzte Nacht in Wildenhoff.
Ich durchwachte sie beim Flackerschein einer Kerze. Der Wind polterte in den Schornsteinen, – wie gern hatte ich diese Geräusche, denn sie gaben ein Gefühl des Geborgenseins in den gewaltigen Mauern. Heute aber heulten sie unheimlich. Und doch wollte ich alles noch einmal durchleben: das Schütteln des Sturmes, wenn er das Haus umwehte oder umbrauste. Dann riß er in den Kronen der knarrenden alten Kastanien oder er sauste nieder als Fallwind auf den Teich, der bei schwerem Frost mit Donnern und Krachen antwortete. Hier taucht Sternchens winzige Gestalt auf, wie sie sich, vierjährig, auf das Eis wagte und nach Hause lief, atemlos: »ne, Angs, ne Angs!« Wie waren die Kinder so weit und ihre Zimmer neben mir so verändert. Vorgestern waren wir noch zusammen! – Die ganze Nacht über bewegten sich die Bilder, tauchten auf, zogen vorüber und verschwanden. Auch die weichen Sommertage! Die Junimorgen, wenn es herausging zur Rehbock-

pirsch. Da löste sich der Nebel über den Wiesen und enthüllte das Land, das übersät war mit unzähligen Tautropfen, in denen sich die aufgehende Sonne spiegelte. Wenn die flimmernde Hitze über dem Ernteland lag, krochen die Kinder in die alte Trauerbuche mit den langen seidigen Zweigen, die wie Schleier bis zur Erde herabhingen. Ihr Lachen in der Kühle des Verstecks, dann das Rädergeräusch des Jagdwagens, die Zügelhand meines Mannes, fest und leicht zugleich, – mit einer mir bisher unbekannten Intensität des Wiedererlebens holte mir diese Nacht noch einmal alles zurück, – Jahreszeiten, Arbeitswochen, Kirchgang durch Sommerfelder oder mit Schlittengeläut – nichts davon sollte nun mehr meine Gegenwart sein.

Am nächsten Morgen war ich entschlossen, nicht zu fahren. Die Feldpostnummer mit der Gefallenennachricht war um eine Zahl verschieden von der, die ich bisher benutzt hatte. Vor allem aber wühlte in mir das merkwürdige Telephongespräch, das mir der Hotelbesitzer am Tage zuvor übermittelt hatte, mit dem wiederholten Satz: »Die Stimme kam von sehr weit her, aber ich kenne Ihren Mann doch so gut, daß ich sagen kann, *er war es.*« Dieses Gespräch ist aber *nach* den schweren Kämpfen und der völligen Vernichtung des Gefechtsstandes geführt worden! –

Und dann Sophie! Sie arbeitete in einem Kinderheim an der Küste als Schwester. Nach den Wehrmachtsberichten mußte dieses unmittelbar von den Russen überrollt werden. Am 20. Januar, bevor ich Oberbürgermeister Will aufsuchte, hatte ich Siegfried v. Schrötter gebeten, Sophie über seine militärischen Telephonmöglichkeiten eine Nachricht zu übermitteln. Er bekam keine Verbindung mit dem Kinderheim, nicht einmal mehr mit dem Ort. Meine

Aufregung steigerte sich. Ich fühlte mich nicht imstande, mich in einen Zug zu setzen in dem Bewußtsein, daß sie mit ihren 22 Jahren in die Hände der Russen fallen könnte. »Solange noch ein Kind von uns in Ostpreußen ist, gehe ich nicht fort« sagte ich zu Lori. Da kam Ottokar v. Steegen. Nie habe ich ihn so aufgebracht gesehen. »Weißt du nicht, wo deine Pflichten liegen? Dort, wo die Mehrzahl eurer Kinder ist, dort, wo du für alle die Menschen hier ein neues Dasein vorbereiten kannst. – Du gehörst nach Walsleben!«
Ich mußte an Otto denken, der immer sagte: »Wenn dieses alles hier ein schlimmes Ende nimmt, haben wir eine neue Heimat und eine Aufgabe: Walsleben!« Ich fand einmal auf seinem Nachttisch eine Zeichnung des alten Gutshauses in Walsleben mit Verbesserungen und Ausbauten für unsere große Familie. Das jahrhundertealte Fachwerkgebäude mit gebrochenem Dach hatte zwar einen verstaubten Charme, war aber unpraktisch und teilweise sogar verkommen. Mein Mann hatte gedanklich vorgesorgt für diesen Heimatwechsel. Er hatte mir das Blatt nie gezeigt, wahrscheinlich, um mich seinen Pessimismus über den Kriegsausgang nicht so deutlich spüren zu lassen. Ich glaube, wir haben einander zu viel Rücksicht entgegengebracht. Es entsteht da leicht die Gefahr der uneingestandenen und unausgesprochenen Trennung der persönlichen Ansichten. Diese Zeichnung wurde ein Wegweiser.
Bald stand der Kutscher Wermke mit den herrlichen Rappen und einem Schlitten vor der Tür. Mit beladenem Herzen, in ständigem Grübeln mit Sophie beschäftigt, bestieg ich mit Lori und Albrecht den Schlitten. Auf nach Heiligenbeil zum D-Zug! Albertchen legte mir noch den schweren Jagdmantel meines Mannes auf die Knie, eine väterliche Geste. »Bitte kommt schnell nach, wir bereiten in Walsleben alles vor, wir sind ja spätestens morgen da!«

So ungefähr mögen meine letzten Worte gewesen sein. Die Pferde zogen an. Es schneite in feinen, sehr dichten Flokken in der bleigrauen Nachmittagsdämmerung. Über den Feldsteinweg glitten wir unter den Ästen der Eichen entlang. –
Jetzt muß ich, damit man die Situation richtig versteht, eine ganz genaue Beschreibung geben. Nach einem Kilometer trifft der Eichenweg auf die Chausee Zinten-Landsberg. Um Heiligenbeil zu erreichen, muß man hier im rechten Winkel rechts abbiegen. Nach 300 Metern mündet rechts ein Landweg ein, der zum Bahnhof Wildenhoff führt. Etwa 8 Meter hat dieser einmündende Weg mit unserer Chausee gemeinsam. Bei dem Geräusch eines abfahrenden Zuges sahen wir eine durch Schneegestöber nicht zu erkennende Gestalt auf dieser Kreuzung. Und dann die Stimme von Sophie: »Wo fahrt ihr hin?« Es waren höchstens zwei Sekunden, in denen wir einander begegnen und erkennen konnten. Wir zerrten sie förmlich in den Schlitten und waren zuerst einmal völlig sprachlos. »Was für ein Zufall«, sagte der eine, »welches Glück« ein anderer. »Ein Gebet muß kurz, aber heftig zum Himmel stoßen«, sagt Luther.
Sophie hatte im Kinderheim um Urlaub gebeten mit der verständlichen Begründung, sie müsse ihren kleinen Bruder retten, weil sie mich in Walsleben glaubte. – Ich sah sie an. »Du möchtest ›es‹ noch einmal sehen?« Sie nickte. »Es kommt auf eine Stunde nicht an«, sagte ich. So kehrten wir um, und dieses doppelte Abschiedserlebnis barg eine Wiederholungsmöglichkeit in sich, was gegen jeden Verstand merkwürdig tröstlich war.
Die Rappen trabten schnell. Die Entfernung von zu Hause vergrößerte sich rascher als gedacht. Wermke wurde einsilbig. »Sie wollen nach Haus zu ihrer Frau?« fragte ich

ihn. Er stimmte zu. Wir werden hier gewiß von einem der vielen Wehrmachtsautos mitgenommen und sind dann noch schneller in Heiligenbeil, als mit den Pferden und damit bald in einem der D-Züge nach Berlin, dachte ich. Wir stiegen aus. Es war die dümmste Entscheidung, die man treffen konnte, an der mich auch die drei anderen nicht gehindert haben. Wermke aber zog seine Straße fröhlich, und die glänzenden Rappen mit dem gemütlichen Schlitten und der wärmenden Fuchsdecke trabten heimwärts, während wir uns an den Straßenrand stellten. Wir hatten unsere Koffer, in denen sich auch einige Silbersachen befanden, die Bilderrolle und den Pelzmantel meines Mannes mitgenommen, seinen umgearbeiteten Offiziersmantel aus dem Ersten Weltkrieg. Die Fuchsdecke wäre für die ganze Familie nützlicher gewesen, aber hier entschieden andere Motive. Bald nahm uns einer der vorüberfahrenden Militär-LKWs mit und setzte uns in Heiligenbeil ab, gerade in dem Augenblick, als ein Zug von Osten kommend in Richtung Westen in die Bahnhofshalle einfuhr. Welch ein Chance – aber zugleich – welch eine Qual!

Die Station war noch ungefähr 200 Meter von uns entfernt und die Straße dorthin von den vielen Wehrmachtswagen spiegelglatt gefahren und selbstverständlich nicht gestreut. Wir schoben uns gegenseitig und rutschten mehr als wir gingen die leichte Anhöhe hinauf, um den Zug noch zu erreichen. Wir waren durch die letzten Tage und Albrecht durch seine kaum verheilte Verwundung ja alle entkräftet. Schwäche, Mutlosigkeit und Lebenswille kämpften in uns in dieser angespannten und fast trostlosen Situation. In Angst, zu spät zu kommen, legte ich die Bilderrolle in den Schnee an den Straßenrand. Der schwere Mantel aber wurde von irgendeinem der Jüngeren mitgeschleppt. Dem ist nur hinzuzufügen, daß Rettungsmotive in verzweifelten Situationen sich zuweilen völlig verschieben. Unersetzbare Kostbarkeiten können dann weniger wiegen als ein altes Kleidungsstück.

Wir erreichten den Perron, wo der Zug noch hielt. Aber die Menschen standen an die Fenster gepreßt, so daß sich nur der letzte Wagen uns anbot. Hier war der Bahnsteig zu Ende und keine schützende Bahnhofshalle, keine Plattform erleichterte das Einsteigen. Wir klommen die steilen Eisenstufen empor und landeten stoßend und schiebend im Postwagen. Man mußte sich ganz schmal machen. Hohe, breite Tische, an denen sonst die Briefe sortiert wurden, ließen wenig Raum für Durchgang und Bewegung. Bald streckte ich mich unter einem dieser Tische aus. Neben mir lag eine Frau, die mir zuflüsterte: »Haben Sie den Aufruf vom Gauleiter Koch gehört, daß wir alle in unseren Häusern ausharren und Ostpreußen nicht verlassen sollen? Meine Tochter ist Telephonistin, von ihr weiß ich, als ich sie gestern sah, daß Koch selbst in Bayern ist und von dort aus diesen Aufruf durchgegeben hat!«

Die Stunden rückten vor, und der Zug fuhr nicht ab. Wir arrangierten uns in dem überfüllten Raum mit kalter, verbrauchter Luft. Niemand wagte bei dem Frost ein Fenster zu öffnen. Da verteilte die N. S. Volkswohlfahrt einen schaurigen Kaffee. Das war immer das Vorzeichen einer sich zusammenballenden Katastrophe. Es hieß, die Lokomotive sei nur für ein paar Stunden abgekoppelt worden, um einen vorrangigen Lazarettzug in Dirschau über die Weichsel zu bringen. Wir stiegen aus und gingen im hellen Mittagssonnenschein auf dem Bahnsteig auf und ab. Ein Aufsichtsbeamter läutete: Alle Männer zwischen 16 und 65 Jahren, sofern solche noch im Zuge seien, hätten sich sofort zwecks weiterer Verwendung zur Kommandantur zu

begeben. Ich sah mich nach Albrecht um. Er war schon grußlos verschwunden. Wäre er bei uns geblieben, hätte er ein Bewährungsbataillon oder Schlimmeres riskiert. Er hat die Freiheit schneller gewonnen als wir. So war es gut, daß er gegangen war.
Nachdem wir 18 Stunden gewartet hatten, war uns klar, daß der Zug sich nicht mehr rühren würde. Ein Vetter von mir, Albrecht v. Bronsart, wohnte in unmittelbarer Nähe. Ortsgespräche waren noch möglich. Er war höchst erstaunt und schickte sofort Pferd und Wagen. Eine Frau von Wedel schloß sich uns an. Mir schien, als lösten wir uns als Einzige aus dieser Zuggemeinschaft. Wie waren es die Menschen doch gewöhnt, nur auf Befehle zu reagieren!
So gelangten wir vier nach Schettnienen, einem entzükkenden Landhaus mit einer ertragreichen Gutswirtschaft. Wir wurden sehr freundlich, aber verwundert aufgenommen. Zuerst gab es ein köstliches, warmes Abendbrot. Dann wurde der Wehrmachtsbericht gehört. Die Wahrheit trat zutage: Die Russen hatten bereits Elbing erreicht und strebten dem Frischen Haff zu. So war klar, daß kein Zug mehr bei Dirschau über die Weichselbrücke kam, und jede Erklärung über unseren stehenden Zug war ein Erfindung gewesen.
Es gab nur noch eine Möglichkeit: Über das zugefrorene Haff auf die Nehrung zu kommen, dem schmalen Landstreifen zwischen den Wassern, auf welchem man Danzig und damit Pommern erreichen könnte. »Gib mir«, sagte ich zu meinem Vetter, »einen festen Wagen und deine besten Pferde. Wir wollen von Tolkmit aus über das Haff auf die Nehrung. Vielleicht wird dieses Gespann das einzige sein, was du gerettet haben wirst!« Ich sollte recht behalten. »Am besten wäre es, ihr kämt gleich mit!« drängten wir. – »Ihr ahnt die Gefahren des Haffes nicht« wich er

aus, »die trügerischen warmen Strömungen. Nur ein erfahrener Fischer kennt sich dort aus.«
Überstürzt fort zu müssen aus der vertrauten Umgebung ist ein solcher Einschnitt, daß man es nur in einem Traumzustand oder in einer Gemeinsamkeit bewältigen kann. Einzelne sind damals oft auf der Strecke geblieben. Für den Landmenschen ist es am schwersten. Er läßt Lebendiges hinter sich. Das Land mit den bestellten Feldern, die Bäume und Wälder und vor allem die Tiere, die er einer Not übergeben muß, weil er nicht mehr für sie sorgen kann. Das Wehmütigste, ja Quälendste ist die Trennung von Pferd und Hund. Wir hatten eine wunderschöne Dogge in Wildenhoff. Wenn die zurückgebliebene Flüchtlingsfrau sie fragte: »Wo ist denn deine Wuschi, deine Lori geblieben?«, dann sank ihr Kopf tief und tiefer auf die zusammengelegten Pfoten. Ein großer Trost war es, daß ein durchziehender Offizier sie mitgenommen hat und sie ihm munter bellend gefolgt ist. –
Beim Verlassen der Höfe und Güter ließ der fliehende Besitzer auch eine Generationenfolge hinter sich, eine Kette, deren letzter Ring er nun gewesen war. Er war kein verbindendes Glied mehr. Das war ein unermeßlicher seelischer Verlust.
Wir hatten die Bronsarts vollkommen überfordert, indem wir ihnen zumuten wollten, so einfach die Klinke in die Hand zu nehmen. Wir hatten ja eine Zuflucht, wenn auch noch nicht ein Zuhause, aber uns erwartete eigener Boden und eine Aufgabe. – Bis vor wenigen Tagen, ja sogar Stunden, lebten die Landmenschen ihr gemächliches, naturverbundenes Alltagsleben und begriffen ihr Schicksal erst, wenn es in Gestalt von Flüchtlingen mit aller sichtbaren Tragik vor ihnen stand. Albrecht v. Bronsart gab uns ein Gespann und einen offenen Wagen. Es waren aber

kleine Gnadenbrotpferdchen, was ich vollkommen verstand, weil er nun durch uns die Situation real sah und alle Gespanne für die eigene Flucht zusammen mit seinem Gutsbetrieb behalten mußte. Er selbst war in Heiligenbeil bei der Wehrmacht eingesetzt und kam später in Gefangenschaft. Seine Frau hat fünf Tage nach uns den Treck mit vielen Wagen gewagt, ist aber im Flüchtlingsstau steckengeblieben und umgekehrt. Ich möchte hier des Einsatzes von Heer und Marine gedenken und die grandiose Rettungsaktion unter Dönitz erwähnen, durch die etwa zwei Millionen Menschen aus dem hoffnungslosen Abgeschnittensein herausgebracht und gerettet wurden. Am 23. 1.fühlten wir uns noch vollkommen auf uns selbst gestellt. Der kleine offene Viersitzer, der gewiß fröhlichere Touren erlebt hatte, war schnell bepackt. Wir ließen nicht nur unsere Koffer, sondern auch die Wertgegenstände zurück, darunter den Braun'schen Becher, und stopften das Notwendigste in karierte Kissenbezüge. Nur die Archivpapiere, die für Nichtkenner ganz unansehnlich wirkten, kamen mit, tief unter dem letzten Plunder verborgen. So konnten wir eine Begegnung mit den uns einkesselnden Russen riskieren. Ganz bewußt hatte ich um einen Wagen und nicht um einen Schlitten gebeten, wer weiß, ob unsere Reise sich nicht in den tauenden Frühling hinein erstrecken würde.

Wir fuhren in klarer Mondnacht über glitzernden Schnee in Richtung Frauenburg der Küste zu und ließen Braunsberg links von uns liegen. Das ehrwürdige Frauenburg, durch Jahrhunderte Sitz der Geistes- und Forschungswissenschaften, – wir kannten es gut von unseren Fußwanderungen. Der Dom war häufig unser Ziel gewesen. Wir gingen direkt zum Bischof über den alten Backsteinhof und sprachen ihn selbst. Ich glaube, er war es, der später in russische Gefangenschaft geriet und das berühmte Buch geschrieben hat: »Mein 33. Jahr«. Nein, er selbst könne uns nicht helfen, aber der Ortsgruppenvorsteher sei trotz seines Nazipostens ein sehr freundlicher Mann, und ein Gruß von ihm, dem Bischof, würde uns nützlich sein. Genau so war es! Wir bekamen die gute Stube, zwar eiskalt, aber wir legten uns erleichtert auf den gepflegten Teppich. Lori und ich lagen Kopf an Kopf. Flüstern: »Sollen wir morgen auf der großen Chausee, wo Flüchtlinge und Militär sich drängen werden, Richtung Westen fahren?« Überlegung. »Nein, wir suchen den Weg ans Wasser ganz nach rechts, wo das winzige Bähnchen das Haffufer säumt.« Wir kannten es. So ging es am nächsten Morgen mit ausgeruhten Pferden erst durch Frauenburg. Welch ein Bild! Trotz der Frühe ein Treckwagen am anderen mit den runden Verdecken und dem Behang von Körben, Eimern und Paketen. Dazwischen Fußgänger, kleine eilige Schlitten und Handwagen, die zuweilen die Pferdewagen überholten. Oft entstand ein Stau, keine Bewegung nach vorn oder zurück. Ich sehe noch einen Wagen mit besonders starkem Behang solch einer Bedrängnis sich entwinden; mit plattgedrückten Eimern und Paketen schraubte er sich nach vorn. Da! Zu unserer Rechten ein kleines schiefes Schild: Haffuferbahn. Wir scherten rechts aus und fuhren einen ganz stillen Weg. Das Getöse der Stadt verstummte, – aber nun hörten wir in der Ferne das deutliche, tiefe Dröhnen der Geschütze.

Es war ein Wagnis mit unserem Wagen, ein Schlitten wäre leicht über alle Unebenheiten geglitten. Die Räder schnitten in die Schneewehen und versanken darin. Lori oder Sophie kutschierte. Oft mußten wir anderen absteigen, um den Wagen zu stützen. Kein Mensch, kein Fahrzeug begegnete uns, keines hat uns überholt. Wir hinterließen die erste Spur im Schnee. War es ein wahnsinniges Unternehmen? Bergauf, bergab, wo würden wir landen ohne Wegweiser in dem endlosen Wald? – Später hörten wir von der Schlacht, die sich in diesen Tagen auf der großen Hauptstraße abgespielt hatte, von aufgeriebenen Trecks, die von der Wehrmacht an den Straßenrand geschoben wurden, von Fliegerangriffen und von den Qualen auseinandergerissener Familien. Wir aber fuhren in stiller, einsamer Winterpracht. Ein Hochwald nahm uns auf. Hier kreuzten sich die Wege! Nun wurde es schwierig, sich für eine Richtung zu entscheiden. Da teilte sich der Hochwald, und wir standen hoch über dem Haff. Helle Sonne blendete über der weißen Eisebene. Aber wie merkwürdig wurde diese Fläche unterbrochen von einem breiten, nachtschwarzen Band. Kleine Striche, wie winzige Insekten, bewegten sich am Rand dieses Bandes. Am Horizont zur Linken des Haffes stand die dunkle Silhouette eines riesigen Dampfers. Unbeweglich! – In unserer Nähe war ein kleines Gehöft. Ein Mann stand davor, schaute in die glitzernde Ferne und schützte seine Augen mit der Hand vor der grellen Sonne. Wir mußten ergründen, was wir hier sahen. Schnell war unser guter Cognac aus dem Gepäck gewühlt, der den Fremden hoffentlich ermuntern würde zu sprechen. Erst genoß er den Schluck, und dann sagte er: »Seit drei Tagen stehe ich hier und beobachte. Die Russen kommen von Süden. Bald können sie über das Haff die Nehrung erreichen, und damit sind sie in Kürze in Danzig und im Reich. Um das zu verhindern, hat die Wehrmacht diesen Eisbrecher eingesetzt, der von einer Schmalseite des Haffes zur anderen fährt, von West nach Ost und von Ost nach West. Damit sind aber auch alle Deutschen abgeschnitten und den herannahenden Russen ausgeliefert. Was sich da wie kleine Punkte bewegt, das sind

Menschen mit Schlitten und Gehölz, mit Brettern und Flößen, die sie über die Schollen legen wollen. Es wird ihnen nicht gelingen, hinüberzukommen, denn das offene Wasser ist 16 Meter breit.« – »Zu spät!« schoß es uns durch den Kopf. Der schmale Landstreifen der Nehrung war unerreichbar. Sollten wir zurück nach Wildenhoff? Aber vielleicht hatten sie sich dort schon selbst auf den Weg gemacht, und wir wären völlig allein auf dem großen Gutshof mit dem unversorgten Vieh. Nicht auszudenken! Wir mußten weiter! Bald standen wir am Haffufer. Die offene Wasserrinne war gar nicht weit vom Strand entfernt.
Ich ließ meine Töchter und Frau v. Wedel allein, um mit unseren Essensmarken etwas einzukaufen. Das Kartensystem ging weiter. Die Frau, die mich in dem kleinen Laden bediente, sah mich an: »Ist Ihnen nicht gut? Sie können vielleicht in unserem Wohnzimmer ein wenig ausruhen!« So schlief ich auf einer Couch ein, fünf durchwachte Nächte lagen hinter mir. Aus wenigen Minuten wurde mehr als eine Stunde. Nun schnell zu den Kindern! Sie waren beunruhigt über mein langes Ausbleiben. Inzwischen hatten sie sich mit einigen Soldaten angefreundet, die am Ufer mit Holz hantierten. Es waren Reste der berühmten Kubanbrückenkopfeinheit, die viel bewunderte soldatische Leistungen vollbracht hatte. Nun standen sie hier, eine kleine Schar verirrter Männer, die ihren Truppenteil wieder zu finden hofften. Sie bauten eine Art Brückenfloß, zusammengeschraubte Balken, die auf dem Wasser schwammen und durch Bretter miteinander verbunden wurden. »Unsere Brücke steht!« riefen die Männer. »Zuerst probieren wir sie aus, und dann kommen die jungen Damen dran.« Ihr schwarzes Wehrmachtsauto schwankte in wellenförmigen Bewegungen hinüber. Nun kamen wir! Zu meinem Entsetzen sah ich, daß die Breite

unseres schäbigen Gefährtes die Breite des Autos überstieg! Wenige Zentimeter trennten die Räder von den Eisschollen. Aussteigen! Lori ging hinter dem Wagen her, die Zügel über den Sitzen haltend. Ich glaube, Sophie war vorn, irgendwie tappten wir auf den schwankenden Brettern. Schon war es passiert! Das rechte Pferd trat in die Schollen, wurde aber sofort von einem Soldaten herausgezerrt. Da glitt durch die diagonale Bewegung das linke Hinterrad ins Wasser! Zerren, Schnauben, Rufen, viele Soldatenhände – – und da waren wir drüben auf festem Eisboden. Mit einem seligen Gefühl der Befreiung, ja, des Sieges über alle Hindernisse glitten wir über die Schneefläche. – Viel später haben wir erfahren, was für Schicksale sich hier auf dem Haff in den folgenden Tagen und Wochen abgespielt haben. In mondlosen Nächten kamen schwere, abgeblendete Wehrmachtswagen, einer hinter dem anderen in der Dunkelheit scharf das Rücklicht des Vorderwagens beobachtend. Da glitt der erste Wagen ohne Kenntnis der Wasserrinne in hohem Tempo unter das Eis – der nächste sah das Schlußlicht nicht mehr, gab Gas und versank in derselben Falle. So sollen Ketten von Wagen verschwunden sein. Die Tragödie dieser Tage war nicht minder entsetzlich, wenn die Tiefflieger einsetzten und Treckfahrzeuge beschossen, die versuchten, auf die Nehrung zu kommen. Nun war das Haff keine einsame, weiße Fläche mehr, das ganze Fluchtelend breitete sich darauf aus: getötete Pferde, zerbrochene Wagen, Säcke und zu schwere Möbelstücke dort, wo man fürchten mußte, das Eis könne nachgeben. Und vor allem immer wieder Blutspuren, die im trockenen Schnee sich hielten. Manche sagen, hier sei innerhalb Deutschlands das größte Massengrab des Zweiten Weltkriegs gewesen.

Auf der Nehrung war es merkwürdig still. Am Abend

fanden wir hinter Kahlberg ein kleines, sehr ärmliches Gehöft. Man nahm uns auf. Die Pferde kamen in ein winziges Ställchen, eine Hühner- und Kleinviehbehausung, – nie wären unsere Prachtrappen da hineingegangen – unsere Pferdchen aber ließen sich willig ins Dunkle schieben. Wir bekamen ein Zimmer, in dem schon eine blutjunge Soldatenfrau mit ihrem Baby wohnte. Flüchtlingsordnung. »Der Kamm neben der Margarine«, sagte Sophie. Das einzige Bett teilte die junge Frau mit mir, die drei anderen lagen auf der Erde. Wir wollten um drei Uhr wieder aufbrechen, um die Stille der nächtlichen Straßen zu nutzen und am Tage zu ruhen. Diese Einteilung sollte sich bewähren.

Zwischen der jungen Frau und mir lag das Kind. Ich mußte an Eberhard denken. Ich mußte aber auch, wie hundertmal am Tag, wieder an das Telephongespräch denken, das der Hotelbesitzer mit Otto geführt haben wollte und an die Todesnachricht, die eine falsche Feldpostnummer hatte. Wieder und wieder kreisten meine Gedanken um diesen winzigen Hoffnungsschimmer. Nun aber war jede Verbindung abgeschnitten. Das schwarze Band mit den Eisschollen hatte sich für immer dazwischen geschoben. Ich konnte nicht mehr zurück, ich konnte nicht mehr nachforschen.

Um drei Uhr früh waren wir startbereit. Wir fuhren an vielen parkenden Wehrmachtsautos vorbei in der sternklaren, windstillen Nacht. Die zunehmende Entfernung vergrößerte die Qual. Ein Schuldgefühl mischte sich nun in jedes Zurückdenken, in jede Erinnerung. Wie gebannt starrte ich auf die Pferdehufe, die uns forttrugen, weiter und weiter. –

Das größte Hindernis auf einer Flucht ist immer das Wasser. Nicht nur die breiten Hauptflüsse, sondern auch die langgestreckten Seen, die man umfahren muß, die kleinen Rinnsale und die vielen Flußarme, die der Mündung zueilen und sich unserer Ost-West-Richtung entgegenstellten. An Flüssen entstanden die Staus, an Flüssen wuchs die Verzweiflung und die Angst. Die Straßen hingegen boten sich an, das Schicksal mit uns zu bestehen, sie waren unsere Bundesgenossen, unsere Lastträger. Das Wasser aber war drohend und feindlich. An diesem Tage, dem 26. Januar, waren Millionen Menschen unterwegs. Trecks, der großen Schlacht auf der Hauptstraße entkommen, Militärfahrzeuge in beiden Richtungen und kleine polnische Panjewägelchen, die aus dem Danziger Werder kamen. Sie hatten sich für Deutschland entschieden, teilten nun unser Los und suchten den Weg nach dem Westen. Dieser verzweifelte Menschenhaufen schob sich nun die Chaussee entlang, meist in tiefem Schweigen. Nur das Quietschen der Räder war zu hören und das »rechts ran« der überholenden Fahrzeuge. Zu diesen Bevorzugten gehörten wir, waren leicht und trabten. Dafür hatten wir außer den Archivblättern so gut wie gar nichts gerettet. Unser Besitz waren die Pferde und der Hafersack, der wichtiger war, als die Nahrung für uns. Als letzten Proviant hatte ich einige Eier in der Tasche, sie waren schwer und hart gefroren, ein Zeichen, daß das Thermometer unter −25 Grad gesunken war. In Küstennähe passierten wir Stuthof, und 25 km weiter wollten wir bei Bohnsack über die Weichsel. Vielleicht wäre es wenige Kilometer weiter bei Westernplatte günstiger gewesen, aber hier fand sich eine kleine Fähre und ein Trüppchen helfender Soldaten, die uns auf die Bretter zogen. Ich tauchte aus meinen schweren, rückwärts gerichteten Gedanken auf, weil diese fünf Männer mir auffielen. Sie machten einen besonders zerschundenen und traurigen Eindruck. Vor ihnen ging mit leichten Schritten ein wunderschöner, gepflegter, brauner Vollblüter. Ich fragte eigentlich nur, um ein Gespräch an so viel Hilfsbereitschaft anzuknüpfen: »Wo kommen Sie her?« »Aus Zichenau.« Es war der Ort, der in Ottos Todesnachricht genannt war. »Wie ist Ihre Feldpostnummer?« Welches Herzklopfen! Sie nannten die fünfstellige Zahl, die mir in den letzten Monaten so kostbar gewesen war. Ohne zu zögern sprachen die Soldaten weiter. »Unser Kommandeur war ein Schwerin. Er ist gefallen auf dem Gefechtsstand beim Durchbruch der Russen am 16. Januar. Wir alle haben ihn geliebt. Er war nicht nur unser Kommandeur sondern unser Kamerad.« Das erzählten sie, ohne zu ahnen, wem sie es erzählten. Sie schwiegen. Wir auch. Die Überwältigung war zu groß. Da schaute mich ein junger Leutnant genauer an, und wir erkannten einander. Leutnant Rosenkranz. Vor 14 Tagen erst – in dieser Zeit eine Ewigkeit – war er in Wildenhoff gewesen, um Proviant für die Männer abzuholen. Er hatte bei uns übernachtet, und beim Frühstück war er bemüht gewesen, mich zu beruhigen. Diese Wochen aber hatten uns so verändert, daß wir einander kaum mehr erkannten. »Da vorn geht sein Pferd, wir sind beauftragt, es zur Kommandantur nach Danzig zu bringen.«

»Unsere Harda!« riefen die Mädels. Erst vor einigen Monaten hatte Otto diese herrliche Stute gekauft. Nie zuvor hatte ich erlebt, daß er mit so viel Liebe an einem Tier hing. Als er zur Front ging, nahm er sie mit. – Ich weiß nicht, wie ich den gewaltigen Einbruch dieser Begegnung in ihrer Tiefe schildern soll. Ich will es trotzdem versuchen. Es ist wie ein Auftrag. Seit Mitte Januar drängt das Menschen-, Pferde- und Wagengewühl von Ost nach West, über Chausseen und Landwege, kampiert in Dörfern oder Wäldern und zieht durch Tage und Nächte in stumpfem Vorwärtsschieben einer nebelhaften Zukunft entgegen. Man

glaubt, entschieden zu haben und ist doch nur preisgegeben an eine große Elendsmasse. Und da treffen sich in dem weiten Land für wenige Minuten auf schmalem Raum eines Hunderte von Kilometern langen Ufers, herausgenommen aus der Namenlosigkeit, für einen kurzen Atemzug der Zeit, eine Handvoll Menschen, die sich Wichtiges zu sagen haben, besser gesagt, sagen sollen. Hier verweigert sich mir die Sprache, weil ich das Wort »Zufall« niederzuschreiben nicht gewillt bin. Gern hätten sie uns Harda – sie war doch unser Eigentum – gelassen, die Mädels hätten sie abwechselnd reiten können. Aber der Befehl für diese Männer schrieb Abgabe des Pferdes in Danzig vor, und niemals würde man ihnen glauben, sie hätten unterwegs die Besitzerfamilie der edlen Stute getroffen. Trotz der Zeichen völliger Auflösung konnten sich die Männer nicht entschließen, uns Harda zu überlassen. »Es könnte unser Verderben sein«, war ihre letzte Überlegung. Der Pferdepfleger, ein großer blonder Mann, mochte sich nicht von uns trennen und ging noch lange hinter unserem Wagen her, bis er sich schließlich aufmachte, um seine Kameraden wieder zu erreichen.
Bald darauf wurden wir von zwei jungen Leutnants angehalten. Wieder einmal fröhliches Plaudern mit den Töchtern. Dann aber ernst: »Es ist unmöglich, daß Sie hier weiterfahren. Wie Sie sehen, rasten unsere Wagen und die übrigen Leute am Straßenrand. Wir aber sind ausgeschickt, um die Lage vor uns zu erkunden. Nach dem Eindruck unseres Kommandeurs sind wir schon von den Russen eingekesselt. Das sollen wir herausfinden. Vielleicht werden wir nach Süden ausbrechen müssen.« – Schweigen. Dann machten sie folgenden Vorschlag: »Wenn wir in zwei Stunden nicht wiedergekommen sind, nehmen Sie es bitte als Zeichen, daß man uns gefangen genommen hat.

Dann wissen Sie, daß Sie nicht in dieselbe Falle stürzen dürfen.« Fast fröhlicher Abschied! Wir warteten Stunde um Stunde in der eisigen Nacht. Diese reizenden Jungen sind nicht wiedergekommen. Wir aber wendeten uns nach Norden, fuhren an Danzig vorbei, scharf an der Küste entlang und sind so, anscheinend immer kurz vor Schließung der Haken, den Russen entkommen. Meist waren es jetzt ganz einsame Wege, sehr stille Straßen, kleine Gehöfte und freundliche Menschen, die uns aufnahmen. In der Nacht zum 27. gerieten wir an das Ende einer langen Kolonne kleiner polnischer Wagen. Sie standen. Das Überholen wurde uns mit drohenden Mißfallensgebärden verwehrt. Ingrid Wedel und ich stiegen aus, um das Hindernis zu ergründen. Wir gingen an einer endlosen Reihe von Wagen vorbei, etwa 200 an der Zahl. Und da war auch schon das Hemmnis, der Grund der Stockung. Wieder einmal das Wasser! Ein sehr breiter Weichselarm wälzte in trägem Fließen die Eisschollen vor sich her. Im Mondschein wippten sie auf und ab. Am Ufer stand ein Fährmann, gerade im Begriff, drei Wagen auf eine sehr kleine Fähre zu leiten. Wir erfuhren von ihm, daß die große Fähre, *seine* Fähre, an den Rhein gekommen sei, weil man glaubte, sie dort nötiger zu brauchen. Wie mag sie wohl dort hingekommen sein? Wir überschlugen noch einmal die Wagenzahl und rechneten uns aus, daß wir in etwa drei bis vier Tagen an der Reihe sein könnten. Eine Überfahrt dauerte in beiden Richtungen etwa 20 Minuten. Wenn aber Militär dazwischen käme, das in jedem Fall den Vorrang hatte, würde sich die Zahl der Wartetage noch vermehren. Wie sollten wir das aushalten? Auch wenn wir uns, in der Kolonne eingekeilt, abgewechselt und zwei von uns inzwischen Essen organisiert hätten oder sich gar in einem Haus aufgewärmt, – aber es gab ja keine Häuser in

der näheren Umgebung. Es gab nur kalte, kahle, windgefegte Hänge, die die Straße begrenzten. Außerdem brauchten wir beim Stillstand Decken für die Pferde. All diese Vorzüge hatten die Polen in ihren überdachten Wagen und wahrscheinlich auch genug zu essen. Mutlos und frierend schlichen wir uns an der Wagenkolonne entlang zurück. Lori fanden wir erschöpft und zugleich wütend vor. Sie hatte gerade einen Ringkampf mit einem Polen siegreich bestanden, der in dem Augenblick, da sie sich an den Pferden zu schaffen machte, Ottos Pelz aus unserem offenen Wagen unter sein Dach gezogen hatte.
Nein, hier konnten wir nicht bleiben! Folgender Plan entstand: Aus Sophies Koffer wurden vier Schwesternhauben und vier Rotekreuzarmbinden geholt, mit denen wir uns kostümierten. Alle Regeln der Straßenkameradschaft beiseite lassend, setzten wir uns in Bewegung. Nur Mut! Von der linken Straßenseite ließen wir uns nicht mehr vertreiben und sausten, so schnell die Pferdchen traben konnten, dem Flusse zu. Die Polen hatten unser Manöver durchschaut, die Peitschen knallten uns um die Ohren. Halt erst am Ufer! Dem Fährmann stellten wir uns als weibliches Wehrmachtsgefolge vor. Wir müßten unbedingt noch vor Tagesanbruch Danzig erreichen, um dort eingesetzt zu werden. »Wollen Sie unseren Befehl lesen?« Im Dunklen war ja doch nichts zu entziffern. Die kleine trübe Fährlampe wurde gar nicht erst in Funktion gesetzt. Wütendes Keifen kam von den letzten polnischen Wagen, als wir auf die Fähre polterten. Der Fährmann, ein Gemütsmensch, versicherte, noch nie habe es bisher Krach gegeben. Tagelang, nächtelang habe er im Wechsel mit seinem Jungen die Fähre geleitet, – nun, wo die Weiber kommen, geht alles durcheinander! – In einer der folgenden Nächte sahen wir einen gelbroten, riesigen

Feuerschein am Himmel: Es war ein Luftangriff auf Danzig.
Wir wollten nach Hinterpommern. Jugendheimat, Kinderjahre! So mußten wir ungefähr in der Höhe von Hela die Küstennähe verlassen und wagten uns am 28. ins Innere des Landes. Wir kamen nach Neustadt zu Keyserlingks, deren Haus sich uns weit und gastlich auftat. Bald saßen wir am Frühstückstisch, und die Unterhaltung war so kultiviert wie eh und je. Der Hausherr, Heini, saß an seinem Schreibtisch und zitierte einige Verse aus Hofmannsthals »Salome«. Vor Jahren hatte er hier viel mit meiner Schwägerin Ruth auf zwei Flügeln gespielt. Im Gespräch mit mir streifte er diese Jugendzeiten. Wenige Wochen später ist er, wie ich gehört habe, auf dem Bahnhof von Bromberg gestorben, wer weiß, nach welchen Erlebnissen. Seine Frau war am nächsten Morgen mit dem jungen Sohn abgereist. Ich weiß nicht mehr, dank welcher Möglichkeiten. Wir haben es öfter erlebt, daß die Gutsfrauen, die uns aufnahmen, sich am Abend mit uns unterhielten und die Möglichkeiten einer Flucht erwogen. Noch ganz unsicher in ihren Entschlüssen drehten und wendeten sie in Gedanken die Zukunft. Am Morgen waren sie verschwunden. So haben wir auch unsere reizende Gastgeberin in Neustadt nicht mehr gesehen. Hatte unser Auftauchen den letzten Anstoß zur Flucht gegeben? Die Gutsherren aber blieben zurück. Es gab noch keine Treckerlaubnis. Die Schwester der Hausfrau nahm sich unser mit großer Wärme an. Ich werde es ihr nie vergessen. Lori kam mit allen Zeichen der Enttäuschung aus dem Stall. Ihre Reitstiefel, nicht nur Fußbekleidung sondern nun auch Erinnerungsstücke, waren gestohlen. Auch zwei Decken, unterwegs organisiert, vermißten wir. Von unseren Gastgebern bekamen wir als

Ersatz zwei wunderschöne Teppiche, die wir später zurückgeben konnten.
Unsere nächste Station war Goddentow, auch einer der väterlichen Saatzuchtbetriebe. Tränenreicher Empfang durch die Hausfrau, Richardis v. Somnitz, deren Mann damals schon vermißt war. Ihre ältesten Kinder hatte sie in Bayern in Sicherheit, aber die kleine Iris, ein Baby, war noch bei ihr. Dieses Kind war das Hindernis, sich zu Fuß nach Westen abzusetzen. Wir blieben zwei Tage, um uns auszuruhen und den Pferdchen eine Pause in ihrem mühevollen Dasein zu gönnen. Es war alles so vertraut, denn nur wenige Kilometer von hier entfernt lag Hedille, der Hauptbetrieb unserer Saatzucht.
Unsere Eltern besaßen, von den Donner-Schröder-Großeltern aus Hamburg vererbt, eine schöne Aquarellsammlung. Diese war Richardis zur Aufbewahrung übergeben worden. Sie lag in dem Schreibtisch, auf den ich mich in intensivem Gespräch stützte. Richardis erwähnte es beiläufig, und jetzt, den Russsen entronnen, hätte man es wagen können, diese auffälligen Kostbarkeiten, die mit einem roten Sammetband zusammengefaßt waren, zu retten. Und dann habe ich vergessen, den Schatz an mich zu nehmen. So verworren, zerstreut und vielleicht auch übermüdet war man. Der Verkauf hätte späterhin der ganzen bedürftigen Familie helfen können. Niemals haben meine Eltern ein Wort des Vorwurfs darüber geäußert, auch nicht einmal des Bedauerns. So großzügig waren sie und so ferngerückt dem materiellen Besitz. –
Am Park von Goddentow entlang verlief die Bahnstrecke Königsberg – Berlin. Wir sahen die Güterzüge fahren, hier schien es noch ungehinderten Verkehr nach Westen zu geben. Warum nicht von hier aus mit einem der Züge weiterfahren mit dem bißchen Gepäck, das wir hatten?

Unser Wägelchen, einst die Rettung über das Haff, erschien uns überflüssig. Richardis: »Bitte, nehmt meine Kleine mit, dann bin ich frei und kann wandern oder gar trecken, wenn es endlich erlaubt ist.« Da stand wieder ein Zug an der Parkgrenze. Wir klopften, und es öffneten sich die schweren Türen des Güterwagens. »Hier kann nur jemand herein, der einen Sack Kohle mitbringt«, war die Reaktion. Wir sausten ins Haus zurück, das Baby wurde in einem Körbchen verwahrt und unter die Matratze die Archivblätter geschoben. Mit dem großen Kohlensack und unserem leichten Gepäck fanden wir herzlichen Einlaß. – Die Türen schlugen zusammen. Es war früher Nachmittag. Hier im Waggon war nur Ritzenlicht, das durch die Bretter der Außenwände fiel, in dem wir unsere Umgebung ertasteten. In der Mitte der Dunkelheit stand ein glühendes Öfchen, trotzdem blühte an den Wänden des Waggons das Eis in feinen Stacheln. Der ganze Raum war voller Menschen, sitzend und stehend, und trotzdem wurde uns bereitwillig an einer Außenwand ein ziemlich großer Platz angeboten, so daß wir uns auf die Erde setzen und das Körbchen neben uns stellen konnten. Sollte unser Kohlensack allein der Anlaß dieser großzügigen Aufnahme sein?
Nach ungefähr zwei Stunden setzte sich der Zug stöhnend und stockend in Bewegung. Nun begriffen wir den Grund unseres Vorzugsplatzes. Wir standen direkt unter einem Handwerksschrank, der, vom Boden bis zur Decke reichend, schwere Schubladen hatte, mit gewichtigen Eisengegenständen aller Art gefüllt. Der Schrank war defekt, und bei jeder Bewegung des Zuges rollten die Schubladen nach vorne, ohne daß man ahnen konnte, wann sie sich endgültig aus ihrer Halterung lösen und herunterkippen würden. Hammer, Zange und Meißel konnte ich in den

unteren Fächern erkennen, bedrohlicher aber waren die oberen Schubladen über unseren Köpfen. Wir hielten die Hände hoch, um die Gefahr über dem Baby abzuwehren, aber bald wurde uns klar, daß wir in dieser Stellung nicht bis Berlin fahren könnten. Die etwas verlegenen Kommentare unserer Mitreisenden ließen uns nun doch in das Innere des Waggons vordringen, fort von dem Eis und hin zu dem Öfchen. Immer wieder hielt der Zug. Von unseren Schulfahrten von Jassen nach Stolp über den Umsteigebahnhof Lauenburg kannte ich die Äcker und die Gehöfte in etwa und konnte durch die Ritzen hindurchschauend, mitteilen, daß wir kaum vorankämen. Da wurde krachend die Tür auseinandergeschoben und Soldaten kamen herein. Sie forderten Frauenkleider. Man schrie und schimpfte durcheinander. Ich wollte den wilden Gestalten mit den roten Nasen etwas Freundliches antun, die Stimmung besänftigen und gab meine Cognacflasche herum. Bald hatte ich meine Liebesgabe nicht mehr im Griff. Die Männer rissen sie von Hand zu Hand, und mit dem Leerwerden der Flasche uferte die Stimmung aus. Einige drängten zu dem Öfchen, ein anderer schwenkte die Flasche über seinem Kopf, und eine Verständigung schien nicht mehr möglich. Man sah ja einander auch nur durch den schwachen Feuerschein, jetzt, wo das Dunkel die Ritzen verschluckt hatte. Als meine Angst sich steigerte und mein Gewissen schlug, kam ganz zart ein Ton von einer weiblichen Stimme, in all dem Lärm sich zaghaft behauptend, und sang das Lied: »Am Brunnen vor dem Tore« mit der sicheren Musikalität, die unseren östlichen Landsleuten gegeben ist. Das Gegröle ebbte langsam ab, bäumte sich noch einmal auf, aber das Lied behauptete sich, und andere Stimmen gesellten sich dazu. Schließlich fielen alle ein, die zittrigen Alten und auch die Männer-

stimmen, und die Wut, Verzweiflung und Auflehnung wurden von dem Lied überwältigt. Sie hatten ja alle ihren Lindenbaum verlassen und die Haustür hinter sich geschlossen. Allen blies der Wind scharf ins Gesicht, und sie wagten nicht, sich umzuwenden. »Nun bin ich manche Stunde entfernt von jenem Ort, und immer hör ich's rauschen, du fändest Ruhe dort.«
Die Stunden schlichen hin. Dämmerzustand. – Die Notwendigkeit, aufs Klo zu gehen, wurde diskutiert; für die Männer kein Problem, aber für uns Frauen? Der Zug war sehr lang, unser Waggon einer der letzten und eine Verständigung mit dem Zugführer vollständig ausgeschlossen. Schnelles Ein- und Aussteigen war bei der Höhe der Eisenstufen unmöglich, und wenn man es trotzdem gewagt hätte, konnte es passieren, daß man allein stehenblieb in Nacht und Schnee. Da boten sich die Männer an, ganz selbstverständlich und ohne Anzüglichkeit. Sie ließen uns an unseren Händen herunter und zogen uns wieder in die Höhe mit ihren kräftigen Armen.
Als wir am Morgen in Hebron-Damnitz ankamen, hatten wir in 17 Stunden 15 Kilometer bewältigt. Einer der hinzugestiegenen wilden Männer erzählte, in Stolp hätte man aus einem Zug, der tagelang ohne Heizung unterwegs gewesen war, tote Kinder ausgeladen. Nun hatten wir keine Nerven mehr für eine Weiterfahrt, vor allem, da wir uns ausrechneten, daß wir bei diesem Tempo mindestens drei Wochen bis Berlin brauchen würden. So beschlossen wir, in Hebron-Damnitz auszusteigen. Das Körbchen mit dem Baby und wir selbst glitten, von den Männern unterstützt, in den Schnee und waren mit wenigen Schritten in einem kleinen Bahnhofshäuschen. Wir wollten natürlich nach Goddentow telefonieren. Selbst Ortsgespräche wurden uns verweigert. Nun fühlten wir uns wirklich ausge-

setzt und sehnten uns nach dem Glühöfchen und der Zuggemeinschaft zurück. – Meistens sehnte man sich nach der letzten Etappe, denn die Flucht wurde schwieriger und schwieriger.
Trotzdem schien es uns ein richtiger Entschluß gewesen zu sein. Da wir ja hier noch nicht von den Russen eingekesselt waren, mußte sich für die kleine Iris eine andere Lösung finden lassen. Es hieß, der Gutshof einer Frau Polnau sei wenige Kilometer entfernt. Sophie, die Babyerfahrene, blieb mit Kind und Körbchen in dem mäßig gewärmten Stationsgebäude und hat es geschafft, mit ihren Händen und dem lauwarmen Kachelofen die Milchflasche für die Kleine zu erwärmen. Lori und ich hingegen suchten den Weg in der uns gewiesenen Richtung. Es ging durch sehr unebenes Gelände, an einem Stück Buchenbestand vorbei und durch Schneewehen hindurch. Nirgends ein Wegweiser! Ein Baumstamm lockte zum Ausruhen, breit und glatt war der Sitz, nur 10 Minuten Ruhe nach dem Zuggetöse! Da schrie mich Lori an, daß das bei den Temperaturen den Tod bedeuten könne, und so ging es ohne Pause weiter.
Ein Blick zum Horizont. Eine kleine wandernde Wolke dicht über dem Erdboden, die nickenden Köpfe zweier Pferde und ein gebeugter Rücken in der Stellung des Pflügens: ein Schneepflug! Bild einer Ordnung, eines Systems, Beherrschung der Natureinbrüche! In den schneereichen östlichen Wintern bedeutet der Schneepflug Zugang zu den zivilisatorischen Möglichkeiten.
Eine leichte Anhöhe noch, und dann lag er vor uns, ein Gutshof mit seinen Ställen, der Brennerei und dem Herrenhaus in seiner schützenden Gemütlichkeit. – Wir nahmen den Hintereingang und standen vor den erstaunten Augen der Küchenbesatzung. Wir müssen wie Unwesen ausgesehen haben mit den Schneeklumpen an den Män-

teln, den wirren Haaren und den abgespannten Gesichtern. Durch den Namen Schwerin, im Kreise Stolp wohlbekannt, wurden wir gleich in die obere Etage geführt und standen im Treppenhaus vor einer Glastür mit dem Blick auf einen Frühstückstisch: Kaffee und Brötchen, Eierwärmer und entzückendes Geschirr, – es war nicht zu fassen! Die Hausfrau, herzlich und zugleich erregt, spürte im fremden Schicksal das eigene sich abzeichnen. Schnell wurde Sophie aus der einsamen Bahnhofssituation abgeholt und mit Richardis, der Babymutter, telephoniert. In etwa einer Stunde wollte sie bei uns sein. Was wir mit der Bahn mühsam in 17 Stunden geschafft hatten, bewältigten die Pferde in etwa 70 Minuten. – Viele Beispiele gab es im Kriege, wo beim Zusammenbruch der Technik und in Naturkatastrophen nur noch das Pferd dem Menschen helfen konnte. –

Erleichtert schloß Richardis ihre kleine Iris in die Arme, und damit war die Reue einer schlaflosen Nacht beendet. – Auch diese beiden sind durch den Einsatz eines der Schiffe gerettet worden. Gegen Abend kamen unsere Mähren angehumpelt. Man wird fragen, warum Richardis uns nicht von ihren Gespannen ein Paar kräftige Pferde gegeben hat, aber auch hier entschied nur der Bauernführer. In einer Gegend, wo noch keine Treckerlaubnis gegeben worden war, mußte die behördliche Stellungnahme negativ für uns alle ausfallen. Nach einem Tag des Ausruhens und einem kaum mehr gekannten Tiefschlaf zockelten wir am nächsten Tage weiter nach Dumröse zu Zitzewitzens. Abends kamen wir an; Dörfer und Straßen waren finster, denn die hellen Mondnächte waren vorüber. Selbstverständlich hatte bei der allgemeinen Verdunkelung kein Fuhrwerk auch nur ein Lichtchen, aber der Schnee leuchtete uns. Auch das Gutshaus lag in tiefem Dunkel. Die schreiende Stimme von Hitler tönte uns entgegen, seine letzte Rede zum 30. Januar. Die Familie hörte in einer Art Selbstqual zu, daß es so weit gekommen sei. Es war ein ungewöhnlich warmherziger Empfang, fast gerührt, daß wir zu ihnen gefunden hatten. Wir wußten nur voneinander durch die Freundschaft mit Steegens. Viele traurige Gesichter umgaben uns, Gäste wie Zugvögel, die nicht wußten, wohin sie nun weiterfliegen sollten. Der Schwiegersohn des Hauses hatte einen Arm verloren und war trotzdem wieder eingezogen worden. Traurige Gesichter umstanden am nächsten Morgen bei der Abfahrt unseren Wagen, ob nicht doch noch irgendwo ein schmales Plätzchen zu finden sei. Aber der gute Zitzewitz hatte das unmöglich gemacht, indem er unseren Hafervorrat prall hatte auffüllen lassen. Auf meinem Sitz lag eine Flasche besten Cognacs. Winken! Danke! Zitzewitz ist wenige Wochen nach unserer Begegnung erschlagen in seinem Walde aufgefunden worden. In meinem Gedächtnis bewahre ich voller Dank diese kluge, ritterliche Persönlichkeit.

Auf nach Stolp. – Nach langen Jahren kam ich zurück in meine Jugendstadt. Die erwähnten qualvollen Kinderjahre waren vergessen, und vor mir stand die Zeit, da ich, 15–16jährig in der Familie des Oberbürgermeisters Zielke in dem großen neugotischen Rathaus am Stephansplatz wohnte. Diese Phase nach dem Ersten Weltkrieg war schwer, traurig und entbehrungsreich für die Erwachsenen, wir aber, die Töchter des Hauses und ich, schäumten über vor Lebensintensität. An einem Vorfrühlingsmorgen 1920, als wir zur Schule gingen, hatten wir miterlebt, wie unser Vater Zielke, der 1. Beamte der Stadt, zu Beginn des Kapp-Putsches – jene militärisch-nationale Gegenrevolution gegen den SPD-Staat – ins Gefängnis gebracht wurde.

Er blieb seinem Eid auf Ebert treu und widersetzte sich den angeblichen neuen Herren, die die Regierung hatten stürzen wollen. Unbedingte Bindung an das gegebene Versprechen war fester Bestandteil preußischer Gesinnung, zu der sich Zielke in klarer Stellungnahme bekannte. Dies brachte ihn in Gegensatz zu manchem Freund. Wir waren tief beeindruckt.

Treue zum Eid: – Die deutschen Beamten und wohl auch die Geistlichen, die mir nahestanden, brachten nach 1918 diese Tugend in bescheidener Selbstverständlichkeit in den neuen Staat ein, um zu dienen wie bisher. Der Landadel sah zum Teil zögernd und unsicher zu. Herr »Suppi« aber fand für Friedrich Ebert, den 1. Reichspräsidenten, als dieser 1925 unerwartet starb, von der Kanzel herab warme Worte der Würdigung. Unsere Eltern nahmen das schweigend hin.

Ich tastete mich durch diese Zeiten, teils dem Elternhaus, teils aber auch dem sehr geliebten Zweitelternhaus glaubend, das mir die Treue zum Eid in der Gestalt dieses Oberbürgermeisters vorgelebt hatte. Noch konnte man nicht ahnen, daß diese Ausrichtung kaum ein halbes Menschenalter später keine Gewissenssicherheit mehr bot. Recht und Unrecht sollten in der Naziherrschaft an viel komplexeren Maßstäben gemessen werden, und das Spannungsfeld um den Widerstand gegen die Staatsgewalt stellte viele Menschen vor unlösbare Probleme. *Das Pauluswort:* »Seid untertan der Obrigkeit, die Gewalt über euch hat«, brachte keine Entscheidungshilfe mehr. Nur die eigene innere Stimme wurde aufgerufen und war zuweilen bei stillen, einfachen Menschen deutlicher wahrzunehmen als in der Welt des Intellekts.

So meine Gedanken, als wir am 1. Februar 1945 mit unserem traurigen Gefährt am Stephansplatz in Stolp

rasteten. Dem Rathaus gegenüber stand das Warenhaus Zeek. Immer noch! Nun schoben sich andere Jugendbilder vor. Hier war der beliebte Treffpunkt der kaufenden und sich amüsierenden Gutsfamilien des Kreises gewesen, denn Zeek hatte nicht nur ein großes Warenhaus und eine geräumige Ausspannungsmöglichkeit gehabt für die vielen Pferdewagen und später die Autos der stadtfreudigen Gesellschaft, es verfügte auch über einen ausgedehnten Saal. In meiner Jugend hatte es hier jeden Mittwoch gute Konzerte gegeben. Für uns waren diese Musikabende *das* Wochenereignis, denn es gab noch kein Radio, und die sehr qualitätsunterschiedlichen Grammophone mit den gewaltigen Trichtern und dem Gütezeichen des lauschenden Hundes wurden als künstlerische Wiedergabemöglichkeit noch nicht recht akzeptiert. Noch wurde Qualitätsmusik nur von Mensch zu Mensch vermittelt.
Zurück zum trüben Alltag unserer Flucht. In den vertrauten Räumen des Warenhauses Zeek bot sich an diesem Wintermorgen das Bild einer beginnenden Weltuntergangsstimmung. Der Stall war bereits voll besetzt, und in dem großen Saal tobte schon am Vormittag eine ausufernde Gesellschaft. Es wurde getrunken, man wurde betrunken. Der Besitzer oder Pächter des Saales, ein blonder junger Mann von einer Beliebtheit, wie man sie nur noch in hohen Parteistellen sah, schenkte nach allen Seiten voll ein. Menschen aller Klassen und Schattierungen umarmten sich mit Gelächter und Tränen, Grölen und Verzweiflungsausbrüchen. Vor allem aber wurde getanzt, zuerst ohne, später mit Musik, die aus irgendwelchen Ecken des kalten Saales drang. Sophie wurde ganz still, sie hatte heftige Halsschmerzen. Eine Frau von Michaelis, die wir gerade kennengelernt hatten, nahm sie mit auf ihr nahes Gut, um sie gesund zu pflegen, bevor sie wieder mit

uns zusammen Kälte und schmale Kost ertragen sollte. Ich muß auch noch erwähnen, daß Frau v. Wedel, eine famose Fluchtkameradin, uns schweren Herzens schon in Neustadt verlassen hatte, weil sich ihr bessere Möglichkeiten zum Weiterkommen boten.

So waren Lori und ich allein und strebten nach Zitzewitz, weil wir mit dem Besitzer gleichen Namens auf Umwegen verwandtschaftlich verbunden waren. Jeder Zipfel einer Beziehung wurde ja wahrgenommen. Die Stille eines großen gepflegten und nicht vollbesetzten Stalles nahm uns auf. Eine Wohltat für unsere Pferde. Auch konnten wir hier Futter einsparen. Die Familie Zitzewitz wollte selbst gern aufbrechen und hatte im Geheimen gepackt, um bei Treckerlaubnis das möglichst Beste beisammen zu haben. An diesem Abend gaben sie ein Abschiedsfest für Verwandte und Nachbarn. Es scheint mir heute unbegreiflich: Wir beide warfen uns wie schwerelos in das Zitzewitzfest. Ich weiß nicht woher, aber Lori trug plötzlich ein entzükkendes, schwarzes Abendkleid und es fehlte auch nicht an einem Flirt, einem gut aussehenden Offizier, ähnlich herangeweht wie wir. – Unsere Gastgeber hatten einen Abend mit Kerzen, Blumen und Silber bereitet, an dem auch Küche und Weinkeller noch einmal glänzen sollten. Während es in Stolp breughelhaft-bäuerlich zugegangen war, zeigte sich hier bei allem Untergangsbewußtsein ein souveräner Humor. Ältere Paare und junge Frauen waren aus der Nachbarschaft gekommen, alle den Ausdruck einer Gratwanderung im Blick. Auch hier stand zur Debatte, wie man das Sprungbrett der letzten Möglichkeit erklimmen könne, auch hier eine deutliche Enthemmung. Sie aber schwang nach dem Besten hin, was man zu geben hatte, in dem Bewußtsein, es könnte das letzte Mal sein, daß man die Nähe, ja vielleicht sogar das Leben mit einem geliebten

Menschen teilen konnte. Hier gab man mehr, als im Alltag an Wärme und Witz gegeben werden konnte. Der Hausherr aber verhinderte jedes Abschweifen in eine Sentimentalität mit dem trockenen Refrain: »Am Ende aber steht der Sieg!«

An einem der nächsten Tage wurden wir, nun wieder mit Sophie zusammen, auf unserer Weiterfahrt vom Volkssturm angehalten und auf den Zitzewitzhof zurückgeworfen. Unerbittlich! Nicht einmal für uns, die wir so weit aus dem Osten kamen, wurde eine Weiterreise genehmigt. »Wenn wir nicht siegen, dann ist das ganze Volk nicht wert, daß es weiter besteht«, wir kannten dieses Hitlerwort genauso wie das von der »verbrannten Erde«, das Einzige, was der Feind vorfinden sollte. – Einige Tage darauf ließ uns die Partei ziehen. Unsere Gastgeber mußten mit vollbepackten, aber jetzt nicht mehr versteckten Treckwagen auf dem Hof zurückbleiben. In der Haustür stand der Gutsherr, die Hände in Rundstellung am Mund und rief uns nach: »Am Ende aber«, – – Er ist bald darauf in Stolp gestorben. Seine Frau, die uns so viel Gutes getan hat, sowie seine Kinder sind in den Westen gekommen.

Unser Weg brachte uns auf das Gut eines Herrn v. Ostrau. Es war eine stille Nacht. Der Gutshof lag öde und leer. Die Besitzer schienen schon fort zu sein. Im Dunkeln spannten wir aus. Im Dunkeln suchten wir mit den Pferden nach dem Stall. Wir fanden kein Stroh. Ich tastete mich weiter an einer Außenwand entlang, fand den Einstieg durch eine Holztür und – wie für mich hingelegt – einen großen Ballen Stroh. Ich roch den reinen Herbstgeruch. Da überkam mich eine solche Sehnsucht nach den heimatlichen Ställen, daß ich mich in das Stroh warf, mich hineinwühlte und nur noch den Wunsch hatte, nicht mehr aufstehen zu müssen. »Laß mich nicht bitter werden, laß mich nicht bitter werden«, betete ich. Hier kann mich niemand finden, dachte ich später und riß mich wieder hoch. 18 Jahre später ging ich ins KDW in Berlin, um mir ein Kleid zu kaufen. Wie ich es gerne tue, fragte ich die Verkäuferin nach ihrem Leben, ihrer Herkunft. Sie berichtete erst zögernd, dann nachdenklich. Es war Frau von Ostrau, die, als wir auf Gut Ostrau ankamen, bereits geflüchtete Besitzerin des Gutes.

Das Wetter hatte umgeschlagen, es folgte leichter, aber durchdringender Nieselregen. Noch in Zitzewitz hatten wir weiße, glitzernde Straßen gehabt. Nun schoben sich die Tage ineinander, ohne Konturen, grau in grau. An einem Abend zogen wir südlich von Kolberg durch ein kleines Dorf, in dem kein Haus sich in seiner Unscheinbarkeit vom anderen unterschied. Kleinstbauern. Kein Gutshof, keine Kirche, kein Pfarrhaus. Es regnete heftiger. Wir baten um Quartier, fast in jedem Haus. Überall bedauerndes Achselzucken. Die Pferde standen, ein Bein angewinkelt, mit schräger Kruppe in der feuchten Dämmerung. Sie wollten nicht mehr! Endlich öffneten zwei ältliche Schwestern die schmale niedrige Holztür zu ihrem Vorgärtchen. »Wir haben noch ein Zimmer frei«, sagten sie, »aber wir haben es seit Wochen nicht betreten. Unsere Mutter ist darin gestorben. Es ist kalt, und das Bett ist noch nicht frisch gemacht. Gelüftet haben wir auch nicht, denn wir scheuten die kalte Winterluft. Nur unsere Küche ist geheizt.« Es war der Beschreibung entsprechend. Wir wollen diese Nacht nicht weiter schildern, nur so viel sei gesagt, daß wir in voller Treckkleidung mit hoch erhobenen Nasen uns hingelegt haben. – Wie anders eines der folgenden Quartiere!

Auch hier schon Flüchtlingsüberflutung. Zwei unverheiratete Brüder lebten in einem schönen, renovierten Barockhaus. Es war Mittagszeit, als wir ankamen. An vielen kleinen Tischen in verschiedenen Räumen wurden die Gäste von einem Diener betreut und von einem Hausmädchen eifrig umsprungen. – Unsere Pferde hatten wir im Stall gut untergebracht, wir wußten genau, bei sofortiger Weiterfahrt hätten sie uns endgültig im Stich gelassen. Wir *mußten* also hier übernachten. Ich ging durch die aneinandergereihten Salons und tastete sie mit den Augen nach Liegemöglichkeiten ab. – Einen ganzen Treck konnte man hier unterbringen! Der Zahl der Gäste entsprechend sah ich im Geist die Prachträume abends in lauter Schlafstätten verwandelt und uns zumindest in Sesseln. Aber der Hausherr hatte anders beschlossen. Er versicherte mir, das Haus sei vollbesetzt! Doch eine vorsichtige Orientierung bei einem unserer Schicksalsgenossen, mit denen man gewöhnlich schnell Kontakt fand, eröffnete mir, daß nur die Räume in den oberen Stockwerken belegt seien. Die Salons also dämmerten nachts in verlassener Stille vor sich hin. Beim Mittagessen, hier noch »lunch« genannt, saß ich zwischen den beiden weißhaarigen Brüdern. Der Hausherr neigte sich mir zu, und mit einer Courtoisie, die sich nur in Generationen der Muße, Kultur und Erziehung zu einer so selbstverständlichen Ausdrucksform vollenden kann, sagte er: »Im Jahre 1899 habe ich die Ehre gehabt, Ihre Gräfin Mutter auf einem Ball in Magdeburg zu Tisch führen zu dürfen.« Da knirschte es in mir: ›Wollen Sie mir nicht lieber mitteilen, wo wir heute nacht schlafen können?‹ »Wie nett« sagte ich nur. Er war nicht von dem Thema abzubringen, das er in seiner starren Gegensätzlichkeit zum Hier und Jetzt hervorgeholt hatte. »Sie war wunderschön, Ihre Mutter, und gerade als Debutantin bei Hofe vorgestellt worden.« ›Du hast eben noch nie einen Treck mitgemacht‹ hätte ich ihm am liebsten ins Gesicht geschleudert, ›wir brauchen ja nur drei Sessel, selbst die Sofas will ich dir lassen‹. Aber ich durfte es ja nicht mit ihm verderben und ging schließlich selbst auf den ganzen Unsinn ein. Ja, ich erinnerte mich deutlich der Stimme meiner Mutter, wie sie folgende Beschreibung in einer Mischung von Selbstwertgefühl und Kritik gab: »Nachdem die Majestäten ihre Einwilligung übermittelt hatten, durften sich die Töchter des »gehobenen« Adels bei Hofe vorstellen. Kostbare Kleider wurden angeschafft, weswegen viele dieses Unternehmen nicht ambitionierten. Weite des Dekolletées, Länge und Schnitt des Abendgewandes waren vorgeschrieben und beim ersten Empfang von der Oberhofmeisterin kontrolliert worden.« »Ja«, sagte mein Gastgeber, »und dann ging es in den kleinen Salon« (ob es da vielleicht Sofas gab?) »wo die aufgeregten Mütter ihre Töchter entließen.« Mein Gastgeber strahlte in Erinnerungen, so spann ich weiter: »Mutter mußte allein durch einen langen, schmalen Saal, wo zur Rechten und zur Linken Lakaien standen, die mit kleinen Silberstöckchen die acht Meter lange Schleppe in die gewünschte fließende Form zu bringen hatten. Dann taten sich Flügeltüren auf, und nach dreimaligem Aufstampfen des Marschallstabes und laut schallender Nennung ihres Namens versank die kleine Debutantin in einen tiefen, lange geübten Hofknicks: grader Rücken, schwebende Kniebeuge, Stirn nicht gesenkt vor den erhöhten Majestäten.« Ob mein Nachbar diese Erinnerungen so auswalzte, um uns die undefinierbare Suppe und die auf Silbertellern gereichten kleinen, grauen, trockenen Brotstückchen vergessen zu lassen?

Nach Tisch ging ich in den Wirtschaftstrakt. Auf einem kleinen Holzbänkchen sitzend, klagte ich dem Diener meine Not. »Wo sollen wir denn schlafen?« Ich kritisierte

die Gastfreiheit des Hauses. »Das sehen Sie ganz falsch«, sagte er. »Nie würde mein Graf Ihnen ein nicht standesgemäßes Unterkommen anbieten. Dann lieber gar keine Aufforderung zum Übernachten! Aber ich will gern mit ihm sprechen.«
Zum Tee kam mir der Hausherr händereibend entgegen, wie die alten Herren es tun, wenn sie Günstiges zu berichten haben: »Es ist mir eine große Freude, Ihnen zwei Gastzimmer anbieten zu können. Es hat sich ergeben, daß eine sehr liebe Familie uns leider verlassen muß. Um so mehr freue ich mich auf einen angenehmen Abend mit Ihnen.« – Dieser Diener war ein Diplomat. Aber so konnten sie sein, heimliche Hüter und zuweilen Führer unserer Häuser.
Der nächste Tag brachte ähnlich Erfreuliches. Wir hielten vor dem langgestreckten Schloß der Schwerins in Stolpe auf der Insel Usedom. Nach einigem Warten erschien die Hausherrin selbst, eine schlanke, gut aussehende Person. Obgleich wir unseren Namen genannt hatten und Familienunterstützung erhofften, meinte sie: »Ich kann Sie leider nur aufnehmen, wenn Sie mir Seifenkarten für die Bettwäsche geben.« Ein verwunderter Blick in ihr stolzes Gesicht sagte uns, daß das nicht ungastlich gemeint war, sondern nur die tragikomische Situation skizzieren sollte. Nach kurzem Hin und Her betraten wir das Haus. Im Entree stand auf erhöhter Staffelei das Bild Kaiser Wilhelms II., des letzten Hohenzollernkaisers. »Damit jeder, der hereinkommt, vor allem aber die Partei, Bescheid weiß, mit wem man es hier zu tun hat. Das Bild verschwindet erst, wenn auch hier alles andere untergegangen ist«, sagte unsere Gastgeberin. Wir haben schnell Freundschaft geschlossen und streckten uns bald nach Tisch in den Betten eines prachtvollen Gästezimmers aus. Sie stand am Fußende und imitierte Hitler in allen Schattierungen mit

großem schauspielerischen Talent. Wir waren entzückt! Es folgte ein Abendessen mit Sekt und Kerzen unter der Betreuung eines Dieners ähnlicher Qualität wie am Vortage. Später erfuhr ich, daß die Hausfrau zwei Söhne gehabt hatte, der jüngere war im Ersten, der ältere im Zweiten Weltkrieg gefallen. Der kleine vierjährige Enkel und die reizende Schwiegertochter, die ich in der Folge auf den Schwerin'schen Familientagen kennenlernte, werden in diesen Wochen des trostlosen Aufbruchs ihr Lebenssinn gewesen sein. Sie ist uns im Spätherbst 1945 im Zuge der allgemeinen Enteignung in den Westen gefolgt. Ich habe sie leider nie wieder gesehen. Sie starb im Frühjahr 1957. Sie hatte in ihrem Testament darum gebeten, in ihrer Heimat Stolpe beigesetzt zu werden. Still und ohne Aufhebens! Das war auch ganz im Sinne der örtlichen Verwaltungsbehörden der DDR. Sie taten alles, um nichts an die Öffentlichkeit dringen zu lassen. Aber es war zu spät. Fast alle Angehörigen des einstigen »Gesindes« hatten sich versammelt, sowie viele Bauern und Freunde aus der Gegend. Es sollen mehr als zweitausend Menschen gewesen sein. Als der Zug mit dem Sarg sich in Bewegung setzte, verstellte ein Traktor, den der Kaderleiter Kieder führte, den Hohlweg, durch den der Trauerzug ging. Die Bitten und Einwürfe des alten Pfarrers, doch angesichts des Todes irdisches Gezänk niederzuhalten, hatten keine Wirkung, und der Menschenhaufen mußte einen mühsamen Weg über Feldwege benutzen, um Stunden später an der Grabstelle anzukommen. Kaum einer soll zurückgeblieben sein. Eine auffallende Demonstration für eine untergegangene Welt. Daraufhin hat der DDR-Staat unter Bezugnahme auf das Verbot Walter Ulbrichts bis heute eine Überführung von Enteigneten und Ausgewiesenen von West- nach Ostdeutschland nicht mehr gestattet.

Weiter auf unserem Fluchtweg. Wir passierten die Inseln Usedom und Wollin. Wir übernachteten in Swinemünde bei unserem alten, geliebten Waechterchen, die hier zu Hause war.
Ein Tag am stürmischen und grauen Meer, ein Abend voller Erinnerungsgespräche und Gemütlichkeit.
Weiter ging es mit den munteren Pferden, die den Frühling rochen, zu Schwager und Schwägerin nach Zettemin in Mecklenburg. Hier, im Herzen Deutschlands, glaubten wir in eine noch sichere Welt zu kommen, – hier atmeten alle Flüchtlinge auf. Wir badeten nach Wochen zum erstenmal, wuschen unsere Treckkleidung und telefonierten mit Walsleben.
Am 14. Februar trafen wir dort ein, dem Tage von Dresdens Untergang. Da wir angesagt waren, haben wir ein nach so vielen Einbrüchen dramatisches Wiedersehen vermieden. Das war gut. Still sollte alles sein. Die Stimmung war gedämpft. Die Kinder sprachen leise, Sternchen hatte schwarze Schleifen in den Zöpfen. Meine Schwägerin Ruth war nach außen hin lebhaft mit den Kindern, dem Haushalt und dem Gut beschäftigt, aber im Inneren völlig gebrochen. Bei der Müh senkte sich der Schleier des Alters über alles Erlebte. Sie verwechselte die Generationen und hatte die schlimme Nachricht von Ottos Tod nicht mehr richtig aufgenommen. Sie sah den 6jährigen Otto, meinen kleinen Sohn, als ihren Sohn an. Sie hob ihn aus dem Kreis der anderen Kinder heraus und verwöhnte ihn durch Bonbons und Nachgiebigkeiten mit triumphierendem Gesichtsausdruck, genauso, wie sie es 45 Jahre zuvor mit meinem Mann getan hatte. Die Geschwister revoltierten damals so wenig wie jetzt, und wir waren dankbar für diese Verwirrung, weil sie dadurch nicht litt.
Eberhard war noch sehr zart. Er war nach einer Woche

Bahnfahrt mit Mariechen in Walsleben angekommen. Nach einer schweren Mittelohrentzündung hatte er das Laufen völlig verlernt. Was sich auf dieser Reise alles ereignet hat, war aus dem verschlossenen Mariechen nur bruchstückweise herauszuholen: Das mit Kleinkindern und Müttern überfüllte Abteil wurde wegen der Kälte nicht gelüftet, bis auf die Augenblicke, in denen der Stuhlgang aller Mitfahrer aus dem Fenster geschüttet wurde. Das Klöchen war zugesperrt. Vergebenes Ringen mit der Klinke! Man hatte zwei Tote dort hineingeschoben. Es bot sich tagelang keine Möglichkeit, die Kinder oder die Wäsche der Säuglinge zu waschen, und wie sie zu Nahrung gekommen sind, blieb mir im Dunkeln. Mariechen war verändert. –

Ich selbst konnte mich nicht zurechtfinden. Solange wir auf der Flucht waren, erlebten wir einen Übergang, der einen Kompromiß an den anderen reihte. Es galt, den nächsten Tag, ja die nächste Stunde zu überstehen. In Walsleben aber stellte sich mir das Schicksal mit festen Konturen und einer unausweichlichen Forderung. Zuweilen habe ich mich nach der Straße zurückgesehnt, denn da gab es Stunden des Träumens in Zukunft und Vergangenheit.

Eines Tages stand Förster Kossak vor mir. Er hatte sich von dem Wildenhöffer Treck entfernt und war auf eigene Faust durchgekommen. Von ihm erfuhr ich, daß Rungk mit dem Treck in Hinterpommern hoffnungslos steckengeblieben sei. Ausgerechnet auf dem Nebengut des »Epouseurs«, den ich in einem der Jugendkapitel beschrieben habe, waren sie gestrandet. Rungk hatte Typhus bekommen und einige Kinder Diphtherie. Die Frauen wurden von den sie nun beherrschenden Russen zum Arbeitseinsatz herangezogen. Ein Weiterfahren war unmöglich.

Rungk aber gehörte zu den wenigen, die die Krankheit überwunden haben. Im Juli 1945 ist er mit dem Treck in Walsleben angekommen.
Kossak fuhr fort in seinem Bericht: »Das ganze Schloß in Wildenhoff ist zerstört.« Er sagte es in einer seltsamen Mischung aus Sentimentalität und Sensationslust, die mir ins Herz schnitt. Ich sah die dicken Mauern fallen, das hohe Dach mit den roten Ziegeln sich herunterschieben und die alten Schränke mit ihren stolzen Gesimsen aus dem Staub wie unter Schleiern sichtbar werden. Immer wieder verfolgte mich diese Vision.
Eine andere war genauso quälend. Wenn ich in weiter Ferne einen Wagen auftauchen sah, ähnlich unseren Jagdwagen, dann hoffte ich gegen jede Vernunft, alles Erlebte sei nur ein Traum und Otto käme zurück.
Treck auf Treck fuhr durch Walsleben. Manche blieben nur einen Tag, manche länger, die meisten fuhren durch. Hynata v. Grünberg-Massow kam mit fünf kleinen Kindern. Wir kannten sie gut aus unserer Berliner Zeit und aus Pommerscher Nachbarschaft. Sie blieb lange. Dann kamen v. Steegens. Ihre kleine Tochter Pepi war schon bei uns, denn wir hatten ausgemacht, daß Walsleben auch ihr Zufluchtsort sein sollte. Sie war mit ihrer Kindergärtnerin einen Tag vor Eberhard in Königsberg abgefahren, war aber auch vier Tage unterwegs gewesen. Marion und Ottokar v. Steegen waren mit dem Schlitten gefahren, hatten das Haff passiert und mußten sich in Hinterpommern bei Verwandten einen Wagen nehmen. Auch sie hatten ihre Rettung der großen Dönitzaktion zu verdanken, die den Heiligenbeiler Kessel noch einmal geöffnet hatte.
Auf dieser langen Fahrt wußten Steegens nichts Gewisses über ihre Kinder. Sie hofften nur, daß die kleine Pepi in Walsleben gut angekommen sei. Wo aber war das achtjäh-

rige Christinchen? Sie war im Herbst '44 an einem Gehirntumor erkrankt. Im zerstörten Königsberg war einer der riesigen Befestigungstürme aus der Ordenszeit zu einem Krankenhaus umgewandelt worden. Dort wurde die Kleine operiert. Anfang Januar '45 fuhr Marion mit ihr nach Breslau, wo in einer Klinik eine besondere Strahlentherapie leise Hoffnung versprach. Da nahten die Russen. Marion ließ Christinchen in Breslau, stürzte nach Ostpreußen zurück und machte sich nun mit Ottokar auf den Weg. Breslau war inzwischen eingekesseltes Kampfgebiet geworden. Kurz zuvor wurde die Stadt teilevakuiert. War Christinchen dabei oder war sie im Kessel? Kleine Schicksale unterlaufen die großen. – Jetzt, Anfang März wurde Ottokar von Walsleben aus wieder dienstverpflichtet, während Marion mit den fragwürdigsten Verkehrsmitteln von Ort zu Ort irrte, um Spuren von Christinchen zu finden. Aber wo in dem Auflösungsgetümmel ein Kind ohne Familie suchen? Ein Gerücht führte nach Leipzig. Hier schalteten wir meine Freundin Christa Zielke ein, die Chefärztin war an der Uni-Frauenklinik. Christinchen fand sich in einem Heim geistesgestörter Frauen. Sie war inzwischen blind geworden. Ein Kinderschicksal am Rande.

Das Haus in Walsleben wurde nicht nur reichlich eng für uns alle, sondern das Leben dort zu unruhig für die Kinder. So zog ich mit meinen Kleinen und Empi in das Jagdhaus im Walde, 8 km vom Gutshaus entfernt.

Jetzt, im Frühjahr 1945, stand das Jagdhaus, das früher einmal verpachtet gewesen war, begreiflicherweise leer. In tiefer Einsamkeit lag es auf sanft hügeligem Gelände, von alten Eichen umstanden, an einem kleinen verschilften See am Rande des Rhinluches, das Fontane in seinen »Wanderungen durch die Mark« beschreibt. Hier waren

Wildschwäne beheimatet, die vor unseren Augen am Ufer des pflanzenreichen Wassers brüteten. Das Haus war groß genug für uns alle, ja sogar ein kleiner Stall auf dem Hinterhof erwies sich als ideale Unterkunft für unsere Fluchtpferdchen, die die Partei nicht für den Gutsbetrieb requirieren konnte, denn sie gehörten ja nichts uns. Ungefähr 10 Minuten entfernt, noch abgeschiedener, war das letzte Vorwerk von Walsleben, schon im Rhinluch gelegen. Hier standen 50 Stück Jungvieh von uns, von einem Deputantenehepaar versorgt. In beneidenswerter Entlegenheit konnte die Familie Bölk ein Schlaraffenland entwickeln, wie ich dergleichen in Kriegs- und Nachkriegsjahren nie wieder gesehen habe. Uns gehörte ja nur das Rindvieh, aber sie selber zogen für sich in den verfallenen Strohdachgebäuden eine unüberschaubare Menge von Federvieh heran, die sich jeder Kontrolle entziehen konnte. Raum war genügend vorhanden in ganz primitiven, aus ungehobeltem Holz gebauten Stallungen, in denen Puten, Enten, Gänse, Hühner und Zwerghühner ein urtümliches Dasein führten. Meist schwärmten sie ins Rhinluch und in den Wald aus und kamen nur zur Legetätigkeit oder zur Nachtruhe zurück. Sie konnten wandern wohin und wann sie wollten, denn es gab keine abgeschlossenen Ställe und keine geregelten Futterstunden. Allen hygienischen Vorschriften zum Trotz wurde selten ausgemistet und nie desinfiziert. Hier bestätigte sich der Satz, daß in einem liebevollen und nahrungsreichen Chaos Tiere und Kinder am besten gedeihen. Eine enorme, immer im leichten Wind flüsternde Silberpappel beschützte dieses Paradies. – Unser Jagdhaus, »Bertikow« genannt, entbehrte jeder Technik. Das Wasser wurde auf dem Hof durch eine Eisenpumpe mit Armeskräften erschwungen, denn die feudale elektrische Installation unserer vornehmen Jagd-

pächter war längst zusammengebrochen. Das Licht spendeten zwei Petroleumlampen, und die Leitung des Telephons, das einst die Verbindung mit dem Gut hergestellt hatte, war defekt und schaukelte in müden Girlanden den Waldweg entlang. Aber der Apparat mit einer Kurbel hing noch an der Wand. Diese erloschene Einrichtung sollte später von höchster Wichtigkeit werden. Wie eine Schnecke in ihr Haus zog ich mich mit Empi, Mariechen und den Kindern in dieses Waldidyll zurück.
Es gab ein Gesetz, daß eine kinderreiche Familie, falls sie mindestens 8 km von der nächsten Einkaufsstelle entfernt sei, sich eine Kuh halten dürfte. Dieses nutzten wir, und die beste Kuh des Hofes wanderte nun in das Tierparadies der Familie Bölk. Mariechen schwankte zweimal täglich mit einer Gesamtmenge von 27 Litern Milch heran. Bald wuchs ein Butterberg, für magere Zeiten mühsam in einem kleinen Butterfaß zusammengestampft. Jeden Morgen brachte ich Otto und Sternchen in die Dorfschule nahe dem Gutshaus, wo eine junge Lehrerin ein sanftes Regiment führte. Ich selbst blieb im Haus oder war auf dem Feld bei der sehr früh beginnenden Bestellung. In bestem Einvernehmen mit dem Verwalter Kühling gründete sich hier eine Freundschaft, die auch gehalten hat, als wir längst getrennt waren.
Mittags ging es zurück in unseren Frieden. Durch den Wald schlängelte sich der sandige Weg hügelauf – hügelab. Gelegentlich sahen wir, wenn wir die Kuppe erreicht hatten, in der Talsohle vor uns Fußgänger oder Radler, einzeln oder in kleinen Gruppen, die ihr Tempo fluchtartig beschleunigten, sobald sie uns wahrnahmen. Später erfuhren wir, daß es eine Wehrwolfgruppe war, Angehörige des letzten Hitleraufgebotes, die die Aufgabe hatten, im waffenlosen Endkampf dem nahenden Feind mit kochendem

Wasser zu begegnen! So stand es damals in Gemeindekästen und an den Litfaßsäulen angeschlagen. Ich bemerkte diese unheimlichen Begegnungen nur am Rande, wie vieles damals, was nicht unmittelbar in mein Gesichtsfeld hineingehörte. Unserm alten Walslebener Förster war es unheimlich, und er fand unser einsames Walddasein leichtsinnig.
Jeden Morgen bei Sonnenaufgang lauschten wir auf den noch fernen Geschützdonner. Wir waren in der sogenannten Quetschfalte zwischen Ost und West, die täglich schmäler wurde. Mit einem Gefühl der Befreiung hörten wir an einem Märztag die tiefen Detonationen von Westen kommen. Es war nur eine kurze Hoffnung, denn schon am nächsten Tage weckte uns das ferne Dröhnen aus dem Osten. Tiefflieger schossen schon gegen Mittag nach Berlin über die flachen Felder, die in dieser Jahreszeit keinen Schutz boten. Sternchen und ich sprangen vom Wagen, ließen die Pferde stehen und legten uns flach in den Graben. Es ist ein schauerliches Gefühl, wenn man glaubt, das Ziel eines herabstürzenden Fliegers zu sein. Da schraubte er sich brausend in die Höhe. In dieser Nacht stellte ich den Schwarzsender ein und hörte die Rede von Churchill, in der er das »heldenhafte Volk der Russen aufforderte, das Herz des Erzfeindes, Berlin, zu erobern und im Kampf nicht nachzulassen bis zur völligen Vernichtung«. Mir war klar, daß wir in Walsleben keine bleibende Statt mehr haben würden und ich traf Vorbereitungen, mich mit allen Kindern, vor allem den großen Töchtern, abzusetzen. Aber auch hier lauerte die Partei. Diese Absicht war erst vertretbar bei weiterem Vordringen der Russen. Wohin dann, war noch unklar, aber ganz mittellos sollten wir nicht sein, und deshalb planten wir einen Transport mit drei Stück Jungvieh, fünf Schafen, einem

Koffer für jedes Kind mit Wertsachen und Kleidern, einer großen Truhe mit Silber und einigen Bücherkisten. Nach Geestgottberg auf einen Bauernhof auf die westliche Seite der Elbe sollte es gehen zu Illa Lyncker, Tochter des Feldmarschalls v. d. Marwitz, unserer Jugendnachbarin aus Wundichow bei Jassen. Mitten in der Frühjahrsbestellung, wo alle Traktoren eingesetzt waren, nahm ich mir eine kleine Zugmaschine, die nur fünf Stundenkilometer schaffte. Natürlich hatten wir uns bei dem uns sehr wohlgesinnten Landrat in Neuruppin einen Passierschein erbettelt, aber es war leider nur eine Art Rahmenerklärung, »Transport landwirtschaftlicher Artikel zwecks Verladung nach Wittenberge«. Es stand weder Warenangabe noch Datum darin. Das sollten wir selbst hineinkritzeln. Gern hätten wir die Elbbrücke im Dämmer passiert, mit dem schwachen Taschenlampenschein eines müden Soldaten auf unsere schwer leserlichen Scheine gerichtet und dem Anhänger mit dem Vieh im Hintergrund. Traumvorstellung einer Schwarzfahrt. Aber unsere Maschine tuckerte so langsam, daß wir am Abend auch wegen der Verdunkelung einen Unterschlupf suchen mußten. Wir fanden Aufnahme in dem Ehebett einer Kriegerwitwe. Wir lagen zu dritt. Unser Fahrer schlief auf dem Anhänger bei den Tieren in der lauen Vorfrühlingsnacht.
Klarer Morgen, helle Sonne. Wir starteten. Kurz vor der Elbbrücke wurden wir gestoppt. Kritisch wanderten die Augen des Postens von dem unvollkommenen Ausweis zu den Tieren, zu der Truhe, zu uns, hin und her, her und hin, und in uns bäumte sich das Gefühl erbärmlicher Abhängigkeit auf. Schließlich wurde unsere Zugmaschine mit dem Fahrer beschlagnahmt, angeblich, um einen militärischen Auftrag zu erfüllen. Da stieg Entsetzen in uns hoch, daß wir allein auf dem Anhänger zurückbleiben sollten,

ohne Ortskenntnisse, mit der Silbertruhe und den Tieren jedem Diebstahl ausgesetzt! Schon war die Zugmaschine mit unserem Fahrer abgekoppelt, schon hatte sich der Posten danebengesetzt, da sprang ich vom Anhänger und quetschte mich zwischen die Männer. Loris Angst, allein auf dem Anhänger, mußte in Kauf genommen werden. Um so erstaunter war sie, als wir schon nach einer Stunde mit unserem kostbaren Traktor wieder erschienen. Der Posten war übrigens sehr freundlich mit mir gewesen.

Fröhlich überquerten wir nun die Elbbrücke in Wittenberge. Auf der linken Seite der Elbe wurde der Weg immer schlechter. Schließlich fanden wir Geestgottberg als allerletztes Gehöft am Rande der schlammigen Straße. Illa hatte uns erwartet. Sie saß bei offener Tür – so warm war dieses Frühjahr – an ihrem Flügel und sang ihr Jubilate, wie wir es oft in Wundichow von ihr gehört hatten. Der Hof war so entlegen, daß schon viele Verwandte ihr Gepäck hier abgesetzt hatten.

Der Hausherr Lyncker nahm uns freundlich, fast bewegt auf: »Ihr armen Flüchtlinge!« Außer Illas Mutter, Frau von der Marwitz, der lieben und wuchtigen Tante Lena, waren noch die beiden Kinder anwesend, der sensitive Sohn, 9 Jahre alt und die siebzehnjährige Tochter Christiane, auch Heiligengraber Stiftskind und mit Gisela befreundet. Wir blieben natürlich zur Nacht. Am nächsten Morgen, beim Verstauen all unserer Habe sagte mir Lyncker, er könne keine Verantwortung für unser Vieh und die Wertsachen übernehmen, denn wenn der Feind käme, würde er sich und seine ganze Familie erschießen. Eine Rücksprache mit Illa während unserer Mittagsruhe ergab, daß sie sich völlig in dieses Schicksal gefügt hatte. »Aber das ist ja unmöglich, die Kinder stehen doch am

Anfang ihres Lebens!« sagte ich. Sie winkte resigniert ab: »In der Ehe kann nur einer regieren.«
»Ihr habt doch alle Chancen, daß eine Westbesetzung hierher kommt«, sagte ich später zu Lyncker. »Feind ist Feind«, antwortete er. Inzwischen hatte Lori mit Christiane gesprochen. »Nehmt mich mit«, flehte das Kind, »Vater hat schreckliche Pläne!« »Wir können doch die Verantwortung nicht tragen, dich in das Gebiet östlich der Elbe mitzunehmen, wo man die Russen erwartet. Wir sind ja im Begriff, dort zu fliehen. Die Elbe trennt Ost und West, und wir beneiden jeden, der das Glück hat, wie ihr, im Westen zu sein!« antworteten wir. Wir haben Christiane nicht mitgenommen. Hätten wir doch!
Wenige Wochen darauf spielte sich hier beim Einzug der Amerikaner eine grausige Familientragödie ab. Lyncker führte zuerst seine Schwiegermutter wie zu einem Frühlingsabendspaziergang auf den Elbdamm und erschoß sie von hinten. Die betreuende Pflegerin, die dabei stand, hat er verschont. Dann ging er in das Haus zurück und rief seine beiden Kinder. Der Sohn schlief mit seinem Vetter von Massow zusammen, die Jungens waren schon zu Bett gegangen. Der kleine Lyncker (sein Name ist mir entfallen) gab seinem Vetter die Hand und sagte: »Der Vater ruft, jetzt macht er puff und unsere Familie ist erschossen.« Die beiden Kinder und Illa folgten dem Vater auf den Elbdamm. Zuerst wurden Christiane und der kleine Bruder erschossen, dann Illa, die den Tod ihrer Kinder noch miterlebt hat. Sie soll sich an die Erde geschmiegt haben wie an ein weiches Kissen. Lyncker selbst hat sich nur verwundet und anschließend im Dorfteich ertränkt.
Alles dieses ist mir von dem zwölfjährigen Massowjungen einige Monate später mit einer erstaunlichen Gefaßtheit, ja Gelassenheit und einer schwer deutbaren kindlichen

Stabilität berichtet worden. Mir erschienen die Geschwister Lyncker, die ihren Eltern folgten, unbegreiflich, auch Illa, die keinen Willen mehr hatte, ihre Kinder zu schützen. – Wir hielten Lyncker für geisteskrank. Nähere Überlegungen ergaben aber, daß er ein vaterländischer Fanatiker war, wie man sie aus der Geschichte kennt. »Feind ist Feind«, hatte er ja zu mir gesagt! Nirgends auf unserer langen Flucht habe ich eine solche Einstellung wieder angetroffen. Alle drängten zu den westlichen Gegnern, für die das Wort »Feind« nicht mehr angewendet wurde. Wie viele Menschen haben den Tod gesucht, als die Russen kamen! In dem kleinen Dörfchen Darritz bei Walsleben töteten sich kurz vor Einmarsch der Russen 15 Menschen. Anfang April sollte Giselas Einsegnung in Heiligengrabe sein. Wer von der jüngeren Generation hier in Westdeutschland weiß noch etwas von diesem Friedenshafen? Das Dorf liegt etwa 90 km nördlich von Berlin, unser Walsleben ziemlich genau dazwischen. Heiligengrabe ist eingebettet in eine im Sommer üppig grüne Landschaft, wie sie in ihrem Zauber in der Mark nicht häufig zu finden ist. Wir sehen hier eine der ältesten Kulturstätten Brandenburgs, ihre Mauern stehen nun 700 Jahre. Kaum ein Backsteinbau aus dieser Zeit ist so unverändert erhalten geblieben wie diese ausgedehnte Anlage mit Klosterhof, Kirche, Kapelle, Kreuzgang und Galerie. Mächtiger knorriger Efeu verbirgt an manchen Stellen den nachgedunkelten Ziegel. Über einige Mauern wuchern Kletterrosen und Flieder und geben in der Blüte dem alten Gestein Farbe. Ursprünglich ein Zisterziensernonnenkloster, kam es nach der Reformation zur evangelischen Kirche und war seit der Regierung König Friedrich Wilhelms IV. Erziehungsanstalt für junge Mädchen mit Lyzeumsabschluß. Meist waren es Töchter vom Lande, die hier erzogen wurden.

»Wichtig für uns Kirchenleute ist diese Anstalt«, sagte mir einmal ein hoher Geistlicher, »denn viele spätere Gutsfrauen werden hier in die Verantwortung hineingeführt.«
Die Kinder trugen Stiftskleidung. Ein beträchtlicher Landbesitz war der materielle Hintergrund, der es ermöglichte, Waisenkindern oder Kindern armer Familien eine kostenlose Ausbildung zu geben. Eine Äbtissin stand der ganzen Institution vor, 12 Stiftsdamen unterstützten sie.
Zu dem Komplex gehörten auch einige alte Häuschen mit kleinen bunten Gärten. Hier lebten ältere Dämchen, meist adeliger Herkunft, die sich in das Stift eingekauft hatten, um ihren Altersfrieden zu genießen. Sie waren dem Stift eng verbunden, ja, auch sie trugen zu besonderen Anlässen Tracht. Über dem ganzen Anwesen lag ein zeitentrückter Hauch.
Aber auch in diese Erziehungsstätte, deren Ausrichtung fest auf kirchlichen Ordnungen gegründet war, die sich generationenlang bewahrt hatten, sickerte das Nazigift und begann sein Zerstörungswerk. Die damalige Äbtissin konnte anfangs mit Geschicklichkeit die Integration des Stiftes in den Staat verhindern. Sie hat sich auch auf ihre hervorragenden Beziehungen gestützt, zu denen vor allem der Finanzminister Graf Schwerin von Krosigk gehörte. Er sorgte dafür, daß alles beim Alten blieb. Überkommene Grundlagen und Ausrichtungen aufs Christentum wurden noch ein Weilchen geduldet. Aber die Jahre der Zugeständnisse gingen schnell vorüber, und es gab kein Entrinnen mehr vor der neuen Ideologie und ihrem System.
Die Partei mag die ganze Institution mit den vielen hübschen Landmädchen als eine der Einrichtungen des »Lebensborns« eingeplant haben, dieser teilweise schon gegründeten Zuchtanstalt für reinblütige Arier. Alles natürlich erst nach siegreichem Kriegsende!

Das Jahr 1944 sollte die Entscheidung für unsere Töchter bringen. Es gab nur zwei Lösungen:
Entweder die Stiftung unterwarf sich der Aufforderung, besser gesagt, dem Befehl des Staates, – oder das große Werk löste sich unter irgendeinem Vorwand auf, entließ Kinder und Erzieher, schloß die Tore und überließ alles einer Welt, mit der man nichts zu tun haben wollte.
Wie meistens kam es zu einer Art Kompromiß, und auch heute möchte ich nicht urteilen, wie man hätte handeln sollen. Eindeutig konnte die Schule nicht mehr bleiben, denn auch im Heim gab es Menschen, die sich dem neuen Kurs innerlich schon verpflichtet hatten. Bei der alten Garde aber siegte wieder einmal die Zuversicht: »Wenn wir dabeibleiben, können wir mittun und Schlimmeres verhüten!« So wurde das Stift zum Heiligen Grabe SS-Heimschule. Das Tischgebet wurde abgeschafft, und statt dessen schmetterte eine Schülerin »ein Wort des Führers« durch den Eßsaal. Die Bibeln mußten versteckt werden; und wenn eine Mutige oder Schlampige sie doch unübersehbar auf dem Nachttisch zurückließ, gab es Ermahnungen. Die Lektüre wurde nun unter ganz anderen Voraussetzungen überwacht. Die Heimleitung konnte wenig Hilfe gegen eine solche Doppelzüngigkeit geben, denn sie fürchtete Denunziationen, und sei es auch nur durch kindliche Harmlosigkeit und Tolpatschigkeit.
Der BDM (Bund Deutscher Mädchen) zog ein, Erziehungsorgan der politisch zu bildenden weiblichen Jugend. Statt der Stiftskleidung mußte nun zu besonderen Anlässen die Parteiuniform getragen werden. Verwirrend war es, daß der Religionsunterricht und kirchliche Handlungen weitergingen, genauso, wie es bis zum Kriegsende Feldgeistliche gegeben hat, denn die Kirche

war immer noch eine nicht verbotene, wenn auch schwer schikanierte Institution.
Auch war der Hofknicks, ein bekannter Stempel der Heiligengraber Erziehung, noch nicht abgeschafft, aber der Hitlergruß mit einer gewissen Unsicherheit schon eingeführt worden, was bei der Begrüßung der Damen im Vorübergehen zuweilen zu grotesken Verrenkungen geführt haben soll. Man versuche einmal, den Hitlergruß mit einem tiefen Knicks bei den ungelenken Bewegungen einer Fünfzehnjährigen zu vermischen! So änderte sich das Gesicht von Heiligengrabe, aber das alte Gefüge war stärker als das neue Gewand. Im tiefen Grund blieb das religiöse Bewußtsein stabil. Ich habe damals so viele Kinder erlebt, daß ich das bestätigen kann.
Eine kleine Köpenickiade muß ich aber in diesem Zusammenhang noch erzählen: Die SS hatte sich mit einem Ärzteteam angesagt. Etwa acht junge Männer erschienen in ihren schwarzen Uniformen, mit einem Röntgenapparat und anderem Zubehör. Auf höchsten Befehl hin sollte die ganze Anstalt auf Tuberkulose untersucht werden. Alle Angehörigen des Hauses hatten sich mit entblößtem Oberkörper vor dem Röntgenschirm zu präsentieren. Den erschrockenen älteren Damen wurde ein Wandschirm gestattet, hinter dem sie sich in ihrer Keuschheit bis zum Moment der Aufnahme scheu verbergen konnten. Aber die Schülerinnen mußten wie zu einer Turnveranstaltung mit verzwickten Bewegungen und Stellungen in derselben Unverhülltheit antreten. Dann ging es vor den Röntgenschirm. Die jungen Männer glotzten und kicherten. Sie hatten sichtliches Vergnügen und schienen unter keinerlei Zeitdruck zu stehen. Schließlich zogen sie ab und ließen eine zwiespältig erregte Schar zurück. Später kam heraus, daß es eine Gruppe unverschämter Jungen war, die sich

einen häßlichen Scherz erlaubt hatte. Ich erzähle es, um die Angst zu zeigen, die SS-Uniformen auslösten und die Lähmung jeder Zivilcourage, die vielleicht nach einer Legitimation hätte fragen können. Aber auch darauf waren die Männer wahrscheinlich eingerichtet. Macht ist Macht, und Frechheit siegt.

An Giselas Einsegnungstag Anfang April 1945 war das Heim praktisch schon aufgelöst. In diesen bangen Tagen wollten die Familien zusammenrücken. Auch die Kinder, die sich um ihre Eltern in den großen Flüchtlingsströmen ängstigten und die nun kein Zuhause mehr hatten, fuhren zu Freunden oder Verwandten. So kam auch Gisela im März nach Walsleben, aber zur Einsegnung waren wir wieder in Heiligengrabe. Nur fünf Kinder von der ehemals so großen Gemeinschaft sollten konfirmiert werden. Wir fuhren mit der Bahn, die erstaunlicherweise noch ganz regelmäßig verkehrte.

Der Gottesdienst in der Stiftskirche entzog sich der Gegenwart. Keine Grübeleien mehr über unsere traurige und ungewisse Lage. Die Predigt der jungen Pastorin bannte uns und hat gewiß auch die fünf Kinder mit den gesenkten Köpfen vor dem Altar erreicht. »In der Welt habt ihr Angst, aber seid getrost, ich habe die Welt überwunden.« Wir waren so gesammelt, daß wir den dröhnenden Luftangriff kaum wahrnahmen. Über dem Hauptschiff, in dem wir saßen, waren die Stiftsdamen erschienen mit weißen Schleiern über schwarzem Seidenkleid. Ich erinnere mich nicht mehr, ob auch an diesem Tage das Symbol von Heiligengrabe, der goldene Hirtenstab mit den prachtvollen Edelsteinen, vorangetragen wurde. Es herrschte eine Stimmung, die sich auch äußerlich zum Christentum bekennen wollte. Als wir die Kirche verließen, sahen wir einen zertrümmerten Wagen am Straßenrand.

Der 22. April. Wir waren wieder in Walsleben. Die Russen näherten sich Nauen, 30 km von uns entfernt. Es eilten ihnen schlimme Nachrichten über die Behandlung der Frauen voraus. So wollte ich jetzt mit den Töchtern weiterziehen. Einige junge Frauen vom Betrieb, mit und ohne Kinder, baten darum, mitgenommen zu werden. Kein großer Treck wie im Osten wurde vorbereitet, wo ein ganzes Dorf oder Gut sich geschlossen auf die Flucht begab. Die Gutsarbeiter mußten und die alten Menschen wollten zurückbleiben. Die Landwirtschaft sollte weitergehen. Die Partei bestimmte im Hinblick auf die Frühjahrsbestellung die Zahl unserer Wagen. Man ließ uns deutlich spüren, daß wir nicht mehr ungehindert Besitzer seien und übersah, daß einige Flüchtlingswitwen mit Kindern sich anschließen wollten.
Sophie war seit kurzem wieder Krankenschwester in Neuruppin geworden und wollte bei ihrer Gemeinschaft bleiben. Das leuchtete mir ein. Aber wohin wollten wir? Möglichst auf die linke Seite der Elbe Richtung Magdeburg zu meiner Schwester Kunhild nach Rathmannsdorf. Als wir uns das letzte Mal dort gesehen hatten, zeigte sie mir ein kleines Häuschen nahe der Kirche: »Wenn ihr mal fliehen müßt!« Das war nun ein Ziel, das unsere Loslösung von Walsleben möglich machte. Wie viele zogen damals verwirrt und planlos durch das Land! Das Erscheinen einiger Offiziere brachte unerwartete Hilfe. Ihr Kommandeur, der später das bekannte Emnidinstitut gründete, H. v. Stackelberg, war krank, fieberte und brauchte schnell ärztliche Hilfe. Es fehlte an einer Fahrmöglichkeit. Stackelberg konnte durch seinen militärischen Rang vom Gut so viele Fahrzeuge requirieren, wie er verantworten mochte. Er kam selbst auf die Idee, zwei Gespanne mehr zu verlangen und diese uns weiterzuge-

ben. Auf so raffinierte Weise mußte man um sein Eigentum kämpfen.
Der 23. April. Wir saßen im Jagdhaus unter der Petroleumlampe beim Abendbrot mit den Stackelbergoffizieren und diskutierten in allen Einzelheiten die nächsten Tage. Stackelberg selber lag bei halber Besinnung auf einem Sofa im Hintergrund des Zimmers. Die Pläne wurden hin und her bewegt, bis Otto uns ungeduldig fragte: »Wann geht denn die Flucht endlich los?« als handele es sich um ein sehnlich erwartetes Ferienunternehmen. Meiner Schwägerin Ruth schossen die Tränen in die Augen. Ich war dankbar, daß wir bisher so wenig von der Trauer dieser Zeit hatten erkennen lassen, sonst wäre es wohl nicht zu diesem Ausspruch gekommen.
Es gab saftigen Wildschweinbraten. Zu uns gesellte sich noch ein uns allen unbekanntes Männchen, klein und von gewaltiger Leibesfülle, in der Uniform des einfachen Soldaten. Er war bei uns erschienen, wie so viele damals, die sich wie selbstverständlich an unseren Tisch setzten. Er sprach kein Wort, aber seine kleinen, flinken Augen flogen während unserer Unterhaltung von einem Gesicht zum anderen, als solle ihm nichts entgehen. Nachdem er einen starken Appetit entwickelt hatte, verschwand er, ohne daß wir ihm besondere Aufmerksamkeit geschenkt hätten.
Die Kinder hatten Masern. Kein Grund, die Flucht zu verschieben. Es wurde für sie ein Wagen mit rundem Dach und vielen Teppichen vorbereitet. Sie sollten unter Giselas und Empis Schutz auf dem schnelleren und kürzeren Wege nach Heiligengrabe, unserer ersten Station. Lori und ich hingegen wollten uns dem Gutstreck anschließen. Aber wir wollten mit unserem kleinen Fluchtgespann die Kinder durch den Wald an die große Straße begleiten.
So brachen wir nachts um zwei vom Jagdhaus aus auf.

Einen zweiten Wagen mit Gepäck, sehr viel Pferdefutter und nicht zu vergessen, dem in 6 Wochen erstampften Butterberg von 20 Pfund, lenkte Gisela.
Es war eine mondlose Nacht. Anspannen, Packen und das sichere Verteilen mußte ohne Licht geschafft werden. Dann kam der Weg durch den Wald. Giselas Wagen war zu schwer beladen. Einige Getreidesäcke wurden abgeworfen. Nun kam die Trennung am Rande der großen Straße. Umarmung und schnelles Sichlosreißen. »Werdet gesund! Übermorgen sind wir wieder beisammen.«
Die Straße war in dieser Nacht fast ohne Verkehr. Gisela lenkte den Leiterwagen mit dem Getreide und den Koffern ganz allein. Der heißgeliebte Pole Miron kutschierte den Wagen, in dem die beiden Kleinen rotbefleckt und fiebernd in zwei kleinen Sesselchen lagen, die andern irgendwo dazwischen. Neben ihm saß Empi und dirigierte nach hinten, konnte die aufgeregten Kinder aber nicht zum Einschlafen bringen. Da hörte sie viele schlurfende Schritte. Sie mußten eine Menschengruppe eingeholt haben. Im Morgennebel sah Empi merkwürdig wankende und schwankende Gestalten, die durch harte Zurufe zum Weitergehen angetrieben wurden. Dann das Geräusch fallender Körper, dazwischen merkwürdig stumpfe, kurze Schläge. Plötzlich wußte sie, daß es ganz aus der Nähe abgegebene Schüsse waren, die nicht zu ihrer Schallentwicklung kommen konnten. Nun sah sie auch den wirren Menschenhaufen zu beiden Seiten ihres Wagens und bemerkte lauter blauweiß gestreifte Anzüge. Die Gefangenen des Oranienburger KZs wurden vor den Russen in letzter Minute westwärts gebracht. Empi drehte sich zu den Kindern um, so daß sie ihnen die Sicht versperrte und erzählte ihnen ein Märchen nach dem anderen.
Wir waren zurück zum Jagdhaus gefahren und dann zum

Gut. Der Tag dämmerte schon. Kühler, würziger Waldduft, die Zeit der aufsteigenden Säfte. Erste Vogelstimmen. Alles zog traumhaft vorbei, denn das Herz begleitete den Kindertreck.

Als wir uns dem Jagdhaus näherten, sahen wir ein munteres, gekräuseltes Rauchwölkchen aus dem Schornstein steigen. Frisch angestecktes Feuer, – wir aber waren ja fünf Stunden fortgewesen. Wir hasteten in das Haus, wo pikanter Bratengeruch uns umwehte. Am Herd stand das schweigsame dicke Männlein vom Vortage mit den flinken Augen, hatte sich eine unserer Schürzen umgebunden und warf uns das Tranchiermesser vor die Füße: »Macht, daß ihr fortkommt! Hier habt ihr nichts mehr zu suchen! Jetzt sind *wir* dran! Die Schwerins haben lange Zeit gut gelebt! Nun werden sie nicht mehr reiten. (Reiten war damals noch ein Statussymbol.) Auch jagen werden sie nicht mehr.«

Es kam zu einem Handgemenge mit dem Dicken. Lori schrie: »Mutti, bist du wahnsinnig?« ergriff aber gleichzeitig den Hörer des gar nicht mehr funktionierenden Telephons, während ich noch mit dem Kerl herumsprang. Sie sprach in die Muschel: »Wir haben einen Überfall, bitte, sofort mit dem Auto einige Offiziere!« Der Dicke fiel darauf herein, ich ließ von ihm ab, und er verschwand mit dem Gewehr in der dichten Fichtenschonung, wo er unauffindbar war.

In der folgenden Nacht zogen wir mit dem Gutstreck zu den Kindern nach Heiligengrabe. Nur einige Wochen wollte ich von Walsleben fern sein, bis der erste Russenansturm sich gelegt haben würde. Dann wollte ich Ottos Werk fortsetzen, seine Spuren aufnehmen und aus dem Besitz eine neue Heimat machen. Fünfmal sind wir im Jahre 1945 umgezogen.

Die Wochen wurden zu Monaten. Es gab keine Post und keine Bahn. Von Fußgängern bekam ich einen Abschiedsbrief von den Eltern, die unter den Russen in Mecklenburg arbeiteten, durch einen Soldaten erfuhr ich die Tragödie von Geestgottberg. Von Walsleben hörte ich nichts. Ich wußte nicht, daß meine Schwägerin zusammen mit dem Inspektor Kühling weiter wirtschaftete, sich mutig gegen die Russen gezeigt und den Besitz als ihr Eigentum ausgegeben hatte, um ihn für uns zu erhalten. Wie gut hatten wir es doch gegen die anderen Flüchtlinge aus dem Osten! Alle Randgebiete Deutschlands schienen mir durch Fremdbesatzung in Gefahr, die Mark Brandenburg aber, das Herz Deutschlands, würde immer deutsch bleiben. Wir ertrugen willig die Engigkeit unserer Quartiere, die geschlossenen Schulen und die Schwierigkeiten der Ernährung. Es war ja nur ein Übergang, – dann würden wir wieder in Walsleben sein! Im Spätsommer 1945 wurden wir liebevoll bei den Geschwistern Plettenberg in dem schönen Heeren aufgenommen. Trotzdem hielt es mich nicht mehr, – ich wollte endlich zurück nach Walsleben. Immer ging mir der Vers von Gottfried Keller durch den Sinn: »Da eilte sie, mit Freudigkeit die Heimat zu empfangen« –– Alles prickelte in mir!
In Walsleben ging ich die Dorfstraße entlang, nicht gleich auf den Hof, sondern blieb beim Pastorat stehen. Ein merkwürdiger Instinkt. Der Pfarrer kam und sagte mit Entsetzen: »Was machen Sie hier? Ihre Verwandten sind schon in Berlin. Morgen ist das Fest der Bodenreform ›Junkerland in Bauernhand‹. Ihnen gehört kein Quadratmeter mehr, es ist alles enteignet. Wenn Sie hierbleiben, gefährden Sie die Menschen, die noch an Ihnen hängen.« Ein kurzer Augenblick der Bestürzung. Dann bat er mich innig, einzutreten. Ich blieb. Der Pfarrer versteckte mich.

Nachts besuchten mich die Walslebener und die Wildenhöffer, die im Juli mit ihrem Treck hier angekommen waren. Auf Wollsocken kamen manche die knarrende Treppe herauf. Ich schlief mit Albertchen und Auguste in einem Zimmer. Morgens weckte uns der Choral: »Geh aus mein Herz und suche Freud« oder »Warum sollt' ich mich denn grämen«, – Herrn Suppis Lieblingslied. Eines Nachts fragten sie, ob sie das Land annehmen sollten, das doch unseres sei, und das nun verteilt wurde. »Nehmt es schnell, bevor es andere bekommen!« So einigten wir uns! Es vergingen 14 Tage. Es wurde Zeit, sich fortzuschleichen. Ich wollte nach Neuruppin, bevor die Russen mich griffen. Rungk sagte mir, sie hätten die Ausgänge des Hofes schon gesichert, um mich zu stellen. Morgens gegen 5 Uhr tuckerte ein Traktor. Es war unser Gespannführer Kryfkow, der mich mit meinem Rucksack abholte, bevor er zu seiner Arbeit auf das Kartoffelfeld fuhr. Er brachte mich die 14 km in unsere kleine Kreisstadt. Er stammte aus Rußland und war nach dem Ersten Weltkrieg bei uns hängengeblieben, aus Liebe zu einer deutschen Frau. Sie heirateten, und er wurde einer unserer Besten. Als ich vom Traktor sprang, sah er mich an: »Wann kommen Sie wieder, wann kann ich Sie abholen?«
»Lieber Kryfkow, nun komme ich nicht wieder, wir sehen uns zum letzten Mal.« Er schüttelte den Kopf und sagte: »Ich kann die Deutschen nicht verstehen.«
Von jetzt an hatten wir keinen Besitz, kein Zipfelchen Land mehr. Heimat und Besitz sind nicht identisch. Manche östliche Menschen sprechen vom Recht auf Heimat und leiten daraus ihre Ansprüche auf Besitz ab.
Heimat ist die Summe dessen, was wir zu unserem inneren Gleichgewicht brauchen. Wie sagte unser Pfarrer in Wildenhoff in der Weihnachtsnacht kurz vor unserer Flucht?

»Der Heimatbegriff erschöpft sich nicht mit dem Boden unter unseren Füßen.« Heimat kann den Bogen schlagen in ein ganz anderes Leben, das wir durch sie erfüllen können. Heimat ist der Mensch, der uns die Treue hält, sind die Kinder, die unversehrt erhalten blieben. Heimat ist auch der gepflügte Acker, der hier genauso duftet wie zu Hause, und die letzte Nacht in Wildenhoff, wo sie sich anbot, mich in Bildern und Tönen zu begleiten. Heimat war auch die Sterbestunde von Rungk, die ich viele Jahre später miterleben sollte. »Heimat ist in dir –– oder nirgends«, sagt Hermann Hesse.

III. Teil

Gräfin v. Schwerin starb am 7. Oktober 1985.
Der folgende und letzte Teil ihrer Aufzeichnungen, dessen Thema die Neugründung einer materiellen und geistigen Existenz im Westen ist, konnte von ihr nur mehr auf Band gesprochen werden. – Wir haben uns bemüht, diese mündlichen Erzählungen den beiden vorangehenden Teilen in Stil und Form anzupassen.

Herbst 1945

Wir hatten uns alle bei meiner Schwester v. Emmy Plettenberg in Heeren in Westfalen zusammengefunden: die Töchter der Plettenberg-Familie und meine Familie mit den zahlreichen Kindern. Uns bedrückte etwas der Umstand, daß wir außerdem noch einige unserer früheren Wildenhöffer-Leute mit hatten, und also noch mehr Platz in Anspruch nahmen. Das waren Rungk und seine Schwägerin, Frl. Ellenfeld, die in Wildenhoff die Post betreut hatte. Die beiden schliefen in einem winzig kleinen Türmchen des Schlosses, während Rungks Frau in Holstein war. Ich hatte damals den Eindruck, daß er eigentlich ganz zufrieden war, daß sie sich noch so lange in Holstein aufhielt. Vor diesem Rungk'schen Zimmer war das Zimmer von Empi, unserem Kindermädchen, und den Kindern Sternchen, Otto, Christa und Anna. Die Familie Rungk mußte immer durch dieses Zimmer gehen. Empi, jetzt Mädchen für alles, hatte den ganzen Tag über enorm viel zu tun, angefangen damit, daß sie Kohlen organisieren mußte, um den Küchenofen zu heizen. Da die Zentralheizung nicht funktionierte, war die Küche der einzige Ort, in dem wir uns wirklich gern aufhielten, bis man nach dem Abendessen ein bißchen schaudernd die Schlafzimmer aufsuchte. In den Schlafzimmern waren inzwischen vorgewärmte Ziegelsteine in die Betten geschoben worden, und nachdem die Kinder alle in der Küche gewaschen worden und die jeweiligen Bündelchen – 5 Bündelchen, sie gingen

damals gleich angezogen – auf einer Bank aufgereiht waren, verschwanden sie in die vorgewärmten Betten.
Am Morgen versammelte man sich wieder in der Küche, auch die großen Töchter, die zusammen in einem Zimmer schliefen, Wuschi und Lori, Gisela und Anita. Ich schlief mit meinem jüngsten Sohn Eberhard zusammen, der damals knapp 2 Jahre alt war. Der einzige, der keine feste Lagerstätte hatte, war *Dedo*, mein Neffe. Der geisterte ab 10 Uhr abends durch das Haus und suchte, wo er am besten unterkommen konnte. Ich sehe ihn noch einmal zwischen 11 und 12 Uhr in der Nacht mit dem Hut auf dem Kopf in dem Zimmer der großen Töchter stehen. Es ist dann auch passiert, daß zwei von den Mädels zusammengekrochen sind, um ihrem Vetter eine Lagerstatt freizumachen.
Mein Zimmer war relativ komfortabel. Ich hatte einen Schreibtisch, an dem die Mädels Schularbeiten machten. Gisela und Anita, Kunhilds Tochter, gingen in Unna zur Schule, und da es damals keine Busverbindung gab, war das ein ziemlich weiter Weg von ungefähr 7 Kilometern. Oft kamen sie verfroren und müde nach Hause.
Ich hatte bald das Gefühl, daß ich den anderen Platz machen müsse, denn die, die nun Zuflucht in Heeren suchten, waren die Töchter des Hauses mit ihren Familien. Aufgrund einer Zeitungsannonce machte ich mich eines Tages auf. Da stand: »Makler vermittelt Möglichkeiten, sich auf dem Lande eine Existenz zu schaffen.« Ich mußte nach Köln. Man sagte mir aber, eine Fahrt dorthin sei ziemlich unmöglich. Es gab einen Zug, der morgens früh um 4 Uhr von Kamen abfuhr, aber wann er wo ankommen würde, war vollkommen ungewiß. Ich machte mich also um 3 Uhr früh auf den Weg, in tiefer Nacht, um den 4-Uhr-Zug in Kamen zu erreichen. Die Reise dauerte tatsächlich

bis 4 Uhr nachmittags, um eine Entfernung zurückzulegen, die man heute in einer guten Stunde überwindet. Aber solche Reisen brachten meistens eine ganz besonders nette Coupé-Gemeinschaft mit sich. Man tauschte die Schicksale aus, man teilte das Butterbrot miteinander, und es hat mich tief gerührt, daß eine Dame, die ausstieg, mir eine halbe Zigarette als letzten Gruß in den Schoß warf. Auf dieser ersten Fahrt lernte ich eine junge Frau kennen, die Tochter eines Ostpreußen mit dem schönen Namen Kallweit, der später für uns noch sehr bedeutungsvoll werden sollte. Sie sagte: »Wissen Sie, mein Vater hängt noch so an der Heimat, obgleich er schon seit 30 Jahren von zu Hause fort ist, daß er jedem Ostpreußen gern helfen würde.« Ich hatte ihr erzählt, daß ich eine neue Bleibe suche. Mit der Adresse ihres Vaters versehen, stieg ich um 4 Uhr nachmittags in Köln aus. Wahnsinnig aufgeregt, denn um 5 Uhr nachmittags war ich mit dem besagten Makler, der die Annonce aufgegeben hatte, verabredet. Ich kam in den Wartesaal, wo ein unbeschreibliches Durcheinander herrschte. Auf irgendeine Weise fand ich schließlich trotzdem diesen Makler, der mir nur sagte, nachdem ich mich gesetzt hatte: »Wissen Sie, die Zeiten haben sich ausgemakelt. Das war leider eine Annonce, die ich vor langer, langer Zeit aufgegeben habe und die die Zeitung aufgenommen hat – also daran ist natürlich gar nicht mehr zu denken.« Ich war bitter enttäuscht. Ich fragte ihn, was er denn jetzt mache. Da sagte er: »Wissen Sie, ich habe etwas Originelles, und die Sache geht auch ganz gut. Ich habe ehemalige Schauspieler gesammelt, gute oder schlechte, wie dem auch sei, und habe ein Kabarett eröffnet, ›Der Tatzelwurm‹. Ich möchte Ihnen eine Karte schenken. Um halb sechs beginnt die Vorstellung drüben in den Trümmern. Es würde mir Spaß machen, wenn Sie dieser Auf-

führung beiwohnen würden.« Ich sagte zu, erwähnte aber, daß ich mir erst ein Nachtquartier suchen müsse. Sonst würde ich in diesem Wartesaal unterm Tisch schlafen müssen, wo ich schon einmal übernachtet hatte, und das war doch sehr hart. Darauf sagte er: »Sie haben Glück, denn meine erste Tänzerin ist gerade für ein paar Tage auf Urlaub gegangen, Sie können in ihrem Bett schlafen.« Er führte mich dorthin. Natürlich auch ein zerbombtes Haus – ganz Köln war zerbombt –, aber auf einem Teil war noch so etwas Ähnliches wie ein Dach. Unter den Dachsparren gab es einen kleinen Verschlag, und in diesem Verschlag stand ein geradezu unbeschreibliches Bett. So etwas von Düften habe ich selten erlebt. Es war nicht nur der übliche Duft der Ungewaschenheit, der damals alle Städte durchzog, sondern über dem Ganzen wehte noch der Geruch eines billigen Parfums. In einem Drahtgestell hing jedoch immerhin ein Waschbecken. Wasser mußte ich mir selber suchen. Wie ich es organisiert, und wie ich diese Nacht zugebracht habe, weiß ich nicht mehr.
Es war das billigste Kabarett, das ich jemals gesehen habe, einfach unbeschreiblich, was da geboten wurde. Es war, als ob man Menschen direkt von der Straße geholt hätte, die gerade irgend etwas Zeitgemäßes zu sagen hatten, in ganz billigen, dürftigen, schludrigen Seidengewändern. Während der Vorstellung sind mir die Tränen die Backen runtergelaufen, die ganze Reise schien vollständig umsonst gewesen zu sein.
Plötzlich fielen mir sehr nette Bekannte ein, die in Köln lebten, die Eltern von Christoph Scheibler. Christoph hatten wir monatelang bei uns in Wildenhoff jeden Sonnabend/Sonntag zu Besuch gehabt. Für ihn und fünf reizende junge Offiziere, die zum Führerbegleitbataillon in der nahen Wolfsschanze, dem Führerhauptquartier

gehörten, war damals Wildenhoff Erholung, Freude und Spaß innerhalb ihrer dortigen militärischen Dienstzeit. Am nächsten Morgen fand ich die Adresse von Scheiblers im Telephonbuch, fuhr durch den stark zerbombten Stadtteil Marienburg und landete schließlich in der Germanicusstraße vor einem ehemals stattlichen Haus, das aber auch in Trümmern lag. Auf mein Klingeln öffnete sich oben ein Fenster, und eine reizende, sehr jugendlich wirkende Frau schaute heraus. Ich sagte meinen Namen. Darauf flog die Tür auf, und Frau Scheibler rief: »Auf Sie habe ich gewartet! Mein Sohn ist soo glücklich bei Ihnen gewesen! Daß ich Sie heute hier empfangen darf, ist mir eine ganz große Freude.« Nach einem reichhaltigen Frühstück sagte sie: »Sie sollen es einmal genauso haben wie früher. Sie wohnen jetzt in meinem Schlafzimmer.« Sie selbst zog in irgendein anderes Zimmer. Ich vergaß die Gegenwart und erzählte von der langen Flucht, die wir hinter uns hatten, und beriet mit Vater Scheibler, was künftig zu machen sei. Auf seine Frage nach einer Berufsausbildung sagte ich, daß ich im Grunde nur landwirtschaftlich orientiert sei und das könne, was das Leben als Gutsfrau mit sich bringe. Aber ich hätte noch aus unserer Gutskasse 40 000 R-Mark gerettet, und die hätte ich bei mir. Ich bildete mir ein, das sei ein ganz stattlicher Schatz. Er belehrte mich aber, daß es wenig genug sei und sagte: »Wenn Ihnen überhaupt jemand helfen kann, dann ist es Robert Pferdmenges, der beste Finanzmann, den es jetzt in unserem zertrümmerten Deutschland gibt. Sie haben Glück, denn er wohnt nur eine Straße weiter. Aber Sie sollten zu seiner Bank gehen, denn er hat das Bankhaus Oppenheim übernommen, um die Inhaber jüdischen Ursprungs zu decken. Es heißt Bankhaus Pferdmenges & Co. Das alte Gebäude wurde zerbombt und sie mußten ausziehen.« Er nannte eine Adresse... »Sie werden es nicht gleich erkennen, es ist eine Art Bretterverschlag in der ersten Etage.«

Am nächsten Tag machte ich mich auf den Weg, durch Trümmer und verschüttete Straßen und über leergestampfte Plätze und traf eine Frau, die mir eine unglaubliche Geschichte erzählte, die ich nicht vergessen kann und darum hier wiedergeben möchte. Die Frau stand am Rhein und schaute immer hinaus auf den Fluß. Der Rhein hatte damals nicht eine einzige Brücke. Man kam nur mit einem Bötchen hinüber, welches ständig hin und her fuhr. Aber da viele Menschen den Rhein überqueren wollten, entstanden lange Schlangen. Und sie stand da, und ich überlegte mir, warum schaut sie denn immer in Richtung Rhein. Da sagte sie zu mir: »Ach, ich muß es Ihnen erzählen. Sehen Sie, hier waren früher 5 stolze Brücken, wo jetzt dieses kleine Boot fährt. Der Kampf um diese letzte Brücke war das Furchtbarste, was ich je erlebt habe. Meine Tochter hatte in eine Familie geheiratet, die mit uns befreundet war. Ich verstand mich auch sehr gut mit dem Vater meines Schwiegersohnes. Eines Tages, während eines Artilleriebeschusses schon in der letzten Kriegsphase, wurde diese Brücke beschossen. Die Brücke stieß irgendwie in die Luft, und die Menschen rollten zu beiden Seiten auf das jeweilige Ufer. Aber in dem letzten Zipfel auf der rechten Seite oben saß der Vater meines Schwiegersohnes. Sie müssen sich das vorstellen: Diese Stadt war ohne Militär. Es gab hier eigentlich nur noch Frauen und Kinder oder ganz alte Menschen. Und ich bin nun immer nur hin und her gelaufen und habe gesagt: ›Könnt ihr nicht helfen, könnt ihr nicht helfen?‹ Dieser Mann hing da oben an einem Eisengeländer wie in einem Käfig. Drei Tage habe ich ihn zappeln sehen, ohne helfen zu können, bis die Bewegungen still und stiller wurden. Und deswegen muß ich immer wieder hierher kommen, weil ich dieses Bild nicht vergessen kann.« – Ich erzähle diese Geschichte, um ein Schlaglicht auf diese letzten Kriegstage zu werfen, als für den einzelnen oft jede Hilfe unmöglich war, auch wenn ein Mensch da war, der gern helfen wollte. –

Schließlich fand ich das Bankhaus Pferdmenges und traf in dem besagten Bretterverschlag in der ersten Etage Herrn Pferdmenges' Sekretärin. Sie sagte mir – es war der 12. Januar 1946: »Herr Pferdemenges wird gewiß mal für Sie eine Stunde Zeit haben. Ich habe Sie für Ende Februar vorgemerkt.« Mir sank das Herz tiefer, und ich dachte: ›Was mache ich die ganze Zeit? Ich kann keine Pläne schmieden, und wie soll das überhaupt werden, dieses völlig überfüllte Heeren ...‹

In Gedanken verloren ging ich wieder zwischen den Trümmern über plattgetretene Pfade zurück bis nach Marienburg. Plötzlich fiel mir ein, daß der nette, alte Herr Scheibler mir gesagt hatte, Herr Pferdmenges wohne in der Nähe. Der Abend war angebrochen, als ich schließlich vor dem schönen, ungeheuer gepflegten Rotklinker-Pferdmengeshaus stand. Ich ging durch den unverschlossenen Toreingang, stellte mich vor die Haustür und überlegte, was ich tun sollte. Es wurde dunkler. Ich wagte nicht zu klingeln. Da blitzten Autolichter auf, und der Hausherr kam von seiner Bank zurück. Ich stand etwas verlegen an dem Wagen. Er fragte ebenso verlegen: »Was führt Sie her?« Ich stotterte meinen Namen und sagte nur: »Ich bitte Sie um einen Rat. Ich komme nämlich gerade aus der Mark Brandenburg, wo ich nach dem Tode meines Mannes enteignet worden bin.« Seine Züge belebten sich, und er sagte: »Kommen Sie rein, kommen Sie rein. Ich habe großes Interesse daran, denn auch ich habe ein großes Gut in der Mark Brandenburg im Kreis Beeskow und weiß absolut nicht, wie ich mich verhalten soll.« Ich berichtete ihm ausführlich von meinen Enteignungserfahrungen. Wir saßen in seinem gemütlichen, warmen Herrenzimmer. Der einzige etwas hinderliche Umstand war, daß ich durch einen erstklassigen Cognac sofort benebelt war. Er fragte, ob es ratsam sei, dorthin zurückzugehen, Rechtsmaßnahmen zu ergreifen, Widerspruch einzulegen gegen die Maßnahme der totalen Enteignung. Ich antwortete ihm: »Herr Pferdmenges, das hat absolut gar keinen Sinn. Sie können gar nichts dagegen unternehmen, und ich glaube Ihnen sagen zu müssen, daß Sie sich die Reise sparen können. Sie werden als ehemaliger Besitzer höchstens – wie es mir fast ergangen wäre – eingesperrt und kommen nach Rügen oder in ein Konzentrationslager, wie die meisten Männer, die zurückgeblieben sind.« Und ich zählte ihm eine Reihe von Namen auf, alles Verwandte, die wir tatsächlich später nie wieder gesehen haben: »Mein Schwager Friedrich v. Krosigk und Fritz v. Trotha-Hecklingen und der Helmstorfer v. Krosigk. Wissen Sie, Herr Pferdmenges, ich bin nun in einer furchtbaren Situation. Ich habe sieben Kinder. Wir und meine älteste Stieftochter sind in Heeren bei meiner Schwester untergekommen, aber ich muß irgendwie in die Zukunft planen.« »Ja, was besitzen Sie denn noch?« »Wir besitzen noch einige Pferde, die ich nach Bayern gegeben habe, und einige Wagen von unserem Treck sowie 40 000 R-Mark, das ist alles.« – »Ja, sind Sie landwirtschaftlich ausgebildet, haben Sie ein Diplom oder Erfahrungen?« – »Ja«, sagte ich, »Erfahrungen habe ich natürlich dadurch, daß ich jahrelang in der Saatzucht meines Vaters gearbeitet habe und als Gutsfrau mein ganzes Leben tätig gewesen bin. Irgendwelche Diplome kann ich nicht vorweisen, aber ich würde es mir schon zutrauen, unter den gänzlich anderen Bedingungen einen landwirtschaftlichen Betrieb aufzubauen, wenn ich mich hier im Westen etwas umgesehen habe.« Herr Pferdmenges antwortete: »Wissen Sie, das ist alles noch zu vage. Aber ich gebe Ihnen eine Empfehlung. Der beste Landwirt, den es hier in der Gegend gibt, ist ein Herr v. Joest in Eichholz, und ich würde Ihnen raten, zu ihm zu gehen und sich mit ihm zu besprechen.« Da antwortete ich: »Das trifft sich ausgezeichnet. Herr v. Joest ist ungefähr der einzige Mensch, den ich im Rheinland kenne. Ich habe ihn kennengelernt durch unseren Freund und früheren Nachbarn Bodo von der Marwitz.« Daraufhin sagte er: »Nun zu Ihrem Geld. Wissen Sie, diese 40 000 R-Mark sind bald gar nichts mehr wert. Wenn Sie sie mir anvertrauen, dann lege ich sie Ihnen in Aktien an, die hoffentlich einmal wertbeständig sein werden.« Kurz entschlossen habe ich ihm diesen letzten Rest unseres Vermögens anvertraut, was sich später als ein großer Segen für uns erwies. Ich verabschiedete mich von ihm und habe schlimmerweise nie mehr etwas von mir hören lassen. Aber er hat von sich hören lassen. Er hatte erfahren, daß ich eine Gärtnerei in Köln-Porz mit R-Mark kaufen wollte und hat mich davor gewarnt, es sei ein ganz unrentables und unmögliches Objekt. Wenn ich es mir heute überlege, kam es damals gar nicht darauf an, ob eine Sache rentabel war, sondern nur darauf, in der Nähe einer Großstadt ein paar Quadratmeter zu besitzen. Ich habe mir später oft gesagt, daß diese Gärtnerei in Porz wahrscheinlich Baugelände geworden wäre. Aber nun kam alles ganz anders. Am nächsten Morgen machte ich mich früh auf und fuhr mit der Rheinuferbahn zum ersten Mal nach Urfeld, wo ich den Weg entlangging, den wir später an die tausendmal gegangen sind. Vor dem Schloß sah ich August v. Joest

stehen, der gerade dabei war, Kohlen in seinen Keller zu schippen. Wir gingen die Treppe hinauf, und dort traf ich zum erstenmal seine Frau Gabriele. Auf Anhieb herrschte eine ganz nahe, warmherzige Atmosphäre zwischen uns. Bald darauf fuhr ich nach Gelsenkirchen zu Herrn Kallweit, der von einem seiner besten Freunde, einem Herrn Schallmeit oder so ähnlich, sprach, der eine Fabrik habe, die Behelfsheime herstelle. Wenn ich wohnlich unterkommen wolle, wäre vielleicht so ein Behelfsheim das Richtige. Zur Größe nannte er eine erstaunliche Zahl von Quadratmetern, nämlich acht. Auf meinen Hinweis auf die große Familie, die unterzubringen sei, erwähnte er das Doppelbehelfsheim, 4 × 7 Quadratmeter groß, nach seinen Vorstellungen schon ganz stattlich. So waren die damaligen Begriffe.
Herr Kallweits Freund empfing mich nett und freundlich und fragte nach meinem Wunsch. Ich sagte, daß ich von seinem Freund Kallweit komme, der mir von seiner Fabrik für Behelfsheime erzählt habe. Ich käme aus dem Osten, und meine Kinder und ich seien zusammen acht Personen. Außerdem hätten wir noch einige gute Freunde bei uns. – »Ja«, sagte er, »dann kommt natürlich nur ein Doppelbehelfsheim in Frage.« – Inzwischen hatte ich nun eine Packung Camel – wie ich zu dieser Kostbarkeit gekommen war, weiß ich nicht mehr – auf den Tisch gelegt, bot ihm eine an und rauchte selbst eine. Ich schob die Schachtel langsam immer weiter über den Tisch, bis er verstand und sie vereinnahmte. Nun bekam unser Gespräch Hand und Fuß. Er sagte: »Ich muß Ihnen gestehen, ich habe nur die Steine für dieses Behelfsheim. Es sind recht solide Hohlblocksteine, die kann ich Ihnen liefern, auch das Wellblechdach dazu. Aber die Türen und Fenster liefert eine andere Firma. Da müssen Sie sehen, wie Sie zurechtkom-

men. Sie brauchen drei große und ein kleines Fenster, drei Zimmertüren und eine Außentüre.«
Später wurden diese Fenster in Urfeld in die obere Etage eingebaut. Er gab mir die Adresse von einem Herrn, zu dem ich mehr stürzte als lief, und dem ich sagte, ich käme von Herrn Sowieso, seinem Geschäftspartner. Er bäte mich, ihm zu übermitteln, daß ich diese – mit zitternder Stimme brachte ich es hervor – Türen und Fenster nun brauche. Daraufhin gab er mir ganz selbstverständlich einen Schein für die Auslieferung von drei Fenstern und insgesamt vier Türen und einem kleinen Ausguckloch, durch das die Dämpfe der Küche – einer winzigen Küche – ins Freie ziehen konnten. Das ganze Behelfsheim kostete 2400 R-Mark: die Steine, das Wellblechdach, Fenster und Türen. Ich bin selten in einem so hochgemuten Gefühl mit der Bahn wieder nach Heeren zurückgefahren. Als ich die Geschichte meinem Schwager Plettenberg erzählte, sagte er nur: »Wie kindlich! Glaubst du, daß du jemals für R-Mark ohne irgendeine Kompensation dieses doch anscheinend anständige Material bekommen wirst? Wieviel Menschen möchten das! Das ganze Land wäre bedeckt mit winzigen und größeren, doppelten und einfachen Behelfsheimen, wenn du das mit R-Mark haben könntest. Daraus wird natürlich nichts. Die sind freundlich gewesen, haben dir das zugesichert. Nun beruhige dich doch. Du wohnst hier in den drei Zimmern, und ihr habt auch die nette, gemütliche Küche. Ihr seid eine reizende Familiengemeinschaft mit euren lieben Leuten aus Wildenhoff, aber den Traum schlag dir aus dem Kopf.« Ich schlug ihn mir nicht aus dem Kopf. Ich ging zur Post und zahlte den Betrag an die Firma ein. Ein Tag nach dem anderen verging. Als die 14 Tage vergangen waren und das Geld nicht zurückkam, da wußte ich, ich habe mein Doppelbe-

helfsheim. Ich ging also wieder zu dem Herrn. Er bedankte sich für das Geld. Das Doppelbehelfsheim sei mir sicher, aber wie ich es fortbekomme, das sei meine Sache. Daraufhin bat ich ihn, es mir aufzuheben, was er mir zusagte, gleichwohl mit den Bedenken, daß es besser nicht der Witterung ausgesetzt werde.
So bin ich losgezogen und dachte mir: ›Gewöhnlich kauft man erst das Land und baut dann das Haus.‹ In diesem Falle war es umgekehrt. Ich hatte ein Doppelbehelfsheim, aber kein Land. Nun begann die Suche nach Land. Ich habe damals etwa 25 befreundete, bekannte oder mir vermittelte landbesitzende Familien angeschrieben, erhielt aber überall Absagen. Die Absagen waren mit einer gewissen Berechtigung gegeben, denn die Besitze waren unter einer Art Vormundschaft der Besatzungsmacht. Man konnte damals nicht frei über seinen Grund und Boden verfügen. Das galt auch für meinen Schwager Plettenberg, der mir anbot, mein Behelfsheim auf seinem Grund und Boden zu bauen. Aber soviel wußte ich auch, daß dem, dem der Grund gehört, auch das darauf befindliche Haus gehört. Von diesem Gedanken nahm ich also sofort Abstand. Da mir das Haus Eichholz für alle meine verschiedenen Touren als Quartier offen stand, fuhr ich dort wieder hin und versuchte überall in der Umgebung Land zu kaufen. Es schien vollkommen ausgeschlossen. Da hieß es, in der Gegend von Neuwied sei eine Siedlungsgesellschaft, die ein großes Gebiet bei Isenburg erschließen wolle. Also fuhr ich nach Neuwied und stieg den Berg hinauf, wo die Siedlung sein sollte, 8 km von Neuwied entfernt. Wie sollten meine Kinder von hier in die Schule gehen? Wie soll man in einer so entlegenen Gegend eine Existenz aufbauen? Aber der Gedanke an ein neues, ein eigenes Zuhause ließ mich nicht los, und die herrliche,

waldreiche Gegend, hoch über dem Rhein gelegen und an ein altes, hübsches Bauerndorf grenzend, beflügelte mich und tat das ihre, meine Bedenken zu zerstreuen. In Neuwied ging ich von einer Stelle zur andern, um ein Stück Land zu kaufen. Die Menschen waren auch sehr entgegenkommend. Ich war bei der damaligen Besatzungsmacht, den Franzosen, ich war bei der deutschen Behörde. Überall wurde ich vertröstet, bis mir schließlich der dortige Regierungsbeamte sagte, daß ich mit dem Namen Schwerin bei der französischen Besatzungsmacht nichts erreichen würde. Der Name erinnere zu sehr an preußisches Militär. So leid es ihm täte, er müsse mir die Hoffnung, diese Siedlung zu bekommen, nehmen. Später hat eine Familie v. Wietersheim aus Schlesien diese Siedlung bekommen. Damals habe ich mit meinem Schicksal gehadert, bin aber nachher dankbar gewesen, daß ich nicht dort ansässig geworden bin.
Von dort aus hätte ich meine Kinder bestenfalls in Internate geben können. Wenn ich das geldlich nicht ermöglicht hätte, wäre ich abhängig geworden von den Wohltätigkeiten anderer Familien. So habe ich es später als eine glückliche Fügung angesehen, daß aus diesem Projekt schließlich doch nichts geworden war.
Die Suche ging weiter. In der Zeitung fanden sich immer merkwürdige kleine Annoncen, eine aus Kaiserslautern. Ein Mann wollte eine Siedlung abgeben, ein anderer wollte einen Teil eines Bauernhofs verkaufen. Ich bin damals durch die ganze Gegend gefahren. Das Reisen war kein besonderes Problem, die Bahnfahrten waren billig. Die meisten Reisenden fuhren trotzdem schwarz. An den Zügen hingen gewöhnlich Trauben von Menschen. Es gingen wenig Züge, und die Menschen reisten gern. Viele suchten neue Existenzen. Wo noch keine Lokalbahn ging,

mußte ich allerdings so manche Strecke zu Fuß überwinden. So erinnere ich mich, daß ich eines Tages im Frühling bei Bad Ems Land suchte und meine guten Schuhe – ich hatte ein Paar mit dicken Kreppsohlen – auszog. Weil jetzt der Frühling gekommen war, bin ich eine große Strecke barfuß gegangen, um meine Schuhe zu schonen. Da hielt ein Lastwagen, und der Fahrer sagte: »Ach, junge Frau, das können wir nicht mit ansehen. Sie werden Ihre Füße noch brauchen! Kommen Sie auf den Wagen!« So wurde ich weiterbefördert. – Die Suche war wieder vergeblich. Danach habe ich mich darauf beschränkt, Einrichtungen für das Haus zu suchen und mich mit einer Heizungsfirma in Verbindung zu setzen, denn dieses Doppelbehelfsheim hatte keinen Ofen. Selbstverständlich waren keine Heizung und kein Herd zu bekommen. Wir hatten damals in Heeren einen Professor Rhein aufgenommen, jenen guten Freund unseres Hauses und bekannten Maler seiner Zeit, der meinen Mann Otto gemalt hatte. Er war ein ganz reizender Mensch. Professor Rhein malte damals für viel Geld einen Herrn in Braunschweig, der von unserem Schicksal hörte und mir bestellen ließ, er käme für die Heizkörper auf. Sie lägen bei Herrn Sowieso auf Lager in Braunschweig.
Im Sommer 1946 fuhr ich nach Bayern zu meiner Schwägerin Marie-Agnes v. Martius. Dort lernte ich eine Frau v. Bergmann kennen und erzählte ihr den Roman von meinem Behelfsheim. Darauf sagte sie, sie sei eine geborene Kemna, und ihr Bruder sei der Leiter eines großen Industrieunternehmens. Er komme aus Breslau, wohne aber jetzt in Hagen in Westfalen, das sei nicht weit. Ich solle versuchen, mit ihm Verbindung aufzunehmen. Ich ging nicht mehr gern in Häuser, wenn ich nichts anzubieten hatte. Wir hatten in Heeren einen kleinen Garten. Wir

hatten das beste Stück Land bekommen, das es in Heeren gab, wie ich später erfuhr – und dieser Garten brachte eine unwahrscheinliche Menge schönsten Gemüses. Also stopfte ich meinen großen Rucksack voll mit Kohlrabi, erstklassigen Erbsen, sehr guten Äpfeln und oben drauf noch Tomaten. Mit diesem Rucksack gerüstet fuhr ich nach Hagen. Inzwischen war es Sommer geworden, und die Züge verkehrten etwas regelmäßiger. Ich hatte mich nicht angemeldet. Ich weiß gar nicht, wie es damals mit dem Telephon oder dem Briefverkehr war. Am besten, dachte ich, stehst du gleich vor der Tür. In dem Augenblick, als die Haustür sich öffnete, platzte mein Rucksack, und das ganze Gemüse rollte der erstaunten Hausfrau vor die Füße. Da sie selbst keines hatte, schien es ihr wie ein Segen Gottes. Sie schaute mich sehr erstaunt an. Ich stammelte meine Grüße von der Schwester Bergmann und wurde hereingebeten. Herr Kemna hörte sich den ganzen Roman an und forderte mich auf, über Nacht zu bleiben. Dann werde man sich das Weitere überlegen. Am nächsten Tag gab er mir den erstaunlichen Gutschein für 300 Sack Zement. Ich blieb die zweite Nacht und sank in mein Bett. Mein Herz schlug so, daß ich überhaupt nicht schlafen konnte. Ich wußte nicht, wie ich ihm danken sollte. Am nächsten Tag auf dem Heimweg wuchs in meiner Phantasie das Behelfsheim zu einem Haus empor. Es wurde unterkellert, die Grundmauern waren auch schon da. Ich malte mir aus, wie schön es werden würde. ›Aber ich brauche ja auch Zwischenwände, wir brauchen Beton, wir brauchen Außenmörtel, wir brauchen ein Dach, wir brauchen Balken, wir brauchen vor allen Dingen eine regelrechte Zeichnung.‹ Meine Phantasie arbeitete fieberhaft.
Ich traf meinen Bruder Richard. Er nannte mir einen Herrn Narjes, der nicht nur eine Beteiligung an einem

Braunkohlevorkommen besaß, sondern auch ein Werk, das Zwischenwände für Häuser herstellte. Ich fuhr also zu diesem Mann, stellte mich als eine geborene v. Dürckheim vor und bestellte viele Grüße von meinem Bruder. Darauf sagte er: »Ich habe von Ihrem Schicksal gehört und möchte Ihnen gern behilflich sein.« Ich blieb über Nacht. Es war ein wunderschönes Haus in Langenberg im Rheinland. Nach dem Frühstück bat er mich in sein Büro, und ich entwarf ihm meinen Plan.
Inzwischen waren seit dem Kauf des Behelfsheims anderthalb Jahre vergangen, und diese Hohlblocksteine lagen nach wie vor mit den Fenstern und Türen in Bottrop. Und da sagte er: »Ja, nun müssen wir weitersehen. Wenn Sie ein größeres Haus haben wollen, werden Sie Zwischenwände brauchen, und der Außenputz für so ein Haus wird ungefähr, sagen wir 10 × 7 Quadratmeter...« Da legte er seinen Bleistift hin und sagte erschrocken: »Für so einen Auftrag verlange ich von meinem Kunden ungefähr 1000 Brote, wenn das ein Bäckermeister ist. Womit können Sie mich entschädigen?« Ich antwortete: »Also entschädigen kann ich Sie gar nicht. Ich bin nur reich an Kindern und sonst an nichts.« Daraufhin sagte er: »Nun also, ich will es Ihnen zugestehen, die Zwischenwände und den Außenputz, alles für R-Mark, und wir bleiben in Verbindung.« Ich verabschiedete mich dankbar und fuhr nach Hause.
Mein nächster Gang führte mich zu einem Architekten nach Bonn, zusammen mit Gabriele v. Joest, die großes Interesse an der Materialsammlung und überhaupt an der Möglichkeit eines Hauses in ihrer Nähe hatte. Wir kamen in das Architektenbüro von Kerber und Boss. Der Architekt entwarf mit flinken Fingern eine wunderschöne Zeichnung, ein Haus mit einem sehr hohen Dach. Ich nahm ihm den Bleistift aus der Hand, malte geschwungene Ochsen-

augen hinein und sagte ihm, so seien unsere Häuser im Osten, und mindestens drei von solchen Ochsenaugen möchte ich in meinem Dach haben. Er erwiderte, so etwas habe er noch nicht gesehen. Es müsse dann aber entsprechend auch eine Wölbung über der Haustür sein. So ist das Gesicht unseres Hauses damals mit wenigen Bleistiftstrichen entstanden. Dann sagte er: »Sie sind sich doch klar darüber, daß jedes Bauen im Rheinland verboten ist. Das ist ein sehr humanes Gesetz, denn es ist zum Wohle der Flüchtlinge. Hier können sehr viele Menschen mit einem Schwein oder mit einigen Zentnern Rüben oder anderen Gütern bezahlen. Die Einheimischen könnten also ganze Häuser bauen, und das ist streng verboten. Ich würde mich strafbar machen, wenn ich jemals mit Ihnen in Verbindung gebracht würde, und ich bitte Sie auch, meinen Namen nicht zu nennen. Mit dieser Zeichnung lassen wir es bewenden.« Wir verabschiedeten uns, und ich zog los mit konkreten Vorstellungen von dem Haus, das sich wie eine schützende Glucke über den Wänden des ehemaligen Behelfsheimes erheben sollte.
Der nächste Schritt war nun, endlich Land zu erwerben, aber das war nach wie vor schier unmöglich. Inzwischen war ich von einer Behörde zur anderen gegangen, von Köln nach Bonn, von Bonn nach Köln, um eine Baugenehmigung zu erhalten, falls ich irgendwo in der Gegend doch ein Stück Land bekommen sollte. Daneben wurde weiter Baumaterial gesammelt.
Hier muß ich jetzt zurückgreifen. Die Möglichkeit, schließlich doch noch Land zu bekommen, ergab sich durch einen ganz ungewöhnlichen Umstand.
Der Winter 1946/47 war sibirisch kalt, und die Not der Menschen stieg ins Unermeßliche. August v. Joest besaß einen kleinen Kiefernwald von 46 Morgen, der zwischen

der Autobahn und dem Bahnhof Urfeld lag. In diesen Kiefernwald kamen jeden Tag frierende Menschen aus Köln und Bonn mit Sägen und Beilen, mit Wagen und mit Handkarren, als Schnee fiel auch mit Schlitten, um Holz zu holen und diesen Winter zu überstehen. Als die Kälte immer unerträglicher wurde, konnte man den Wald nicht mehr schützen. Ich erinnere mich, daß zu einer gemütlichen Teestunde beim prasselnden Kaminfeuer – wie gut ging es uns doch – August v. Joest kam und sagte: »Jetzt bin ich es leid. Es wird bald kein einziger Stamm mehr auf diesem Land stehen. Man steht dabei, kann aber nur noch aufpassen, daß die Menschen sich nicht gegenseitig mit den Stämmen totschlagen. Gesetze gibt es überhaupt nicht mehr. Ich werde dieses ganze Land verkaufen.«

Er wollte diese 46 Morgen der Siedlungsgemeinschaft anbieten. Gemäß der Bodenreform, die damals in Kraft trat, waren drei Morgen durch den Besitzer frei verkäuflich, über den Rest verfügte die Siedlungsgesellschaft. Diese drei Morgen kaufte ich. Später konnte ich von Joests Schwiegersohn, Herrn v. Blumencron, und dessen Vater noch fünf weitere Morgen dazu pachten. Acht Morgen!

Endlich war die Bodenfrage gelöst! Aber was für ein Boden! Es waren Kiefernstubben, die das ganze Land durchsetzten, und an Hausbau oder Beackerung war nicht zu denken, bevor diese Stubben nicht entfernt waren. Da lernte ich durch die liebevolle und fürsorgliche Vermittlung von Joests einen alten Mann kennen, der gierig war nach irgendeiner Fleischration. Er hatte trotz seines Alters ungeheure Kräfte, eine äußerst zähe Natur, und sagte, wenn ich ihm ein Schaf verschaffen könne, dann werde er mir dieses Stück Land roden. So hoch stand damals ein fettes Schaf im Kurs. Ich besaß noch fünf Schafe. Lori machte sich auf den Weg, denn diese Schafe waren in

Holstein. Stolz kam sie mit den Schafen schließlich wieder in Heeren an, und Wilhelm-Adolf v. Plettenberg, mein Schwager, war auch bereit, die Schafe in seine Herde einzugliedern. Eines Tages kam er zu mir und sagte, es täte ihm sehr leid, die Herde würde gezählt, und diese fünf Schafe würden mitgezählt. Damit hätten sie einen R-Mark-Wert von soundsoviel und böten mir kaum mehr etwas, denn ich wisse ja, daß jede Schlachtung mit Gefängnis bestraft würde. Es muß doch irgendeinen Weg geben, wie ich jenem rodewilligen Mann sein Fleisch verschaffen kann! Es war ein Tag völliger Verzweiflung für mich, und ich ging sinnend die Dorfstraße entlang in Richtung Kamen. Auf diesem Wege kam mir ein Schäfer mit einer winzigen Herde entgegen. Ich sprach ihn an: »Sie Glücklicher! Sie haben noch Ihre Schafe, und Sie können sie behalten. Ich nehme an, Sie können damit auch machen, was Sie wollen. In Ostpreußen wurden die Kleinbetriebe niemals so richtig kontrolliert.« »Ja«, sagte er, »das stimmt auch, aber warum fragen Sie?« Ich sagte, ich besäße Schafe, die würden am nächsten Tag gezählt, und damit sei der Traum aus. Er verstand mich sofort und sagte: »Bringen Sie heute noch Ihre Schafe zu mir, ich helfe diesen tüchtigen Ostmenschen sehr gern, ich habe verschiedene von Ihren Leuten kennengelernt. Wie viele Schafe haben Sie?« Da durchblitzte es mich plötzlich, und ich antwortete, ich habe drei. Die zwei übrigen mußten also noch in der Nacht geschlachtet werden. Wir kannten einen Bergmann namens Heisig. Er hatte eine eigene Wohnung und konnte in dieser Wohnung machen, was er wollte. Mit ihm setzte ich mich noch am selben Abend in Verbindung. Er war sofort bereit, die Schafe schwarz zu schlachten. Ich ging daraufhin zu Wilhelm-Adolf und

sagte, ich habe eine Möglichkeit, meine Schafe woanders unterzubringen.
Die fünf Schafe wurden aus dem Stall herausgeholt. Im Park von Heeren befand sich mitten auf einem großen Rasenplatz ein winziges Häuschen, höchstens 4 qm groß. Es war ein Fachwerkhäuschen, mit einem kleinen Ziegeldach gedeckt. Seit Generationen diente es dem Wächter als Unterkunft, der die Wäsche zu bewachen hatte, die im Winter drei oder vier Tage im Schnee in der Sonne liegen sollte. Dieses Wäschebleichhäuschen war natürlich zu allen Jahreszeiten der Spielaufenthalt der Kinder, es war vollkommen leer. Am nächsten Tag aber sollte es meine Chance sein. Wir zogen mit den fünf Schafen los, Empis Schwester, die gerade zu Besuch war, und ich. In der Tür des Häuschen stand Herr Heisig. Wir führten die fünf Schafe an dem Häuschen vorbei, zwei wurden geschickt von ihm abgefangen und in dem Häuschen verbarrikadiert. Mit den drei weiteren Schafen gingen wir den Bach entlang dem Bauern zu, der meine Schafe aufnehmen sollte.
Als wir später wieder zurückkamen und uns dem Häuschen näherten, hingen unsere beiden Schafe schon an hohen Leitern mit ausgebreiteten Läufen, die Innenteile in einem Bottich verstaut, und warteten der weiteren Verarbeitung.
Es war inzwischen später Nachmittag, Plettenbergs hatten Besuch von Schwerin-Krosigks, und eine Gesellschaft von ungefähr sieben Menschen ging im Park spazieren und näherte sich langsam dem Häuschen. Als sie den Weg entlang kamen und schon in bedrohlicher Nähe waren, stürzte ich ihnen entgegen und sagte: »Könnt ihr nicht so nett sein und heute mal einen anderen Spaziergang machen? Nicht gerade diesen Weg entlang?« Sie schüttel-

ten verständnislos die Köpfe, kehrten um und meinten wohl, ich sei durch die Erlebnisse des Krieges nicht mehr ganz bei Sinnen. Ich kehrte zurück. Die Dunkelheit brach an. Die Schafe waren in Windeseile zerhackt und in drei riesigen Wäschekörben, die wir inzwischen organisiert hatten, im Dunkel der Nacht in das Bergmannshäuschen von Heisig gebracht worden. Dort begann nun ein gewaltiges Abziehen, Kochen, Knochenauslösen. Die inneren Teile und zwei große Keulen bekam Vater Heisig. Alle anderen Teile wurden in zwei Wäschekörbe gepackt, und Empi und ich breiteten darüber Rollwäsche, um sie zu tarnen. Leider hat das Haus Heeren nur einen einzigen Eingang, und dieser Eingang durfte eigentlich nach 10 Uhr abends nicht mehr benutzt werden. Als wir klingelten, kam Jutta Köhne herunter, stutzte und sagte: »So viel Wäsche? Habt ihr im Dorf gerollt, mitten in der Nacht?« Wir verschwanden in unserer Küche, und weiter ging das Braten und Sotten. Wir hatten große Töpfe organisiert, und ein Einweckglas nach dem anderen wurde in dieser Nacht gefüllt. Es war die Nacht von Sonnabend auf Sonntag. Am nächsten Tag, völlig übermüdet, dachte ich, ich müsse wie üblich in die Kirche gehen, es müsse alles möglichst normal sein. Das Haus wurde von merkwürdigen Gerüchen durchzogen. Jeder roch, keiner sprach. Ich saß in der Kirche in der ersten Bank des Patronatssitzes. Hinter mir saß Wilhelm-Adolf. Es wurde das Lied gesungen »Die güldene Sonne voll Freud' und Wonne«. Die zweite Strophe fährt fort mit »Dankbare Lieder sind Weihrauch und Widder«. Als ich das aus vollem Herzen sang, beugte Wilhelm-Adolf sich nach vorn und sagte: »Was hast du eigentlich für Gefühle, wenn du dieses Loblied singst?« In diesem Moment wußte ich, daß er die ganze

Geschichte durchschaut hatte. »Dankbare Lieder sind Weihrauch und Widder.«
Um Herrn Stab, den alten Mann, der mein Grundstück roden wollte, zu treffen, machten Gisela und ich uns mit 2 Koffern voller Schaffleisch auf den Weg nach Köln. Ich hoffte, daß wir heil durchkommen würden. Es gab damals überall Kontrollen wegen Lebensmittelschmuggels. Es war ungeheuer schwierig, die Koffer bis zum Bahnhof Heeren zu transportieren. Wir hatten ein kleines Fahrgestell in den Zug hineinzuwuchten. Es ging später die Mär, daß Gisela mit den Koffern, aus denen Blut herausgeflossen sei, vor dem Kölner Dom zusammengebrochen sei. Natürlich stimmte das nicht. Wir kamen gut mit unseren Koffern an, und ich sehe noch die blitzenden Brillengläser von Herrn Stab, voller Erwartung, seinen Lohn für die bereits begonnene Rodearbeit in Empfang zu nehmen.
Schließlich war es soweit. Herr Stab hatte mit unbeschreiblicher Willenskraft und unendlicher Ausdauer gearbeitet. Wir konnten nun auf diesem sehr schlechten, kiesigen Boden eine Art Garten anlegen und ein Haus bauen. Damit war der Grundstein zu unserer späteren Existenz in Urfeld gelegt.
Mein Mann besaß eine Leica, nicht nur den letzten modernsten Typ, den man damals bekam, sondern auch ein Teleobjektiv, mit dem er in Wildenhoff Jagdaufnahmen von Rothirschen und Elchen machen wollte. Diese Leica hatte er mir, als er ins Feld ging, übergeben und gesagt: »Gebrauche sie doch inzwischen. Es ist ja ein Jammer, daß dieser wunderbare Gegenstand hier ungenutzt bleibt.« Ich hatte sie mit nach Walsleben genommen und der Tochter unseres damaligen Landrats, einer Fotografin, übergeben.
Diese Landratstochter, ein bildhübsches, reizendes Mäd-

chen, erschien eines Tages in Heeren. Sie hatte kaum etwas gerettet. Aber sie übergab mir die Leica mit dem Teleobjektiv, die sie unter großen Schwierigkeiten durch alle Kontrollen gebracht hatte. Ich besaß nun diese Leica wieder und dachte, sie müsse unbedingt in anderes Material umgewandelt werden. Ich kam damals in Bonn in einer Drogerie mit dem Besitzer ins Gespräch: »Ich habe eine Leica. Wenn Sie jemanden wissen, der sich dafür interessiert, dann wäre ich bereit, sie einzutauschen.« Als ich wieder in Heeren war, um nach den Kindern zu sehen, fuhr ein Auto vor, dem ein englischer Offizier entstieg. Alle bebten vor Angst und fragten sich, was hier vorgefallen sei und wer womöglich von den Engländern verhaftet würde. Der Offizier wurde von Wilhelm-Adolf zögernd und mit großer Ängstlichkeit in den schönen Saal gebeten. Dem Kamin gegenüber sehe ich ihn noch auf einem der hübschen roten Sofas sitzen. In sehr schlechtem Deutsch wünschte er mich zu sprechen. Angstschlotternd betrat ich den Raum, und dann sagte er nur: »Sie Leica?« Das Rätsel löste sich, er wollte eintauschen. Schon wurde ich ganz mutig und sagte, daß es sich bei dieser Leica nicht nur um ein Familienandenken handele, sondern es sei das letzte von meinem gefallenen Mann, und das gäbe ich eigentlich nicht her, das hätte ich nur so en passant gesagt. Allerdings käme es darauf an, was er zu bieten habe. Daraufhin stammelte er, auch seinerseits durch meine Reserve etwas eingeschüchtert: »Sind Sie zufrieden mit 15 Dollar und 2000 englischen Zigaretten?« Ich sagte: »Nicht ganz, denn da ist ein Teleobjektiv dabei.« »Nun, also dann 20 Dollar.« Der Handel war abgemacht: 20 Dollar und 2000 Camel. Er legte alles auf den Tisch. Alle im Haus betrachteten bewundernd die Zigaretten. Eine Packung wurde in die Runde gereicht und geraucht, alles andere kam in meinen

Gewahrsam. Von da ab begann meine Tätigkeit im Schwarzhandel.
Ich möchte aber noch auf unseren sogenannten Tierpark zu sprechen kommen. Ich besaß fünf Rhodeländer Hühner, die Lori mit den Schafen zusammen aus Holstein gebracht hatte. Diese Hühner waren unter der Obhut meiner Schwester Kunhild, die den Hühnerhof unter sich hatte, und ich bekam von den Hühnern die Eier in unseren Haushalt. Es waren nicht viele, aber doch genug, daß jeder am Sonntagmorgen sein Ei bekam. Außerdem hatten wir eine Ziege, die von einer unbeschreiblichen Produktivität war. Kunhild hatte diese Ziege aus einem besonders bewährten Stall für uns erobert. Nach dem ersten Lamm war sie zu uns gekommen und gab vier Liter Milch, was für eine Ziege außerordentlich viel ist. Das Euter war so gewaltig groß, daß Kunhild sie, um sie zu melken, auf zwei Tische stellte. Die Tische standen weit auseinander: die Hinterbeine der Ziege auf dem einen Tisch, die Vorderbeine auf dem anderen. Dazwischen molk Kunhild die Ziege, so lang war ihr Euter. Diese Ziege haben wir später nach Urfeld mitgenommen. Nach den ersten Tagen wurde sie in den Stall nach Eichholz gebracht. Wir erhielten dann statt der Ziegenmilch täglich Kuhmilch.

Die größte Erschwernis in damaliger Zeit war, eine Baugenehmigung zu bekommen. An sich war es verboten, überhaupt zu bauen. Zwei Jahre bin ich von einer Instanz zur anderen gegangen, um eine Baugenehmigung zu bekommen. Einmal wurde ich zu der übergeordneten Behörde nach Köln geschickt, einmal nach Bonn zum Kreisamt, überall wurde mein Antrag abgelehnt. Auch freundschaftliche Beziehungen zu den einzelnen Beamten halfen nicht weiter. Darum beschloß ich, einfach drauflos zu bauen,

auch auf die Gefahr hin, daß der Bau unterbrochen werden würde, wie ich es in Westfalen erlebt hatte. Die zweite große Schwierigkeit war, Arbeiter zu bekommen. Schließlich ging ich zu einem alten, erfahrenen Maurerpolier namens Dominik, der in Urfeld viel gebaut hatte und ein sehr renommierter, guter Mann war. Also suchte ich eines Morgens Herrn Dominik auf, eine sehr schöne Uhr meines Mannes in der Tasche, denn das hatte ich inzwischen erfahren: ohne Kompensation war nichts möglich. Die Uhr hatte ein wunderbares Glockenwerk. Ich hatte sie taxieren lassen, und die Taxe ergab 600 Mark, was damals viel Geld war. Als ich Herrn Dominik nun diese Uhr zeigte, auf der einen Seite das Wappen, auf der anderen Seite den Namenszug, und das Glockenwerk spielen ließ, leuchteten seine Augen auf, und er sagte, er wolle es sich überlegen. Gewöhnlich erhielt man nämlich für den Bau eines normalen, kleinen Hauses ungefähr anderthalb Schweine.
Nun aber war es schwierig, Bauarbeiter zu bekommen. Schließlich hatten wir drei an der Hand, die für 10 Pfund Weizen oder 15 Pfund Roggen die Woche und für eine kräftige Mittagsmahlzeit zu arbeiten bereit waren. Um diese Mahlzeit zusammenzustellen, reiste Gisela noch in die Eifel und besorgte einen Sack Erbsen. Ich brachte die letzten Reste von unserem Treck mit ein, zwei oder drei Zentner Roggen. Wie wir diese damals von Heeren nach Urfeld transportiert haben, weiß ich nicht mehr. Jedenfalls stand diese ganze Ware auf dem Balkon vor dem Gästezimmer, das ich damals in Eichholz bewohnte. Von dort aus wurde sie wöchentlich an die Bauarbeiter ausgeteilt. Hinzu kamen die Reste unserer Schlachtung aus Heeren, die Gisela und ich unter erheblichen Schwierigkeiten bis nach Eichholz transportiert hatten. Dort kamen sie in einen Keller und wurden eingesalzen.

Dann passierte das Unwahrscheinliche, daß ich für Gisela und die engagierte Gärtnerin, Fräulein Lose, tatsächlich ein Zimmer bekam. In der Nähe des Bahnhofs Urfeld war die Villa Ida, das einzige Haus weit und breit. Als ich einmal in Urfeld aus der Rheinuferbahn ausstieg, um nach Eichholz zu gehen, dachte ich in einer Art hochstaplerischer Verrücktheit, ich werde in dem Haus fragen, ob man vielleicht ein Zimmer mieten könne. Eigentlich grenzte das an Größenwahn, denn jedes Zimmer weit und breit, ob in Westfalen oder in dieser Gegend, war von Flüchtlingen, meistens mehreren Personen belegt. Ich klingelte. Eine weißhaarige Frau machte mir auf, und ich brachte meine Bitte vor, ob sie vielleicht ein Zimmer für mich zur Verfügung habe. Darauf sagte sie, sie habe ein sehr nettes Dachzimmer, sogar mit Heizmöglichkeit und einem kleinen Herd. Ich belegte dieses Zimmer sofort, und von dem Moment an wuchsen unsere Baupläne in schwindelnde Höhen. In das Zimmer zog Fräulein Lose zusammen mit Gisela ein. Von hier aus wurde nun der Bau geleitet. Jeden Vormittag wurden die Waren aus Eichholz heruntergeschleppt, und in einem Riesentopf wurde das Essen für die Bauarbeiter gekocht und um 12 Uhr an den Bau gebracht. Wir hatten einen Bauarbeiter zu wenig. Eines Tages fragte ich auf der Straße in Heeren einen rüstig aussehenden Rentner, ob er bereit sei, mit mir ins Rheinland zu fahren und sich dort etwas beim Bau dazuzuverdienen. Für seine Zustimmung wog vor allem eine in Aussicht gestellte kräftige, warme Mahlzeit. Am 16. März 1948 taten wir den ersten Spatenstich. Als ein gehöriges Loch in die Erde gegraben war, wurde ein Brett darübergelegt, und ausgerechnet der Mann, den ich 24 Stunden zuvor aus Heeren mitgebracht hatte, fiel die Planke hinunter, brach sich den Knöchel und mußte wieder zurück. Nun fingen wir mit dem Maurerpolier Dominik und zwei anderen Männern an zu bauen. Inzwischen waren unser Zement und einiges Material angekommen, auch die Fenster. Über Nacht war das eine ganz gefährliche Angelegenheit geworden, weil jeder gern heimlich bauen, zumindest sich vergrößern oder das Material schwarz verschieben wollte. Der Zement war zu stattlichen 500 Sack angewachsen, nachdem ich eine sehr schöne Weinsendung von 60 Flaschen aus Grünhaus bekommen und eingetauscht hatte – eine Flasche Wein gegen drei Sack Zement. Die Isolierung machte uns einige Sorgen, aber auf dem schwarzen Markt in Bonn bekamen wir auch das. Auf einem kleinen Handkarren brachte Gisela große Rollen von Dachpappe, mit der das Haus notdürftig isoliert wurde. Die Kellerwände wurden sehr fest, denn wir hatten genügend Zement und konnten drei Teile Sand mit einem Teil Zement mischen. Die Beschaffung des Holzes machte ganz besondere Schwierigkeiten. Joests hatten rührend eingegriffen, indem sie einem Mann, der die nötigen Planken zur Verfügung hatte, sehr viel Holz gaben, um seinen nun durch mich stark in Anspruch genommenen Vorrat wieder aufzufüllen. So entstanden in kurzer Zeit die Kellerwände und der Fußboden, und im Geiste fing ich schon an, diesen Keller einzurichten. Wie sollten nun aber die Außenwände meines »Doppelbehelfsheims«, die in Bottrop lagerten, nach Urfeld kommen? Die Bahn hatte keine Waggons für solche privaten Transporte. Diese Frage stellte ich Herrn Narjes aus Langenberg, der die Zwischenwände und den Hausputz liefern sollte. Darauf lachte dieser und sagte nur: »Das werden wir gleich haben«, drückte auf einen Knopf, ließ sich mit der Bundesbahn verbinden und sagte: »Ich habe hier einen Transport nach Urfeld im Rheinland von Zwischenwänden und soundsoviel Sack Hausputz. Würden

Sie bitte so freundlich sein, die Lieferung von Bottrop nach Köln zu organisieren.« So geschah es. Das sind Beziehungen! Nun hatten wir tatsächlich bis auf die Fenster und Türen das ganze Material zusammen. Die Türen wurden nach sehr schönen Vorbildern alter Türen mit einem bekannten Barockmuster und der Teilung in verschiedene Felder in Heeren angefertigt. So bekamen wir wirklich sehr hübsche Türen für den Flur, was dem Haus ein altmodisches und landhausähnliches Gepräge gab.

Eine große Hilfe war mir die Unterstützung aus Krottorf. Wir sind mit Hatzfelds, den Besitzern von Krottdorf, über Dodo Dönhoff, einer geborenen v. Hatzfeldt, verwandt. Die Mutter hatte sich in sehr freundschaftlicher Weise unserer damaligen Flüchtlingssitutation angenommen. Vor allen Dingen hatte sie die Kinder und mich zum Daueraufenthalt in Krottorf eingeladen. Wir hatten das damals abgelehnt, weil ich es angemessener fand, daß die Familie sich bei meiner Schwester in Heeren zusammenfand und wir damit anderen Flüchtlingen nicht den Platz in Krottorf nahmen. Nun wollte die Fürstin Hatzfeldt mir aber eine besondere Wohltat erweisen und fragte mich, was ich für den geplanten Hausbau noch brauche. Ich antwortete ihr, daß mir in erster Linie für das hohe Dach die Dachbalken und jegliche Dielung für das ganze Haus fehlten. Deutschland war damals in vier Besatzungszonen aufgeteilt, und es war sehr schwierig, Baumaterialien, für die keine Berechtigungsscheine vorlagen, von einer Zone in die andere zu schaffen. Die Fürstin Hatzfeldt sagte mir, das Holz sei angeliefert bei ihrem Holzhändler in der französischen Zone. Von dort aus müsse ich es in die britische Zone schaffen. Ich hatte mir diese Sache nicht so schwierig vorgestellt, aber es war zunächst wirklich ausgeschlossen. Das Holz lagerte bei ihrem Holzhändler weiter in der französischen Zone. Am Tage der Währungsreform aber rief der Händler an und sagte, ich könne das Holz, das die Fürstin Hatzfeldt auf meinen Namen zur Verfügung gestellt habe, abholen. Mir ging das Herz auf, als kurz danach ein Transport mit den riesigen Hölzern ankam. Wenige Wochen später kam eine Rechnung über 3800 D-Mark. Dies verschlug mir so den Atem, daß ich einige Tage wie in geistiger Umnachtung herumging, denn ich hatte keine Vorstellung, wie ich das jemals bezahlen sollte. Das war in der Zeit, als wir unser »Kopfgeld« von 40 D-Mark pro Person erhalten hatten. Zusammen mit Empi hatten wir 280 D-Mark und wurden von allen beneidet. Ich hatte dieses Geld benutzt, um die handwerkliche Arbeit für die Türen zu bezahlen, denn das Holz dazu hatte mir mein Schwager Wilhelm-Adolf v. Plettenberg geschenkt. Was sollte man nun tun? Der allgewaltige Horstmann, der im Kreis Bonn ein großes Ansehen genoß als der geschickteste Unterhändler in Vertretung der kleinen Leute, wurde mir von August v. Joest vorgeschlagen. Dieser Mann könne die Sache für mich in Ordnung bringen. Er fuhr also zu diesem Holzhändler in die französische Zone und kam zurück mit der Nachricht, der Mann habe unbedingt recht, ich könne nichts machen, das Geld müsse aufgebracht werden oder ich müsse auf das Holz verzichten. Darauf rief ich unseren guten alten Rungk an und erzählte ihm die Geschichte. Er bat mich, alles genau aufzuschreiben und sagte, er werde selbst zu dem Mann gehen und mit ihm sprechen. Ich habe in meinem Brief deutlich gemacht, in welch tiefen Sorgen ich steckte. Nach wenigen Tagen kam die Antwort. Er sei bei dem besagten Holzhändler gewesen. Ich solle kein Wort mehr darüber verlieren, die Rechnung sei gestrichen worden. Ich weiß nicht, wie der gute, alte Rungk, der als Flüchtling damals in Krottorf als Beamter angestellt war, das zuwege gebracht hatte. Wie, das hat er mir nie verraten. Aber in gleicher Weise hat er uns jahrelang mit seinem großen Herzen und seinem wirklich einmaligen Verstand die Treue gehalten. Ich habe mich auch nicht mehr an die Fürstin Hatzfeldt gewandt, weil es mir peinlich war, ein gegebenes Geschenk in Frage zu stellen und sie damit in Verlegenheit zu bringen. Die Geschichte mit dem Holz hat sich nie aufgeklärt.

Auf die abenteuerlichste Weise gelangten wir mit der Zeit in den Besitz von mehr und mehr Baumaterial. Gisela half sehr beim Hausbau mit, während Fräulein Lose, die Gärtnerin, und ich meistens im Garten wühlten. Drei Morgen waren inzwischen gerodet. Das übrige Land wurde im Laufe dieses und des nächsten Sommers langsam weitergerodet, bis ich acht Morgen beisammen hatte: fünf Morgen gepachtet, drei Morgen Eigentum.

Schon in den ersten Tagen des Hausbaus hatte ich mich entschlossen, der Qualität des Bodens entsprechend Brombeeren anzubauen. Das war eine Frucht, die im Vorgebirge sehr gut gedieh, weil sie in damaliger Zeit noch kerngesund und die Früchte sehr begehrt waren. Die Brombeere wächst am liebsten in einem kiesigen Sand, und den hatten wir nun wahrlich zur Verfügung. Es gab Menschen, die sich das Land damals ansahen und sagten, ich hätte besser eine Kiesgrube daraus machen sollen statt einer Gärtnerei, dann hätte ich mehr verdient, und ich würde noch große Mühe haben, diesen Boden jemals zu einem Ertrag zu bringen. Nun, ich kaufte 1250 Brombeerpflanzen für 2 ½ Morgen, auf einen Morgen brauchten wir 500 Pflanzen. Man pflanzt die Brombeeren mit zwei Meter Abstand und 2 ½ Meter Reihenabstand. Kaum ragten die Pflanzen mit zarten, grünen Keimen aus der Erde, stellte sich ein Gewimmel von schauderhaften, kleinen, platten Käfern

ein. Fräulein Lose und ich waren den ganzen Tag nur damit beschäftigt, aus kleinen Beuteln ein Schädlingsbekämpfungsmittel darüber zu streuen, aber wir kamen gegen diese Ströme von Tieren nicht an. Auf dem kleinen Weg wimmelte es geradezu, und von den Pflanzen war bald kaum mehr ein Keim zu sehen. Ich war tief verzweifelt und wußte nicht, was ich machen sollte. Wir wandten uns an das Pflanzenschutzamt in Bonn, und es kamen zwei Fachleute –, ein Professor und ein anderer Herr. Sie sahen sich das an und sagten, daß sie das Tier nur aus dem Kaukasus kennen. In Deutschland sei diese merkwürdige, platte Wanze noch niemals erschienen. Sie waren sehr interessiert, nahmen auch Proben davon, konnten aber im Endeffekt nichts dagegen tun. Daraufhin riet mir mein Schwiegersohn – Lori hatte inzwischen den Sohn von Joests geheiratet – über das Wochenende nach Heeren zu fahren. Ich solle ihn nicht weiter fragen, was er inzwischen tue. Am nächsten Montag, als ich zurückkam, war nicht eine Wanze mehr auf dem Land. Er hatte es mit einem streng verbotenen Gift geschafft. Im nächsten Jahr sind nur noch ganz wenige erschienen und im übernächsten Jahr überhaupt keine mehr.
Ich wohnte damals in Eichholz; die Kinder waren immer noch in Empis Obhut in Heeren, Gisela und Fräulein Lose wohnten in dem Haus am Bahnhof. Auf dem Herd in ihrer kleinen Dachkammer wurde das Essen für die Arbeiter gekocht. Ab und zu fingen die Arbeiter an zu streiken und verlangten in der Woche 20 Pfund Getreide anstatt 10 Pfund. Aber ich hatte das nicht zur Verfügung. Wir quälten uns nun schon vom März in den April, vom April in den Mai und in den Juni hinein. Anfang Juni wollten sie alles hinschmeißen und mich anzeigen, weil ich einen Schwarzbau tätige, wenn ich ihnen nicht sofort eine Zulage gäbe.

Wir beruhigten sie wieder. Herr Dominik half auch dabei. Und so ging es dann wieder weiter. Anfang Juni erschien an einem Samstag der Gemeindediener, ein kleines, buckliges Männchen, welches dem Hause Joest sehr treu ergeben war und sie als unbedingte Herrschaft des Ortes empfand. Es war ihm sehr peinlich, mir einen bestimmten Brief aushändigen zu müssen. Mit allen Zeichen der Entschuldigung übergab er ihn mir. Ich öffnete ihn. Da stand: »Wie wir in Erfahrung gebracht haben, sind Sie dabei, einen Schwarzbau zu errichten. Sie wissen, daß das nach Paragraph soundso streng verboten ist. Sie haben die Wahl, für jeden Tag, den Sie weiterbauen, 500 R-Mark zu zahlen oder drei Tage ins Gefängnis zu gehen.« Ich überlegte mir am Sonnabend und Sonntag die Geschichte. Montag baute ich dann weiter. Ein Brief gleichen Wortlauts kam auch an den Sonnabenden der folgenden drei Wochen, also im ganzen noch dreimal. Dann machte ich mich auf zum Kreisdirektor in Bonn, nannte meinen Namen und sagte: »Sie schicken mir immer so unfreundliche Briefe, und ich wollte mich erkundigen, ob diese Angelegenheit wirklich so ernst ist, daß ich einige Tage ins Gefängnis gehen muß, denn selbstverständlich habe ich nicht das Geld, um diese Summe aufzubringen.« Daraufhin sagte er: »Ja, wissen Sie, das ist auch für mich eine sehr unangenehme Angelegenheit, denn wenn ich durch diese flache Gegend von Bonn nach Köln fahre, sehe ich nur ein einziges Gebäude aus der Erde herauskommen, und das ist das Ihre. Erst hatte ich Mitleid und schaute nach der anderen Seite, aber nun muß ich Sie doch bitten, den Bau einzustellen.« Und dann schluckte er und sagte: »Aber in 14 Tagen ist Ihre merkwürdige Tätigkeit ohnehin erledigt, dann kommt die Währungsreform, und dann haben Sie bestimmt kein Geld mehr.« Wenn man damals gewußt hätte, daß alle Münzen unter einer Mark ihre Gültigkeit behalten würden, hätte man fieberhaft 50-Pfennigstücke sammeln müssen. Als die Währungsreform kam, hatte ich kein Geld mehr, und der Bau wurde eingestellt. Bezahlt hatte ich aber den Zimmermann, der die Dachbalken aufrichten und die Dachlatten quer nageln sollte. Ich fuhr nach Heeren, um dort mein Kopfgeld in Empfang zu nehmen und den Tischler zu bezahlen, der die Türen gearbeitet hatte. Auf dem Rückweg nach Eichholz nahm ich meine Tochter Christa mit. Wir fuhren häufig per Anhalter. Man winkte sich an der Autobahn jemanden heran, und wenn die Sache glatt ging, konnte man bis nach Urfeld per Auto fahren. Es gelang auch an diesem Tag, und zu unserem Erstaunen sahen wir, daß sich aus der Ebene etwas Helles heraushob. Das Dach stand! Christa und ich verließen jubelnd die Autobahn, stießen, rollten geradezu den Abhang hinunter, um dieses Wunder anzusehen, daß das Haus nun ein stolzes Dach trug, selbstverständlich noch ohne Ziegel. Zwar wurde der Bau nun ganz eingestellt, aber ich versuchte Gelder zu bekommen, um weiterzubauen. Inzwischen wurde im Garten weitergearbeitet. Die Brombeeren hatten sich erholt.

Wir verlegten eine Beregnungsanlage, so daß tatsächlich drei Morgen bewässerbar waren. Durch eine Lebensversicherung von der Allianz bekam ich das Geld. Alles, was ich damals durch Lastenausgleich oder Lebensversicherung erhielt, wurde immer in 12 Teile geteilt, und zwar 9 Teile auf die Schwerinschen Kinder und drei Teile auf mich. Das Geld von meinen eigenen Kindern, also von den fünfen, fünf Teile, und drei Teile ergaben 4000 D-Mark. Mit diesen 4000 D-Mark wurde weitergebaut. Nun bekam das Haus erst das richtige Aussehen durch das Dach.

Es wurde Herbst, und es zeigte sich, daß es unumgänglich

war, das Haus ohne Fenster und Türen zu beziehen. Dafür kam natürlich nur die Kellerwohnung in Frage, denn die hatte drei kleine Fenster aus dem Doppelbehelfsheim, die auch jetzt noch drin sind. Das ergab eine 2-Zimmer-Wohnung mit zwei kleinen Kohleöfen. Fräulein Lose und ich zogen am 8. November 1948 in diese merkwürdige Behausung, sie mit ihrem großen Schäferhund in das vordere Zimmer, ich in den hinteren Raum. Oben heulte der Wind, unten prasselten die zwei kleinen Kohleöfen, und wir fühlten uns wie Könige. Die erste eigene Behausung nach dem Krieg!
Zu dieser Einweihung kamen August und Gabriele und spendierten dazu eine Flasche Cognac. Das war damals eine ungewöhnliche Gabe. Wir saßen uns an einem Tisch gegenüber und feierten dieses Einzugsfest.
Ich überlegte im Laufe des Winters, wie man diese Behausung mit der herrlichen Kohleofenwärme ausnutzen könne und kam auf die Idee, mir 10 Zentner Frühkartoffeln zu besorgen und sie anzukeimen. Das größere Zimmer bewohnte ich. In diesem Zimmer standen ein Waschtisch, ein Bett, ein kleiner Nachttisch und zwei Stühle. Der ganze Boden wurde mit zu keimenden Kartoffeln bedeckt. Leichte Streu von Torf darüber, um das Keimen anzuregen und jeden Tag ein Sprühregen Wasser darauf. Zu meinem Waschtisch führte ein winzig kleiner Pfad zwischen den Kartoffeln hindurch, ebenso zu meinem Bett hin. Es gelang wunderbar. Im Laufe des Februar zeigten sich starke, helle Keime, die dann nachher in ein bläuliches Grün übergingen. Im April wurden diese Kartoffeln so gesetzt, daß ich Anfang Juni die ersten Frühkartoffeln erntete. Ich bekam damals 40 D-Mark für den Zentner, also 40 Pfennige für das Pfund, was nach der Währungsreform ein sehr guter Preis war.

Die erste Notwendigkeit an einer neuen Baustelle ist das Wasser. Dieses war nun auf dem Ödland nicht vorhanden. Wir hatten aber Hoffnung, daß sich Wasser finden lassen würde, weil in ungefähr 1 Kilometer Entfernung ein großer Wasserturm war, der die Dörfer der Umgebung mit Wasser versorgte. So hatten wir mutig angefangen zu bauen, ohne daß wir Wasser am Ort hatten. Jeden Morgen war ein Wasserfaß von Pferden gezogen vom Gut Eichholz herunter zu unserer Baustelle gerollt, und je nach Bedarf haben wir dann das Leerfaß zurückgefahren, wenn wir mehr Wasser zur Mischung des Betons benötigten. Als Fräulein Lose und ich unten eingezogen waren, hatten wir weniger Wasser gebraucht, denn der Bau stand still. Nun aber setzten wir uns doch mit einer Firma in Verbindung, die Wasser suchte. Es fand sich auch eine gute Quelle in ungefähr 60 m Tiefe. Das erste Geld nach der Währungsreform wurde genommen, um einen Brunnenbauer zu verpflichten, der uns für 3000 D-Mark den Brunnen erstellte. Ein auch für heute stattlicher Preis. Es wurde in 18 Meter Tiefe ein feines Rohr gelegt, und in ungefähr 8 Meter Tiefe Zementrohre, etwa 2 Meter hoch; an den Durchmesser erinnere ich mich nicht mehr. Ich weiß nur, daß ein Rohr übrig blieb, das 40 Zentner wog und unseren Kindern späterhin ein willkommener Spielaufenthalt war, wo sie ihre ganze Phantasie entwickeln konnten.
Fräulein Lose und ich lebten nicht nur ohne Wasser, sondern auch ohne Elektrizität. Der ganze Winter ging hin unter dem trüben Schein von Petroleumlampen. Es war ein sehr stiller Winter. Müßig ruhte der Garten, und ich habe sehr viel Zeit damit verbracht, während der langen Abende und Nächte zu lesen. Dabei wurde dann doch der Wunsch nach eigenem Strom sehr bedeutsam. In ungefähr 500 Meter Entfernung stand das letzte Haus, das elektri-

sches Licht hatte. Diese kleine Häuserzeile gehörte der Union Kraftstoff, und dort waren Arbeiter untergebracht. Ich machte mich auf den Weg zu der Union Kraftstoff und bat zwei der leitenden Herren, ob es nicht möglich sei, unser Haus durch ihre elektrische Leitung mit Strom zu versorgen. Sie machten einen unfreundlichen und sehr säuerlichen Eindruck und wiesen mich in einer Art und Weise ab, deren Herbheit mir unvergeßlich ist. Man soll in solchen Fällen eigentlich immer zu den obersten Stellen gehen. Ich erfuhr, daß das Rheinische Elektrizitätswerk seinen Hauptsitz in Brühl hatte. Eines Tages fuhr ich also dorthin und ließ mich bei dem dortigen Direktor melden. Es war ein Herr v. Brockhaus, der mich mit großer Liebenswürdigkeit empfing und nach meinem Wunsche fragte. Ich sagte, ich sei in einer doch etwas merkwürdigen Situation und nur durch einen halben Kilometer von allen Möglichkeiten der Zivilisation getrennt, und ob er mir nicht helfen könne. Da sagte er: »Ich will Ihnen nicht nur helfen, ich muß Ihnen sogar helfen. Es ist unsere Verpflichtung, daß sich alles, was im Umkreis der Union Kraftstoff ist, in einem menschenwürdigen Zustand befindet.« Er drückte auf einen Knopf, die Tür öffnete sich, und die beiden unliebenswürdigen Leute von der Union Kraftstoff kamen liebenswürdig lächelnd und munter herein. Alles ging nun wie am Schnürchen. Ich hatte von meinem Schwager Wilhelm-Adolf in Heeren zu meinem letzten Geburtstag vier riesige Fichtenstämme geschenkt bekommen. Wozu, war eigentlich noch gar nicht ersichtlich, aber es war ein Geschenk, das ich natürlich dankbar annahm. Diese Stämme wurden nun von Heeren nach Urfeld transportiert, und ich bot sie Herrn v. Brockhaus als Lichtmasten an. Er nahm sie gern und hat mir noch einen hohen Preis dafür bezahlt, so daß mich meine Elektrizi-

tätsleitung nicht nur nichts gekostet hat, sondern mir sogar noch etwas einbrachte.
Nie werde ich den Tag vergessen, als die Leitungen in die Kellerwohnung und innen an den Hauswänden der unteren Etage verlegt wurden. Ich konnte es kaum glauben, daß wir tatsächlich Licht haben würden. Das war im März 1949.
Wenige Tage vorher ereilte uns ein wirkliches Pech. Das Rheinland hat oft sehr heftige, von der Eifel kommende Stürme. Wir hatten das Dach bereits mit den Ziegeln gedeckt, die nicht wie bei uns im Osten verschalt, sondern einfach in die Dachsparren eingehängt wurden. An einem Morgen kam ich von Eichholz an meine Baustelle zurück, und ein Sturm fegte über die Straße, wie ich ihn selten erlebt habe. Als ich in Höhe der Brücke war und einen Blick auf unser Haus warf, sah ich bereits, was geschehen war. Ich schaute durch das Dach hindurch auf die andere Seite, auf den Acker. Um das Haus herum flogen die Dachpfannen wie schwere, schwarze Vögel. Ich weiß nicht, wie ich angekommen bin, denn ich mußte mich auf der Straße von Baum zu Baum werfen, um nicht selbst weggefegt zu werden. Aber irgendwie erreichte ich Fräulein Lose, die in einem vollkommen verzweifelten Zustand war. Ich stürzte auf ähnliche Weise an die Bahn – wir hatten ja kein Telefon – und telefonierte nach Eichholz, was passiert war. Wenige Minuten darauf erschien August v. Joest mit den Eichholzer Eleven und seinem Schwager Maltzan. Es waren wohl vier oder fünf Männer. Inzwischen hatte ein heftiger Schneeregen eingesetzt, und durch die offenen Stellen im Dach drang die Feuchtigkeit herein. Ich hatte unten im Hause einige große Säcke mit Torfmull stehen. Die wuchteten wir nach oben und breiteten sie auf dem Boden aus, damit die Feuchtigkeit wenigstens hier

aufgefangen würde. Pferd und Wagen waren nun da, und mit denen begab ich mich, während die Männer noch versuchten, die letzten Ziegel zu halten, nach Urfeld zu der kleinen Ziegelquetsche und brachte neues Material. Die durch die Luft geflogenen Ziegel waren natürlich entzwei gegangen. In fieberhafter Tätigkeit versuchten die fünf Männer, die zerbrochenen Ziegel auszuwechseln und, mit großen Tüchern und Eisenplatten dem Sturm zu wehren. Das Schlimmste waren natürlich die Dachgauben, wo der Wind eindrang und direkt über dem Fenster immer wieder die Ziegel hob und auf die Erde schleuderte. Schließlich aber legte sich der Sturm, und gegen Abend war es gelungen, das Dach wieder vollständig zuzudecken. Unsere nächste Tat war, kleine Drahtverstrebungen an den einzelnen Ziegeln anzubringen, die sie mit den Sparren verbanden. Damit wurde ein weiteres Unglück dieser Art verhütet.

Es war ein sehr schönes und frühes Frühjahr, dieser März 1949. Wir fingen an, im Garten richtig zu ackern. Die zehn Zentner Kartoffeln aus dem Keller wurden allmählich auf das Land gebracht. Inzwischen waren sieben Morgen Land gerodet. 2 ½ Morgen mit Brombeeren und das andere mit Kartoffeln und später Roggen, und was sich so alles als nützlich erwies.

An dieser Stelle möchte ich etwas zu der Möbilierung des Hauses sagen. Meine Schwägerin Ruth, die 1947 unter tragischen Umständen gestorben war, hatte uns, meine Kinder und mich, als Erben für alle ihre Möbel eingesetzt. Ich war ihre Universalerbin mit der Auflage, ihre persönlichen Dinge, wenn möglich, nicht zu veräußern, sondern einst meinen Kindern weiterzugeben. Deshalb war ich nach ihrem Tode nach Berlin gefahren und hatte drei Wochen lang unter großen Mühen die Möbel von Walsleben nach Heeren gebracht. Daß dies gelang, war ein ungeheures Glück, denn ich durfte nach meiner Enteignung eigentlich nicht mehr nach Walsleben fahren. Eine gute Freundin meiner Schwiegermutter, mit der ich korrespondierte, hörte davon, daß wir in Walsleben noch sehr viele Möbel stehen hatten. Unsere eigenen Gutsleute hatten sie des Nachts zu unserem Pfarrer gebracht, der teils selbst darin wohnte und sie teils sehr ordentlich untergestellt hatte. Diese Freundin meiner Schwiegermutter bat ich über ein Transportunternehmen, ob sie nicht doch in der Lage sei, diese Möbel herauszuholen. Das war damals ein sehr schwieriges Unternehmen, denn an sich war das gesamte Mobiliar Eigentum dieser Enteignungsgenossenschaft in der sowjetischen Besatzungszone. Der Inhaber der Möbeltransportfirma sagte, er wolle mit einem Lastwagen samt Anhänger hinausfahren. Auf ihre Frage, was er denn dafür haben wolle, kam an mich die Rückfrage, was ich zu geben bereit sei. Darauf ließ ich sie von Heeren aus brieflich wissen, er könne sich das nehmen, was er sich wünsche, denn ich sagte mir, wenn ich ihm nicht ein großes Angebot mache, dann würde er eventuell nein sagen, und dann wäre ich alles los. So hoffte ich, wenigstens einen kleinen Teil zu behalten. Der rührende Mann hat sich nachher einen eisernen Ofen und einen Teppich ausgesucht und alles andere uns gelassen. Er war nach Walsleben hinausgefahren und ist dort in den Abendstunden eingetroffen. Die hilfsbereite Freundin war mitgefahren und hatte selbst die Lampe gehalten, als heimlich und hastig alle Möbel aufgeladen wurden. Der Pfarrer selbst hatte mit Hand angelegt, und als am nächsten Morgen die Herren der Bodenreform kamen, um unsere Möbel zum Wohl des Volkes zu versteigern, sagte der Pfarrer: »Bitte kommen Sie herein, alles, was Sie hier sehen, ist mein

Eigentum. Von den Schwerins ist unerklärlicherweise nichts mehr vorhanden.« Die Möbel wurden vorläufig in Berlin im Botho-Schwerin-Krankenhaus untergebracht. Botho Graf Schwerin war ein bekannter Chemiker seiner Zeit und hat maßgeblich mitgewirkt an der Erfindung des Diphterieserums. Der Besitzer dieses Krankenhauses, Dr. Königswarter, war Halbjude, und mein Mann hatte den Vorsitz des Kuratoriums übernommen, um ihn zu schützen. Bereitwillig wurden nun dort die Möbel eingelagert, aber damit waren sie noch längst nicht in unserer Hand.
Bei der Beisetzung meiner Schwiegermutter im Juli 1947 fuhr ich nach Berlin, natürlich unter den üblichen Umständen des Über-die-Grenze-Gehens. Aber ich hatte ein Telegramm mit der Nachricht vom Tode meiner Schwiegermutter, so daß ich ziemlich legal hinüberkam – anders als die vorigen Male und auch sehr viel schneller. Zunächst gelangte ich allerdings nur bis Magdeburg, und von dort aus wurde der Übergang sehr schwierig. Wir waren eine Schicksalsgemeinschaft von ungefähr 20 bis 25 Menschen, die an der Straße standen und auf eine Mitfahrgelegenheit warteten, um nach Berlin zu kommen. Es war damals so, daß oft für Stunden kein Auto unterwegs war, nicht einmal ein Lastwagen, geschweige denn ein Pkw. Wir teilten alles untereinander. Eine Frau öffnete eine Büchse mit Ölsardinen. Ich hatte in meinem Rucksack Brot, ein anderer Kartoffeln, alles ging von Hand zu Hand. So lagerten wir gemeinsam am Straßengraben. Es war gutes Wetter, Ende Juni, und wir sahen den nächsten Stunden eigentlich ganz zuversichtlich entgegen, aufgemuntert durch Erzählungen und Witze; es waren sehr viele Berliner dabei. Eine Frau erzählte eine erstaunliche Geschichte, daß sie zwei Kinder in Polen zurückgelassen habe, zwei kleine Mädchen von 2 und 4 Jahren, und

überhaupt nichts von deren Schicksal wisse. Wie diese Frau noch lachen und Spaß machen konnte, war mir vollkommen unbegreiflich. Es kam eine sehr kühle Nacht, die Nacht vom 30. Juni zum 1. Juli, und wir standen fröstelnd und mittlerweile etwas mißlaunig am Straßenrand. Da kam ein Lastwagen mit Reisigbesen; soweit ich mich erinnere, war er mindestens vier Meter hoch. Alle standen staunend davor. Ich sagte mir, ehe ich hier stehenbleibe, fahre ich mit und ließ mich von den Leuten hinaufwuchten. Zwei weitere Frauen und ich haben diese Fahrt nach Berlin gemacht, oben auf den Reisigbesen im Zugwind der Nacht. Wir erreichten Wannsee ungefähr um fünf oder sechs Uhr früh. Dort war ich so müde, daß ich auf den Stufen des Bahnhofsgebäudes für kurze Zeit einschlief. Um 9 Uhr morgens war ich im Botho-Schwerin-Krankenhaus. Ich habe dann mit einigen Freunden meiner Schwiegermutter die Beisetzung arrangiert und fand einen sehr sympathischen jungen Pfarrer, der in dem Krematorium eine würdige Feier hielt. Es waren außer Dorothé v. Löwenfeld und einer Cousine v. Bredow nur die Krankenhausbelegschaft dabei, von der näheren Familie niemand außer mir. Ich benutzte nun meinen Aufenthalt in Berlin, um unsere Möbel auf den Weg zu bringen. Es war damals verboten, Möbel von einem Sektor in den anderen zu transportieren. Wir waren im amerikanischen Sektor, aber ich dachte, auf irgendeine Weise muß es doch möglich sein, diese zeitgebundenen Gesetze zu umgehen. Ich hatte von der Firma Knauer gehört. Diese hatte ihren Sitz in Wilmersdorf. Ein Herr Schmuck sagte: »Wissen Sie, Ihr Unternehmen ist an sich schon sehr kühn, aber vom amerikanischen in den englischen Sektor etwas zu bringen, das ist ziemlich ausgeschlossen.« Daraufhin sagte ich ihm, er möge sich nur um die Möbel kümmern, wenn sie bei ihm im Hof stünden. Das andere lasse er meine Sorge sein. Ich hatte ja Zeit und wußte meine Kinder in guter Hut. Herr Schmuck versprach mir auch, einen Packer zu besorgen, der die Möbel, Porzellane und das Silber einpackte, die Reste unserer Besitze. Die Möbel wollten ja auch so versorgt werden, daß sie auf einem doch sehr unzulänglichen Transport nicht Schaden litten. In der Gegend des Krankenhauses hatte ich von einem Mann gehört, der noch eine Zugmaschine besaß, und ich setzte mich mit ihm in Verbindung. Er meinte, wenn ich ihm zwei Pfund Butter und drei Brote verschaffe, dann würde er es wagen, die Sachen vom Botho-Schwerin-Krankenhaus nach Wilmersdorf in den englischen Sektor zu bringen. Und Knauer hatte mir versprochen, wenn erst mal alles bei ihm sei, dann werde er zusehen, wie er es in den Westen bringe, wahrscheinlich auf dem Wasserweg nach Hamburg, und dann sei es kein Kunststück mehr. Ich hatte mich mit diesem Mann, der die Zugmaschine besaß, für den 21. Juli verabredet. Er sagte, früher könne er nicht, er müsse seine Zugmaschine erst in Ordnung bringen. Der 21. Juli dämmerte, und ich war in großer Aufregung. 9 Uhr früh sollte er kommen. Als er bis 10 Uhr nicht aufgetaucht war, ging ich die zwei Straßenzüge weiter zu ihm in die Wohnung. Und da stand er ganz verzweifelt und sagte: »Alles aus, ich habe einen Motorschaden, ich kann den vereinbarten Auftrag nicht ausführen.« Inzwischen hatten wir unsere gesamten Möbel mit Hilfe einiger Mitarbeiter des Krankenhauses auf zwei Anhänger geladen. In dem hinteren Anhänger war ein Konzertflügel von ungeheurem Gewicht, vier große Schränke und Kommoden, kein einziges Bett. Aber es waren für uns doch sehr wertvolle Dinge, vor allem das wunderschöne Porzellan meiner Schwiegermutter, das rot-weiße Altberliner. Als ich nun sehr traurig meines

Weges zog, überholt mich eine Zugmaschine, auf der ein fröhliches Männlein saß. Ich sprang ihm in den Weg und fragte: »Was wollen Sie haben, wenn Sie mir einen Transport von hier nach Wilmersdorf machen? Aber es muß noch heute abend sein, wir müssen Wilmersdorf bis 18 Uhr erreichen.« Er überlegte, aber ich griff vor und bot zwei Pfund Butter und drei Brote. »Gemacht«, sagte er, »meine Tochter hat morgen Geburtstag, und das ist das schönste Geschenk. Also los!« Wir bogen in den Hof des Krankenhauses ein, und er koppelte seine Zugmaschine an die beiden Anhänger an. In diesem Augenblick erschien im Torbogen ein sehr elegant aussehender Herr, kam auf mich zu und fragte: »Wissen Sie wohl, wem dieser Möbeltransport gehört?« Ich sagte im vollen Besitzerstolz, endlich etwas Eigenes zu haben: »Mir!« Woraufhin er sagte: »Das ist ja sehr interessant, daß Sie nach Feierabend mit meinen Leuten Schwarzarbeit machen.« Daraufhin sagte ich ihm: »Ich kann Ihnen das auch nicht erklären. Bitte, gehen Sie zu dem Leiter des Krankenhauses, Herrn Gerstenkorn, der wird Ihnen alles erklären.« Er ging tatsächlich hinein, machte die Tür hinter sich zu, und wir gaben Gas und waren verschwunden. Wir fuhren von Berlin-Lichterfelde Ost nach Berlin-Lichterfelde West und näherten uns dem Zentrum von Berlin, Sektorengrenze. Das war damals gar nicht so schlimm. Das Schlimme war nur, daß jeder Möbeltransport verboten war und man zusehen mußte, daß man innerhalb der Sektorengrenze keine Polizisten traf. Es brannte uns aber auf den Nägeln, weil wir bis sechs Uhr bei Knauer sein mußten, der gesagt hatte, er mache dann den Laden zu. Dann hätten wir dort auf der Straße gestanden. Außerdem hatte ich für zwei Uhr in dieser Nacht eine Schiffskarte von Berlin-Spandau bis nach Magdeburg, denn die Züge nahmen uns nicht auf.

Wenn ich dieses Schiff nicht erreichte, hätte ich zwei weitere Wochen in Berlin bleiben müssen, und das wollte ich der Kinder wegen nicht. Als wir nun so entlang fuhren, schrie plötzlich einer der Krankenhausangestellten, die uns treu begleiteten: »Der Flügel bricht durch!« Also hielten wir an, mein tüchtiger Fahrer, Jonas mit Namen, stieg ab, sah sich die Sache hinten an und sagte: »Wissen Sie, wir sitzen heute alle im Gefängnis. Das kann nicht weiter gut gehen. Die Linkskurven, die Linkskurven, der Flügel ist rechts gepackt. Das ist eine ganz große Gefahr.« Und dann holte er tief Luft und sagte: »Wenn wir nur fünf Kilometer die Stunde fahren, dann kann es glücken.« Ich sagte, daß wir keine Wahl hätten, hier das Gefängnis, dort die fünf Kilometer. Also entschieden wir uns für die fünf Kilometer und fuhren langsam weiter. Wir näherten uns dem »Knie«, das heute Ernst-Reuter-Platz heißt, und fuhren dem Zoo entgegen, vor und unter der Zoobrücke hindurch. Es war nun zwischen fünf und sechs, Feierabendstimmung, und doch mehr Straßenbahnen und Menschen auf dem Wege. Der nur fünf Stundenkilometer fahrende Möbeltransport war eine höchst ärgerliche Angelegenheit. Ich höre jetzt noch das ungeduldige Gebimmel der Straßenbahnen. Zu meinem Entsetzen sah ich plötzlich auf der linken Seite einen Polizisten, der uns scharf beobachtete. Jonas und ich stießen uns an, er murmelte »Gefängnis«. In diesem Moment ging der Polizist von der linken Straßenseite auf die rechte, und ich schaute ihm scharf in die Augen. Er ging ruhig seinen Weg weiter und hat uns nicht weiter angeguckt. Daraufhin gaben wir Gas, fuhren etwas schneller und kamen kurz vor sechs Uhr bei Herrn Schmuck im Hof der Firma Knauer an. Ich übergab die Sachen. Er hat später einmal gesagt, er habe ja viel in seinem Leben erlebt, aber so etwas wie dieser Möbeltrans-

port nach Westdeutschland stünde einzig da. Was sich da abgespielt hat, ahne ich nicht, aber wir leben in diesen Sachen und genießen sie täglich von neuem.
Am nächsten Morgen war ich in Spandau und ging auf das Schiff. Es war ein herrlicher, sonniger Tag, an dem wir durch Seen, Flüsse und Kanäle der Mark fuhren. Abends um acht Uhr kamen wir in Magdeburg an. Nun wurde die Sache erst aufregend, denn von da ab gab es keine Flüsse und Seen mehr, sondern man mußte mit der Bahn weiterfahren und irgendwie versuchen, bis nach Braunschweig zu kommen. Aber auch hier standen Arbeiter herum, die für Geld ihre Fahrkarten abgaben. So habe ich mit irgendeinem Tausch eine Fahrkarte bekommen und kam noch in derselben Nacht in Schönstedt an. Schönstedt liegt in der damaligen sowjetischen Besatzungszone. Von dort mußte man versuchen, auf irgendeine Weise den Westen zu erreichen. Es war nicht so schwer, wie ich mir vorgestellt hatte, denn alles war vorgezeichnet für Schwarzwanderer. Mit einigem Herzklopfen habe ich dieses Abenteuer gut überstanden. Ich hatte in meinem Rucksack übrigens 16 Meter Damaststoff und dachte, wenn der Möbeltransport verloren gehen sollte, so habe ich wenigstens diesen schönen Stoff gerettet. Er ist heute noch vorhanden.
Es vergingen einige Wochen in Heeren, bis mein Schwager Wilhelm-Adolf v. Plettenberg eines Tages sagte, in Kamen sei ein ganz merkwürdiger Möbeltransport angekommen, ohne Absender und ohne Empfänger. Der Bahnhofsvorsteher von Kamen habe sich an ihn gewandt. Der Zug käme anscheinend aus der Gegend von Duisburg, es sei eine ganz unklare Angelegenheit.
Wilhelm-Adolf hat mir freundlicherweise den Transport nach Urfeld geschenkt. Als wir nun in Heeren loszogen, hieß es: »Mit nichts kommen sie an und fahren mit so viel

weg, wie wir selber nicht besitzen.« Das Originelle daran war, daß wir alles auf einem Lkw hatten: Möbel, Kinder, Ziege und ein gegen drei Pfund Kaffee eingetauschtes Fahrrad. Als wir in Urfeld ankamen, stürzten die Kinder natürlich sofort auf das Land. Es war gutes Wetter, ein herrlicher, sonniger Vorfrühlingstag, der 3. April 1949. Und nun wurde alles eingerichtet. Wir hatten inzwischen auch eigene Betten in Heeren erobert oder ertauscht, und so begann sehr bald unser geregeltes Urfelder Alltagsleben. Die Kinder wurden in Schulen angemeldet. Sternchen ging als erste in die katholische Klosterschule in Hersel, die jüngeren Kinder gingen in die Urfelder Dorfschule und Otto auf das Beethoven-Gymnasium nach Bonn.

Hier enden die Tonbandaufzeichnungen von Gräfin Schwerin.

ANHANG

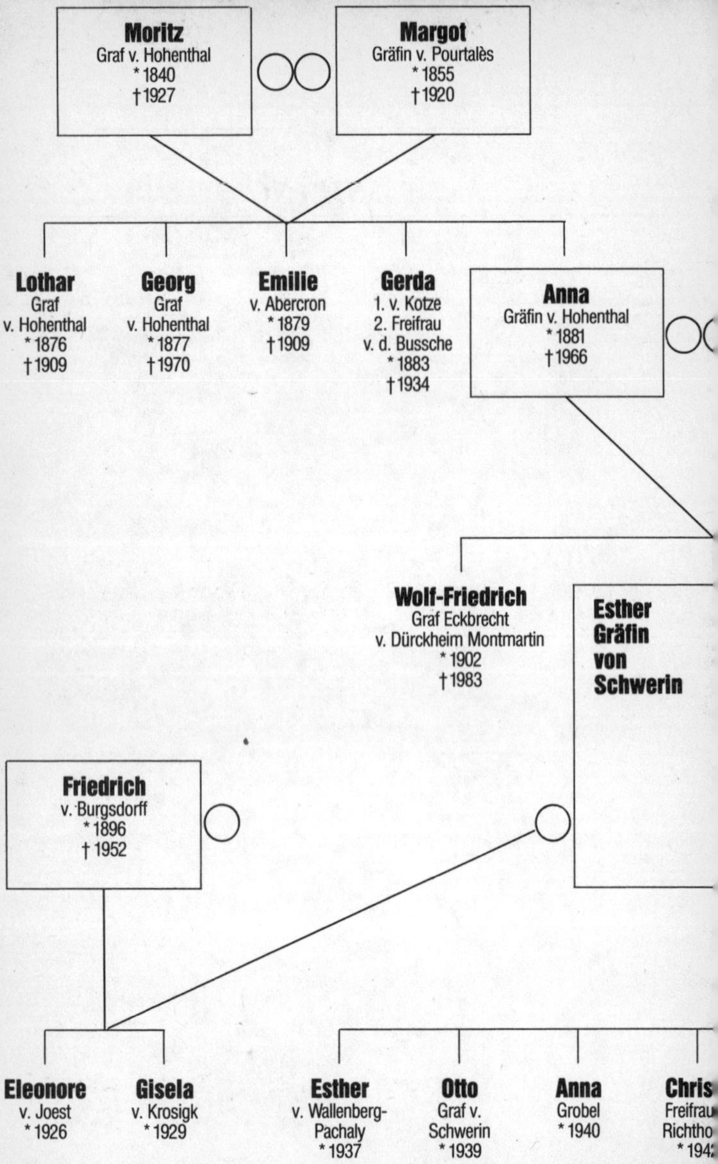
Moritz
Graf v. Hohenthal
*1840
†1927
Margot
Gräfin v. Pourtalès
*1855
†1920
Lothar
Graf
v. Hohenthal
*1876
†1909
Georg
Graf
v. Hohenthal
*1877
†1970
Emilie
v. Abercron
*1879
†1909
Gerda
1. v. Kotze
2. Freifrau
v. d. Bussche
*1883
†1934
Anna
Gräfin v. Hohenthal
*1881
†1966
Wolf-Friedrich
Graf Eckbrecht
v. Dürckheim Montmartin
*1902
†1983
Esther
Gräfin
von
Schwerin
Friedrich
v. Burgsdorff
*1896
†1952
Eleonore
v. Joest
*1926
Gisela
v. Krosigk
*1929
Esther
v. Wallenberg-
Pachaly
*1937
Otto
Graf v.
Schwerin
*1939
Anna
Grobel
*1940
Chris
Freifrau
Richtho

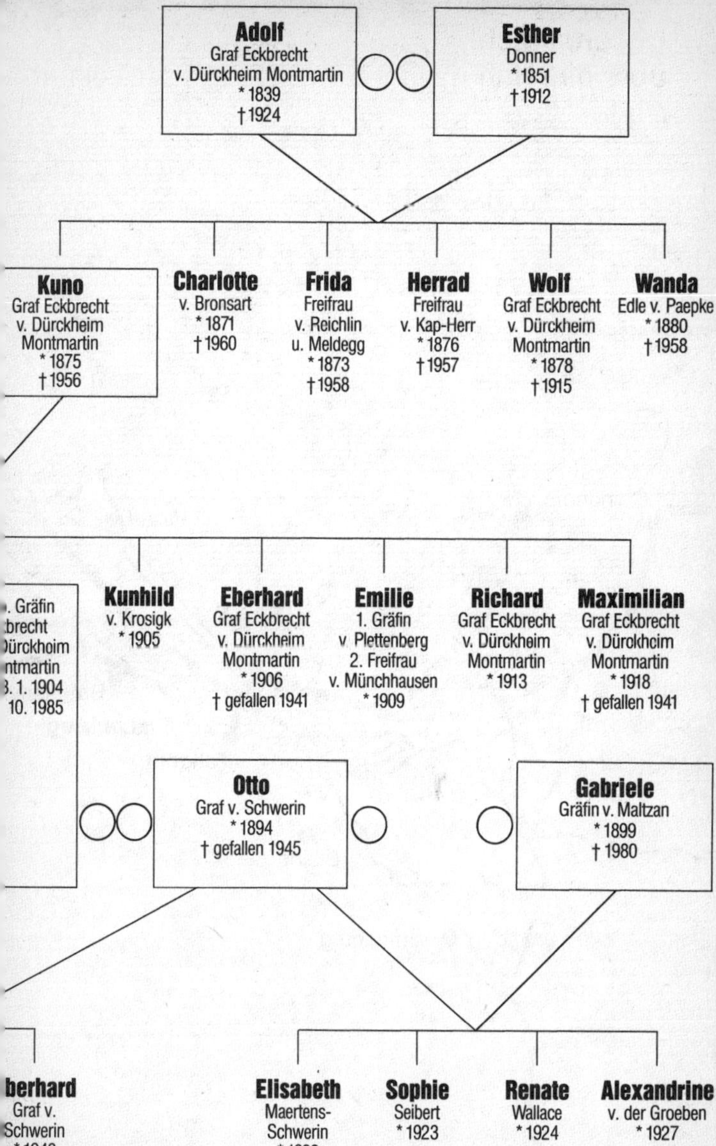
Adolf
Graf Eckbrecht
v. Dürckheim Montmartin
* 1839
† 1924
Esther
Donner
* 1851
† 1912
Kuno
Graf Eckbrecht
v. Dürckheim
Montmartin
* 1875
† 1956
Charlotte
v. Bronsart
* 1871
† 1960
Frida
Freifrau
v. Reichlin
u. Meldegg
* 1873
† 1958
Herrad
Freifrau
v. Kap-Herr
* 1876
† 1957
Wolf
Graf Eckbrecht
v. Dürckheim
Montmartin
* 1878
† 1915
Wanda
Edle v. Paepke
* 1880
† 1958
. Gräfin
brecht
Dürckhoim
ntmartin
3. 1. 1904
10. 1985
Kunhild
v. Krosigk
* 1905
Eberhard
Graf Eckbrecht
v. Dürckheim
Montmartin
* 1906
† gefallen 1941
Emilie
1. Gräfin
v. Plettenberg
2. Freifrau
v. Münchhausen
* 1909
Richard
Graf Eckbrecht
v. Dürckheim
Montmartin
* 1913
Maximilian
Graf Eckbrecht
v. Dürckheim
Montmartin
* 1918
† gefallen 1941
Otto
Graf v. Schwerin
* 1894
† gefallen 1945
Gabriele
Gräfin v. Maltzan
* 1899
† 1980
berhard
Graf v.
Schwerin
* 1943
Elisabeth
Maertens-
Schwerin
* 1922
Sophie
Seibert
* 1923
Renate
Wallace
* 1924
Alexandrine
v. der Groeben
* 1927

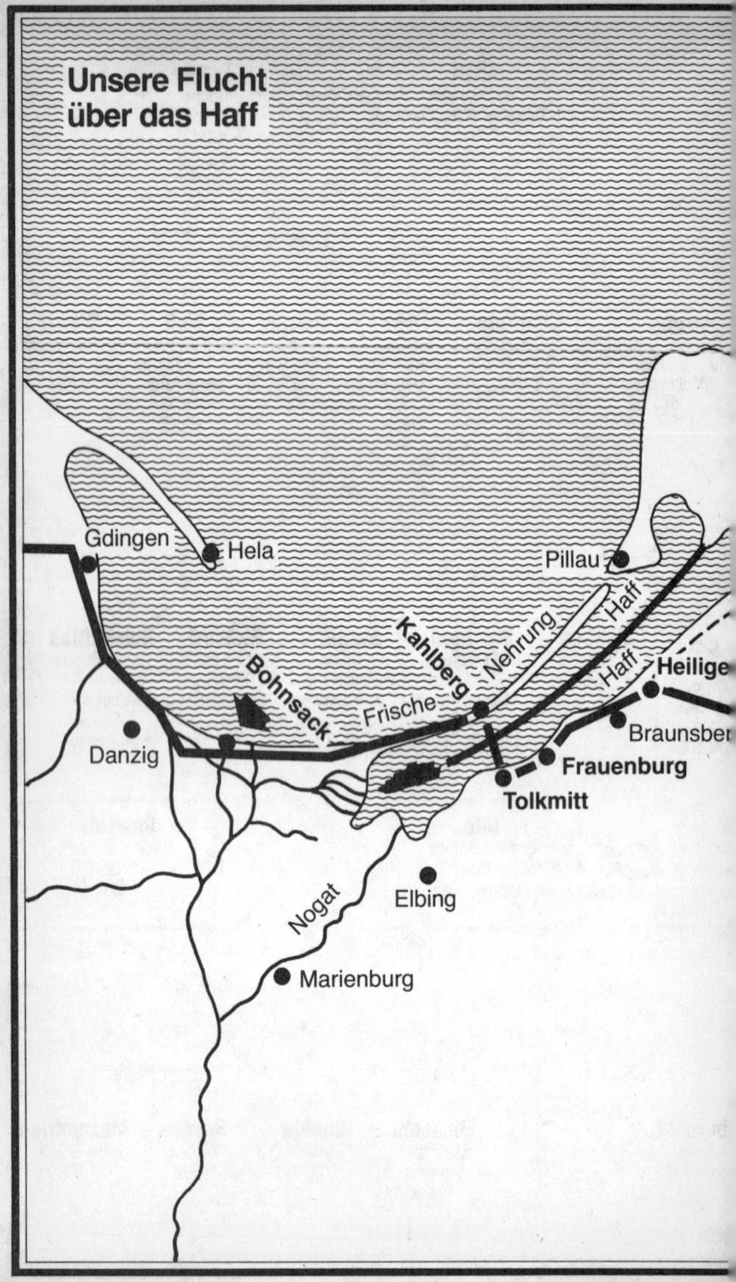
Unsere Flucht
über das Haff
Gdingen
Hela
Pillau
Kahlberg
Nehrung
Haff
Bohnsack
Frische
Haff
Heilige
Braunsbe
Danzig
Frauenburg
Tolkmitt
Elbing
Nogat
Marienburg

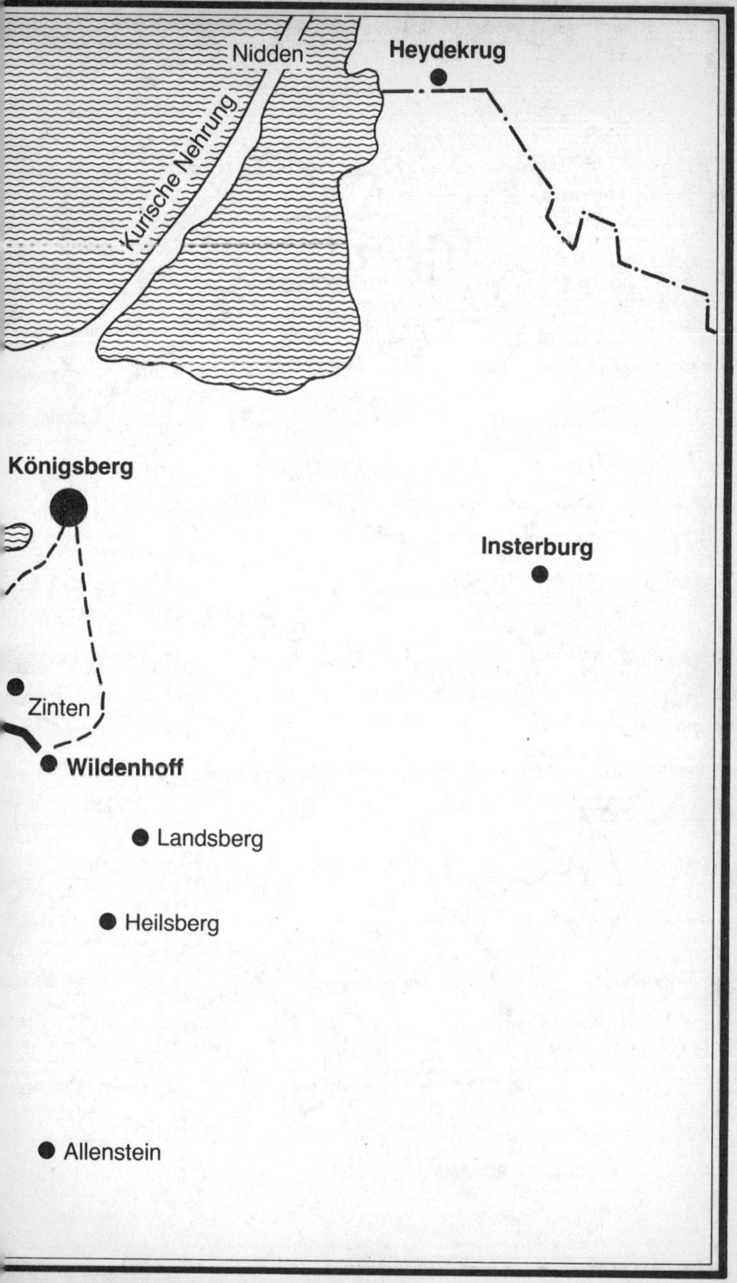

Nidden
Heydekrug
Kurische Nehrung
Königsberg
Insterburg
Zinten
Wildenhoff
Landsberg
Heilsberg
Allenstein

NORDSEE
DÄNEMARK
Kopenhagen
Westerland
Flensburg
Schleswig- Holstein
Kiel
Helgoland
Plön
Eutin
Niendorf
Travemünde
Ascheberg
Neumünster
Rostock
Stralsund
Wismar
Bremerhaven
Stavenhagen
HAMBURG
Lauenburg
Parchim
BREMEN
Heiligengrabe
Wittstock
Walsleb
Neurupp
Zettem
Uelzen
Wittenberge
Stendal
Ems
Celle
Hannover
NIEDER-LANDE
Magdeburg
Potsdam
Heeren
Hamm
Sachsen-Anhalt
Wanne-Eickel
Bochum
Dortmund
Halle
Wuppertal
Düsseldorf
DEUTSCHES REIC
Elbe
Hohen-prießnitz
Leipzig
Köln
Wesseling
Urfeld
Aachen
Thüringen
BELGIEN
Nassau
Hessen
Rheinland-Pfalz
Frankfurt
LUXEMBURG
Luxemburg
Mainz
Würzburg
Main
Saarland
Rhein
Bayern
Mosel
Lothringen
Baden-
Stuttgart
Regensburg
Württemberg
Donau
FRANKREICH
Passau
München
Elsass
Konstanz
Lindau
Basel
Zürich
SCHWEIZ

SOWJETUNION (Litauen)
OSTSEE
Königsberg
Ostpreußen
Lauenburg
Gdingen
Braunsberg
Kahlberg
Stolp
Wildenhoff
Frauenburg
Danzig
Bütow
Jassen
Köslin
Kolberg
Wollin
Elbing
Marienburg
Allenstein
Deutsch-Eylau
West-
Preußen
tettin
Pommern
Weichsel
Posen
Warschau
rankfurt
POLEN
Lodz
Neiße
Nieder-
Schlesien
Ober-
Breslau
Weichsel
TSCHECHOSLOWAKEI
ERREICH
Der lange Weg
von Ost nach West
Fluchtweg Ost → West
200 km